Das politische System Dänemarks

Alexander Horn

Das politische System Dänemarks

Politik, Wirtschaft und Wohlfahrtsstaat in vergleichender Perspektive

Alexander Horn
Universität Aarhus
Aarhus, Dänemark

ISBN 978-3-658-22549-0   ISBN 978-3-658-22550-6 (eBook)
https://doi.org/10.1007/978-3-658-22550-6

Die Deutsche Nationalbibliothek verzeichnet diese Publikation in der Deutschen Nationalbibliografie; detaillierte bibliografische Daten sind im Internet über http://dnb.d-nb.de abrufbar.

Springer VS
© Springer Fachmedien Wiesbaden GmbH, ein Teil von Springer Nature 2019
Das Werk einschließlich aller seiner Teile ist urheberrechtlich geschützt. Jede Verwertung, die nicht ausdrücklich vom Urheberrechtsgesetz zugelassen ist, bedarf der vorherigen Zustimmung des Verlags. Das gilt insbesondere für Vervielfältigungen, Bearbeitungen, Übersetzungen, Mikroverfilmungen und die Einspeicherung und Verarbeitung in elektronischen Systemen.
Die Wiedergabe von Gebrauchsnamen, Handelsnamen, Warenbezeichnungen usw. in diesem Werk berechtigt auch ohne besondere Kennzeichnung nicht zu der Annahme, dass solche Namen im Sinne der Warenzeichen- und Markenschutz-Gesetzgebung als frei zu betrachten wären und daher von jedermann benutzt werden dürften.
Der Verlag, die Autoren und die Herausgeber gehen davon aus, dass die Angaben und Informationen in diesem Werk zum Zeitpunkt der Veröffentlichung vollständig und korrekt sind. Weder der Verlag noch die Autoren oder die Herausgeber übernehmen, ausdrücklich oder implizit, Gewähr für den Inhalt des Werkes, etwaige Fehler oder Äußerungen. Der Verlag bleibt im Hinblick auf geografische Zuordnungen und Gebietsbezeichnungen in veröffentlichten Karten und Institutionsadressen neutral.

Verantwortlich im Verlag: Jan Treibel

Gedruckt auf säurefreiem und chlorfrei gebleichtem Papier

Springer VS ist ein Imprint der eingetragenen Gesellschaft Springer Fachmedien Wiesbaden GmbH und ist ein Teil von Springer Nature
Die Anschrift der Gesellschaft ist: Abraham-Lincoln-Str. 46, 65189 Wiesbaden, Germany

Vorwort

Beim Schreiben dieses Buches wurde mir einmal mehr bewusst, dass Sozialwissenschaftler zumeist auf bewegliche Ziele schießen. Das oft so apostrophierte *Dänische Modell* befindet sich im Wandel und die Herausforderung bestand darin, Kontinuitäten und Veränderungen genug Raum zu geben. Dabei, dieses Gleichgewicht zu finden und Veränderungen besser einzuordnen, haben mir vor allem meine großartigen Kollegen an der Universität Aarhus geholfen. Für ihren Input und viele erhellende Diskussionen möchte ich vor allem Peter Nannestad, Kees van Kersbergen, Carsten Jensen, Viola Burau und Christoph Arndt danken. Die dänische Konsensdemokratie, die egalitäre Gesellschaft, und der universale Wohlfahrtsstaat sind Teil des dänischen Selbstverständnisses. Die Relativierungen und Präzisierungen, die der Ländervergleich und eine Betrachtung über mehrere Dekaden hinweg fast unweigerlich mit sich bringen, könnten mir insofern nicht nur (neue) Freunde einbringen. Dass eine vergleichende Einführung dennoch nötig ist, beziehungsweise war, wurde mir gerade im Austausch mit den Studenten an der Universität Aarhus immer wieder bewusst. Besonders bedanken möchte ich mich bei den überaus engagierten Studenten, die ich im Sommer- und Wintersemester des Jahres 2016 in meinem Kurs *Danish Politics and Welfare in Comparative Perspective* unterrichten durfte. Die angeregten Diskussionen in diesen Kursen waren es letztlich, die mich dazu bewegten, eine kompakte Einführung in das politische System, die Arbeitsmarkt- und Wirtschaftspolitik und den Wohlfahrtsstaat zu verfassen, die auf der Höhe der Zeit ist und möglichst ländervergleichend angelegt ist. Dr. Jan Treibel von Springer VS gilt mein Dank für die

Unterstützung des Buchprojektes sowie die nette, unkomplizierte und effiziente Zusammenarbeit. Franziska Horn und vor allem meine Frau Mareike gaben wertvolle Anregungen und halfen mir dabei, den Text lesbarer zu machen. Meine Frau ist es auch, der ich dieses Buch widmen möchte.

Aarhus Alexander Horn
30.03.2018

Inhaltsverzeichnis

1 **Einleitung: Nordische Mythologie? Ziele, Ansatz und Struktur des Buches** 1
   Literatur. 7

2 **Grundzüge des politischen Systems** 9
   2.1 Historische Wurzeln der dänischen Konsensdemokratie 9
   2.2 Institutionengefüge und negativer Parlamentarismus 16
   2.3 Vom Vierparteiensystem zum zersplitterten Vielparteiensystem 27
   2.4 Positionen der Parteien im aktuellen Parteiensystem 33
   2.5 Politische Beteiligung und Zufriedenheit mit der Demokratie 46
   2.6 Widerwillige Europäer und Europapolitik als Marktpolitik 49
   Literatur. 56

3 **Die Wirtschafts- und Arbeitsmarktpolitik** 59
   3.1 Wirtschaftliche und budgetäre Rahmenbedingungen seit 1960.... 59
   3.2 Interessenvermittlung: Arbeitsmarktkorporatismus im Wandel.... 70
   3.3 Flexicurity: Flexibler Arbeitsmarkt, Aktivierung und Absicherung 80
   3.4 Outcomes: Kontinuität des kompetitiven dänischen Egalitarismus. 92
   Literatur. 100

4 **Der Universale Wohlfahrtsstaat unter Druck** 105
   4.1 Weiterhin Social Investment Pionier? Die Familien- und Bildungspolitik. 105
   4.2 Arbeiten bis zum Umfallen für gute Renten? Das dreisäulige Rentensystem. 116

4.3	Mehr Flexibilität, weniger Sicherheit? Die Privatisierung von Arbeitsmarktrisiken	123
4.4	Expansion, Privatisierung und Performanzprobleme im Gesundheitssektor	135
	Literatur	150
5	**Fazit: Egalitär und konsensual, aber kaum mehr universal**	153
	Literatur	159

Abbildungsverzeichnis

Abb. 1.1	„The Same for Everyone", von Nathan Coley	3
Abb. 2.1	Disproportionalität (Abweichung der Sitzverteilung von der Stimmenverteilung)	21
Abb. 2.2	Regierungstypen	25
Abb. 2.3	Anzahl effektiver Parteien	30
Abb. 2.4	Stimmanteil Sozialdemokratie	31
Abb. 2.5	Parteipolitische Zusammensetzung der Regierung	32
Abb. 2.6	Ökonomie/Links-Rechts und Moralpolitik	34
Abb. 2.7	Europäische Integration und Migrationspolitik	39
Abb. 2.8	Staatliche Leistungen vs. Steuern, Umweltschutz vs. Wachstum	41
Abb. 2.9	Urbane Interessen vs. ländliche Interessen, Anti-Establishment	46
Abb. 2.10	Wahlbeteiligung	47
Abb. 2.11	Demokratiezufriedenheit und Vertrauen in Parteien	48
Abb. 2.12	Einstellungen zur EU	50
Abb. 3.1	Anteil Beschäftigte im Agrar-, Industrie,- Dienstleistungssektor	61
Abb. 3.2	Beschäftigungsquote	62
Abb. 3.3	Reales und nominales Wirtschaftswachstum relativ zum Vorjahr	63
Abb. 3.4	Zinssatz für Staatsanleihen	64
Abb. 3.5	Staatseinnahmen und Staatsausgaben	65

Abb. 3.6	Arbeitslosenquote.	66
Abb. 3.7	Wirtschaftliche Globalisierung.	68
Abb. 3.8	Staatsverschuldung.	68
Abb. 3.9	Rolle der Regierung in Lohnverhandlungen	72
Abb. 3.10	Organisationsgrad von Gewerkschaften.	74
Abb. 3.11	Reichweite von Tarifverträgen	77
Abb. 3.12	Durch Streiks verlorene Arbeitstage pro Jahr.	78
Abb. 3.13	Sozialpakte	79
Abb. 3.14	Gesetzlicher Kündigungsschutz.	83
Abb. 3.15	Ausgaben für aktive Arbeitsmarktpolitik	86
Abb. 3.16	Ausgaben für Qualifikation von Arbeitslosen	87
Abb. 3.17	Lohnersatzraten nach Einkommen, 1980 und 2010.	90
Abb. 3.18	Ungleichheit, Markt- und Haushaltseinkommen	93
Abb. 3.19	Great Gatsby Kurve (soziale Mobilität und Ungleichheit)	95
Abb. 3.20	Arbeitslosigkeit nach Gruppen und Dauer.	96
Abb. 4.1	Staatliche Ausgaben für Familien.	109
Abb. 4.2	Erwerbstätigkeit von Frauen und Kinderbetreuung	110
Abb. 4.3	Ausgaben für Mutter-/Vatermonate	111
Abb. 4.4	Ausgaben für Kinderbetreuung und frühkindliche Bildung.	112
Abb. 4.5	Ausgaben für Bildung	113
Abb. 4.6	Rentengenerosität.	120
Abb. 4.7	Rentensysteme, Rentenalter, Lohnersatz	121
Abb. 4.8	Generosität der Arbeitslosenversicherung	130
Abb. 4.9	Lohnersatzraten bei Arbeitslosigkeit nach Einkommen.	132
Abb. 4.10	Ersatzraten bei Arbeitslosigkeit nach Familienstand	134
Abb. 4.11	Ausgaben Gesundheitssystem	140
Abb. 4.12	Generosität der Krankenversicherung	141
Abb. 4.13	Ersatzraten Krankenversicherung.	142
Abb. 4.14	Risikofaktoren und Outcomes im Gesundheitssystem.	143

Tabellenverzeichnis

Tab. 2.1　Wahlergebnisse und Sitzverteilung im dänischen
　　　　　Parlament 1973–2016 19
Tab. 2.2　Dänische Regierungen 1973–2016 22
Tab. 2.3　Referenden zur Europäischen Integration 51

Einleitung: Nordische Mythologie? Ziele, Ansatz und Struktur des Buches

Die dänische Konsensdemokratie, die fortschrittliche Wirtschafts-, Lohn- und Arbeitsmarktpolitik sowie der umfassende und universale dänische Wohlfahrtsstaat werden von vielen als Vorbild gesehen. Zu Recht? Das Buch zeigt auf, welche konkreten politischen Besonderheiten es tatsächlich gibt (negativer Parlamentarismus, Konsenskultur, kompetitiver Egalitarismus, Flexicurity, starker Fokus auf sozialen Investitionen), spart aber auch die Veränderungen, Schattenseiten und Probleme des Dänischen Modells nicht aus (Hire and Fire-Praktiken, Populismus, Performanz-Probleme in der Gesundheitsversorgung, Aushöhlung von Flexicurity durch Privatisierung von Arbeitsmarktrisiken, Deuniversalisierung). Vor dem Hintergrund einer ländervergleichenden Betrachtung ist das Fazit des Buches, dass Politik in Dänemark weiter egalitär und konsensual, aber nur noch eingeschränkt universal(istisch) ist. Außerdem wird deutlich, dass *Policy-Learning* – also die Übertragung bestimmter Politiken auf andere Länder – angesichts einer Vielzahl kontingenter Entwicklungen nur bedingt realistisch ist. Dieses Kapitel gibt einen Überblick über Ziel, Ansatz und Struktur des Buches.

In der öffentlichen internationalen Wahrnehmung spielt Dänemark eine interessante Doppelrolle. Einerseits wird das Land wegen seiner restriktiven Einwanderungspolitik und des großen und weiter wachsenden Einflusses der rechtspopulistischen Dänischen Volkspartei durchaus kritisiert. Andererseits wird Dänemark oft zu einer Art sozialpolitischen und gesellschaftlichen Utopia stilisiert. Ob es nun die Verweise von Senator Bernie Sanders im letzten amerikanischen Präsidentschaftswahlkampf, Internet-Memes zu vermeintlichen sozialpolitischen

Errungenschaften (Occupy Democrats 2016[1]), der Happyness- und Hygge-Hype oder Lobpreisungen des Dänischen Modells sind – es gibt keinen Mangel an Interesse oder gar Bewunderung. Meist bleibt es jedoch bei Idealisierungen und Stilisierungen; weitgehend ungeachtet aktueller Daten und Entwicklungen (auf dieses Problem hat – allerdings für Skandinavien insgesamt – schon Jochem 2012 hingewiesen).

Auch in der Fachliteratur hält sich das Bild vom konsensorientierten, egalitären, und universalen Wohlfahrtsstaat, oft unter Rückgriff auf alte Daten und zuweilen mit missionarischen Untertönen. Zumal einige dänische Wissenschaftler gerne das Bild vom dänischen Exzeptionalismus forcieren[2]. Erschwerend hinzu kommt, dass die Darstellung als egalitäres und sozialpolitisches Utopia durchaus zum Selbstverständnis oder zumindest zum Anspruch vieler Dänen an ihr Land passt. Sinnbildlich für diesen Anspruch und dieses Selbstverständnis ist z. B. die unten abgebildete öffentliche Installation *The Same for Everyone* (Coley 2017), die im Rahmen des europäischen Kulturhauptstadtjahres 2017 vor dem Rathaus in Aarhus aufgebaut wurde (Abb. 1.1). Können wir uns vorstellen, dass eine solch plakative Installation im Herzen Londons oder Frankfurts aufgebaut wird ohne einen Shitstorm auszulösen?

Ein anderes Beispiel für Wohlfahrtsstaatskonsens und Egalitarismus ist eine Rede, die der Regierungschef Lars Løkke Rasmussen 2015 unter dem Titel „Nordic Solutions and Challenges – A Danish Perspective" in Harvard gehalten hat. Rasmussen und seine Mitte-Rechts Partei *Venstre* waren maßgeblich für das Stutzen von Sozialprogrammen verantwortlich. Dennoch bewarb er nun das dänische Wohlfahrtsstaatsmodell in Abgrenzung zu den Vereinigten Staaten und erklärte, wieso die „dicke Hummel" des dänischen Wohlfahrtsstaats trotz extrem hoher Steuern zu fliegen vermag.

Das Dänische Modell wird in diesem Buch als Trias aus drei Aspekten verstanden, die auch die Struktur des Buches bestimmen: eine Kultur des Ausgleichs und der Konsensorientierung im politischen System, das trotz Minderheitenregierungen eine hohe Problemlösungskapazität aufweist, die erstaunliche Verbindung

---

[1]So werden 20US$ Mindestlohn, die 33 Stunden-Woche und kostenlose Kinderbetreuung aufgezählt. Es gibt jedoch keinen generellen Mindestlohn, es gilt die 37 Stunden-Woche, Kinderbetreuung ist subventioniert; nicht kostenlos.

[2]Ein Buch, das den Enthusiasmus für den universalen dänischen Wohlfahrtsstaat besonders gut illustriert und auch auf ökonomische Kritik eingeht, ist von Svendsen und Svendsen (2016). Liest man die Einleitung, könnte man den Eindruck bekommen, es habe keine Privatisierung und Kürzungen gegeben. Natürlich gibt es auch nüchternere empirische Bestandsaufnahmen, die ich im Verlaufe dieses Buches auch würdigen werde.

1 Einleitung: Nordische Mythologie? Ziele, Ansatz und Struktur ...

Abb. 1.1 „The Same for Everyone", von Nathan Coley, vor dem Rathaus in Aarhus im Rahmen des Europäischen Kulturhauptstadtjahres 2017. Genehmigt von Ib Christensen (i. A. Stadt Aarhus)

von Egalitarismus und ökonomischer Effizienz in der Arbeitsmarkt- und Wirtschaftspolitik, sowie ein hohes Maß an sozialen Investitionen und sozialer Sicherheit für die gesamte Bevölkerung. Wie vom Regierungschef Løkke Rasmussen in seiner Rede angesprochen, mangelt es wahrlich nicht an Skeptikern gegenüber dem Dänischen Modell oder an ökonomischen und politischen Herausforderungen – besonders in Bezug auf den stark ausgebauten universalen Wohlfahrtsstaat. Ich verrate wohl nicht zu viel, wenn ich hier vorwegnehme, dass Cassandra-Rufe, dieser werde angesichts von Globalisierung, der hohen

Steuerlast zu seiner Finanzierung und der ökonomischen Fehlanreize, die er erzeuge, alsbald zusammenbrechen, sich bislang nicht bewahrheitet haben. Das heißt aber mitnichten, dass es keine gravierenden Veränderungen innerhalb von Politik, Wirtschaft und besonders im Wohlfahrtsstaat gegeben hätte.

Dieses Buch verfolgt zwei komplementäre Ziele. Das grundlegende Ziel dieses Buches besteht darin, den Leser mit dem politischen System, der Wirtschafts- und Arbeitsmarktpolitik sowie dem Wohlfahrtsstaat in Dänemark vertraut zu machen und dabei die wichtigsten Entwicklungen und Veränderungen aufzuzeigen. Die Zielgruppe sind also einerseits Studierende und Wissenschaftler, die sich über die gut geschriebenen und kenntnisreichen – aber in Bezug auf Dänemark leider sehr allgemeinen – Einführungen zu den nordischen Ländern hinaus (Arter 2008; Jochem 2012; Förster et al. 2014) eingehender mit Dänemark befassen möchten. Aber auch Dänemark-Interessierten in und außerhalb von Denkfabriken und Politik soll mit einer verständlichen Schreibweise, Beispielen und einer an Fragen orientierten Struktur Rechnung getragen werden. Das zweite und übergeordnete Ziel des Buches besteht darin, statt Idealisierung oder Dämonisierung eine ergebnisoffene Bestandsaufnahme auf Basis von möglichst vergleichbaren Indikatoren zu bieten, die zur Entmystifizierung beiträgt, ohne die Aspekte, die Dänemark nach wie vor politisch, wirtschafts- und arbeitsmarktpolitisch und sozialpolitisch auszeichnen, zu vernachlässigen.

Entspricht also Dänemark noch dem oft bemühten Bild einer konsensualen Demokratie, einer egalitären Gesellschaft und eines universalen Wohlfahrtsstaates? Oder ist das ein Zerrbild? Die drei Hauptkapitel sind aufbauend auf der Beschreibung der Entwicklungen im politischen System, der Wirtschafts- und Arbeitsmarktpolitik und im Wohlfahrtsstaat an folgenden Leitfragen ausgerichtet:

1. Ist das politische System Dänemarks noch kompromiss- und konsensorientiert (Kap. 2)? Hier stehen die Funktionsweise des negativen Parlamentarismus und die Parteien im Fokus.
2. Vor dem Hintergrund welcher Arbeitsmarkt- und Wirtschaftspolitik gelingt die Kombination von wirtschaftlicher Wettbewerbsfähigkeit und Gleichheit; beziehungsweise inwiefern gibt es den kompetitiven dänischen Egalitarismus überhaupt noch (Kap. 3)? Im Mittelpunkt stehen der Weg aus der tiefen ökonomischen Krise, der Korporatismus und das Flexicurity-Modell.
3. Ist der dänische Wohlfahrtsstaat noch universal(istisch)? Wie zukunftsfähig ist er? (Kap. 4)? Hier geht es um Aspekte wie die Generosität und die Zukunftsfähigkeit der Sozialprogramme. Unterschieden wird dabei in (produktive) soziale Investitionen und (konsumtive) Versorgung.

Um selektiven Schlussfolgerungen und Begründungen bei der Beantwortung dieser Leitfragen vorzubeugen, ziehe ich, soweit dies die Datenlage zulässt und sinnvoll ist, Vergleiche mit anderen Industrieländern. Der Vergleich per se ist aber noch nicht Ausweis wissenschaftlicher Objektivität – gerade wenn die Referenzpunkte ad hoc gewählt werden. Jüngst erklärte mir beispielsweise ein Wissenschaftler, dass Dänemark vollkommen zu Unrecht so häufig mit Wohlfahrtschauvinismus[3] assoziiert werde – und verwies zur Relativierung auf Ungarn unter Viktor Orban. Ein solches Vorgehen lässt sich in Buchlänge in Peter Baldwins' überaus lesenswertem „The Narcisism Of Minor Differences: How America And Europe Are Alike" (2010) bestaunen. Der Sozialhistoriker Baldwin argumentiert darin, die USA seien entgegen eines weit verbreiteten Irrglaubens nicht wirklich anders als Europa. Zur Begründung verweist er darauf, dass bei vielen Indikatoren die USA eben nicht Spitzenreiter oder Schlusslicht sind, sondern meist einzelne europäische Länder in den Ranglisten vor oder nach den USA aufgeführt werden. So war und ist z. B. Griechenland ausweislich gängiger Korruptionsindizes von Transparency International korrupter als die USA. Und genauso wie in den Niederlanden gibt es in den USA keine staatlich finanzierte Kindererziehung. Ungeachtet des noblen Ziels von Baldwin – nämlich gegenseitige Stigmatisierungen zu überwinden, indem transatlantische Gemeinsamkeiten betont werden – besticht seine Strategie zwar durch Einfachheit; ist aber angesichts der Heterogenität Europas nur bedingt instruktiv. Das Problem besteht darin, dass sich fast immer ein Extremfall in einem europäischen Land finden wird, der für einen bestimmten Indikator zur Relativierung herangezogen werden kann. Um ad-hoc-Vergleichen vorzubeugen, sind nach meinem Dafürhalten kontinuierliche und vorab bestimmte Referenzpunkte notwendig. In diesem Buch wird daher durchweg auf die gleichen drei Vergleichsländer Bezug genommen: Schweden, Deutschland und Großbritannien. Darüber hinaus erfolgt zur besseren Verortung des dänischen Falls der Vergleich mit dem Mittelwert der Gruppe der industrialisierten Demokratien. Zunächst aber zu unseren drei Referenzländern. Schweden, Deutschland, und Großbritannien gehören zu den wichtigsten politischen und wirtschaftlichen Partnern Dänemarks und sind auch in anderer Hinsicht besonders sinnvolle Vergleichsländer. Einer *most similar systems*-Logik folgend (Jahn 2006) bietet sich der Vergleich mit dem skandinavischen Nachbarn

---

[3]Damit ist gemeint, dass eine Person oder eine Partei wohlfahrtsstaatliche Leistungen unterstützt, aber bestimmte – meist direkt oder indirekt ethnisch definierte – Gruppen ausschließen möchte. Wie im weiteren Verlauf dieses Buches deutlich wird, wird vor allem (aber nicht nur) der Dänischen Volkspartei Wohlfahrtsstaatschauvinismus vorgeworfen.

Schweden an, den auch enge historische Überschneidungen mit Dänemark verbinden (Jochem 2012; Förster et al. 2014). Schweden war lange der Prototyp des universalen Wohlfahrtsstaates, einer nahezu egalitären Gesellschaft, und einer konsensualen Politik und wird teils immer noch als Pars pro Toto für Skandinavien oder die nordischen Länder betrachtet. Auch wenn Dänemark in der schwedo-zentrischen Sicht vieler Sozialwissenschaftler lange eine Art *Schweden light* war, zeigt das Buch neben vielen Parallelen auch gravierende Unterschiede auf, etwa was die Flexibilisierung des Arbeitsmarktes oder die bedeutendere Rolle des Rechtspopulismus angeht. Innerhalb der Gruppe der demokratischen Industrieländer ist Großbritannien hingegen ein *most different case* – mit einer stärker konfrontativen politischen Kultur, einer ungleichen Gesellschaft, und einem eher liberalen Wohlfahrtsstaat. Deutschland nimmt bei vielen der Ländervergleiche eine Mittelstellung zwischen Schweden und Großbritannien ein. Die Berücksichtigung Deutschlands ist auch den (unterstellten) Interessen und den Vorkenntnissen der deutschsprachigen Leser geschuldet. Es erscheint mir als Überforderung, die Funktionsweise oder gar Details eines fremden Partei- oder Sozialsystems unter Rückgriff auf ein anderes dem Leser ebenfalls gänzlich unbekanntes System zu erläutern. Interessant ist auch, dass Deutschland lange für einen Mangel an all jenen Aspekten gescholten wurde, die das Dänische Modell auszeichne(te)n: soziale Mobilität unabhängig vom Elternhaus, nicht-konsumtive soziale Investitionen (Social Investment Politiken), ausreichende soziale Sicherung (z. B. vor Armut), ein flexibler Arbeitsmarkt, und eine ausgeprägte Problemlösungskapazität des politischen Systems.

Der letzte Referenzpunkt ist wie gesagt die Gruppe der am höchsten entwickelten etablierten und industrialisierten Demokratien. Soweit verfügbar, werden zwecks Kontextualisierung die dänischen Daten ins Verhältnis zu Mittelwerten in der OECD gesetzt. In seltenen Fällen, etwa wenn es um die Sicht auf die EU geht, wird der EU-Mittelwert herangezogen. Ein solches Vorgehen hätte etwa im Falle des Buches von Baldwin zumeist zur Widerlegung seiner Leithypothese von der Ähnlichkeit der USA und Europas geführt („minor differences"), da die USA bei den meisten der von Baldwin gewählten Indikatoren stark vom europäischen Durchschnittswert (und/oder Median) abweichen.

Neben dem Vermeiden von ad-hoc-Vergleichen ist auch die Gewichtung von etablierter Literatur und neuen Daten eine Herausforderung. Wer sich mit Dänemark beschäftigt, wird zuweilen mit einer Art sozialwissenschaftlicher Version des Kinderspiels *Stille Post* konfrontiert. Auch wenn die fehlerfreie Weitergabe von Informationen und Interpretationen besser klappt als im Kinderspiel, eine zu starke Bezugnahme auf Sekundärliteratur und Vorarbeiten in Zusammenhang mit einer verhaltenen Nutzung von Primärdaten birgt die Gefahr, dass das bestehende

Dänemarkbild nicht wirklich überprüft, hinterfragt oder zumindest vor dem Hintergrund neuester Daten nuanciert werden kann. Soweit es möglich ist, halte ich mich daher an die Interpretation von – möglichst ländervergleichenden – Daten (Beispiele für Quellen sind das Comparative Political Dataset von Armingeon et al. 2017, das Comparative Welfare State Entitlement Dataset von Scruggs et al. 2014, die dänischen Statistikbehörde Danmarks Statistik, Eurobarometer- und OECD-Zeitreihen).

Natürlich kommt auch ein solcher indikatorenbasierter Ansatz nicht ohne historische Einbettung aus. Das zeigt sich besonders im Abschnitt zum politischen System, da die Herausbildung der dänischen Konsenskultur mit historischen Kompromissen und Weichenstellungen verknüpft ist. Auch die Entwicklung der Parteien, die Überwindung der ökonomischen Probleme oder die Einführung des Flexicurity-Modells erfordern die Beschreibung von Hintergründen. Überhaupt sollte der hier gewählte ländervergleichende Ansatz nicht in Konkurrenz zu einem viel stärker historischen Ansatz gesehen werden, sondern als eine notwendige Ergänzung. Ein Vorteil der indikatorenbasierten Vorgehensweise ist, dass der Leser sich selbst ein Urteil bilden kann, da er meist die Zeitreihen für alle Vergleichsländer und den OECD-Mittelwert präsentiert bekommt. Abgesehen von dieser Ermutigung zum kritischen Lesen möchte ich abschließend meiner Hoffnung Ausdruck verleihen, dass diese kompakt gehaltene Einführung von Anfang bis Ende gelesen wird.

Literatur

Armingeon, Klaus, Virginia Wenger, Fiona Wiedemeier, Christian Isler, Laura Knöpfel, David Weisstanner, und Sarah Engler. 2017. *Comparative Political Data Set 1960-2015*. Bern: Institut für Politikwissenschaft, Universität Bern.
Arter, David. 2008. *Scandinavian politics today*. Manchester: Manchester University Press.
Baldwin, Peter. 2010. *The narcissism of minor differences. How America and Europe are alike*. Oxford: Oxford University Press.
Coley, Nathan. 2017. *The Same for Everyone*. Installation von Nathan Coley, vor dem Rathaus in Aarhus im Rahmen des Europäischen Kulturhauptstadtjahres 2017. Genehmigt von Ib Christensen (i. A. der Stadt Aarhus). Foto: Alexander Horn.
Förster, Christian, Josef Schmid und Nicolas Trick. 2014. *Die nordischen Länder. Politik in Dänemark, Finnland, Norwegen und Schweden*. Wiesbaden: Springer VS.
Jahn, Detlef. 2006. *Einführung in die Vergleichende Politikwissenschaft*. Wiesbaden: Springer VS.
Jochem, Sven. 2012. *Die politischen Systeme Skandinaviens. Der skandinavische Weg der Demokratie*. Springer VS: Wiesbaden.
Occupy Democrats (Online-Meme). 2016. *Why is Denmark the happiest country in the world*. Occupydemocrats.com.

Scruggs, Lyle, Detlef Jahn und Kati Kuitto. 2014. *Comparative welfare entitlements dataset 2*. Version 2017-09. University of Connecticut & Universität Greifswald.

Svendsen, Gunnar Lind Haase und Gert Tinggaard Svendsen. 2016. *Trust, social capital and the Scandinavian welfare state. Explaining the flight of the bumblebee*. Cheltenham: Edward Elgar Publishing.

Grundzüge des politischen Systems 2

Will man Politik in Dänemark verstehen, muss man neben deren institutionellen Grundlagen auch die historischen Grundlagen der Konsenskultur in der dänischen Politik betrachten. Ausgehend von einer Beschreibung zentraler historischer Kompromisse und Wegmarken seit dem 19. Jahrhundert führt das Kapitel in die Funktionsweise des negativen Parlamentarismus in Dänemark ein. Es wird erklärt, wieso in Dänemark Mehrparteienminderheitenregierungen dominieren und wie das Politik beeinflusst. Es folgt eine Beschreibung der Entwicklung und Ausdifferenzierung des traditionellen Vierparteiensystems, das aus den Konservativen, den Liberalen, den Sozialdemokraten und den Sozialliberalen bestand. Spätestens mit der Erdrutschwahl 1973 wurde dieses System obsolet. Die Anzahl der Parteien verdoppelte sich von fünf auf zehn. Obwohl wirtschaftliche und sozialpolitische Fragen nach wie vor dominieren, haben sich Liberale und Sozialdemokraten in der Migrations- und Sozialpolitik auf die 1995 gegründete Dänische Volkspartei zubewegt. Abschließend wird das ambivalente Verhältnis der Dänen und der Parteien zur EU beleuchtet. Leitthese ist, dass europäische Integration in Dänemark vor allem als Marktintegration verstanden wurde.

2.1 Historische Wurzeln der dänischen Konsensdemokratie

Ein wiederkehrendes Motiv in der Literatur über das dänische politische System ist die Bedeutung von Absprachen und Kompromissen zwischen den politischen Akteuren (Nannestad 2009; Förster et al. 2014), die sich wiederum positiv auf die Problemlösungsfähigkeit des Systems auszuwirken scheint. Diese Charakterisierung Dänemarks als besonders auf Konsens ausgerichtetes politisches

System gründet nicht nur in der gegenwärtigen Politikpraxis. Historische Entwicklungen und formative Momente in Krisen haben einen maßgeblichen Einfluss gehabt und sollen hier kurz erläutert werden. Auch die Herausbildung des Institutionengefüges und des Parteiensystems wird erklärt. Wer sich mit der weiter zurückliegenden Geschichte Dänemarks, der Staatenbildung oder mit dem wechselhaften Verhältnis zwischen Dänemark, Schweden und Norwegen (bis 1814 Teil Dänemarks) auseinandersetzen will, dem seien die Arbeiten von Jespersen (2011) und Findeisen (1999) ans Herz gelegt. Hier soll es nur um jene Zäsuren gehen, welche die moderne dänische Politik geprägt haben. Freilich lassen sich nicht alle Charakteristika, die für die Ausbildung der Konsenskultur relevant waren, auf konkrete Zäsuren und Ereignisse zurückführen. Das pragmatische und ideologieferne dänische Demokratieideal der verantwortungsbewussten Zusammenarbeit hat auch mit einem kulturellen Konzept zu tun, das sich nicht übersetzen lässt: *Folkelighed* (Jespersen 2011, S. 37). Es oszilliert semantisch zwischen populär, populistisch, volkstümlich und völkisch, jedoch ohne deren im deutschen wie im englischen Sprachgebrauch teils sehr negativen Konnotationen. Das Konzept geht zurück auf den einflussreichen Theologen und geistigen Urheber der dänischen Volkshochschulbewegung, Nikolaj Grundtvig (1783–1872), dessen auf Toleranz und Gleichheit fußende Lehre auch ein mäßigender Einfluss auf die Politik zugesprochen wird (Jespersen 2011, S. 119). Eine Rolle spielte sicher auch, dass derlei Ideen funktional, also nützlich, waren. Dies gilt vor allem mit Blick auf die Gründung von landwirtschaftlichen Kooperativen, beziehungsweise Genossenschaften. Die relativ gebildeten selbstständigen dänischen Bauern des 19. Jahrhunderts organisierten sich seit den 1880ern genossenschaftlich, um zusammen Großgeräte (zum Beispiel eine in Dänemark erfundene Zentrifuge) anzuschaffen, die für einzelne Bauernhöfe unerschwinglich und überdimensioniert waren (Jespersen 2011, S. 158). Darüber hinaus gibt es wichtige historische Zäsuren, die hier zumindest angerissen werden sollen:

- **Die Niederlage gegen Preußen 1864 – nach innen gewinnen, was nach außen verloren wurde?**

Eine zweifelsohne sehr wichtige Zäsur im 19. Jahrhundert war die dänische Niederlage gegen Preußen unter Bismarck 1864, da die Provinzen Schleswig und Holstein im Süden Jütlands verloren gingen; und mit ihnen auch jedwede dänische Großmachtambitionen. Bereits 1857 hatte man auf Druck der großen Handelsnationen wie England eine seit den 1420ern stetige und eminent wichtige Macht- und Einnahmequelle verloren: Den Öresundzoll, den Schiffe zu entrichten hatten, welche die Meerenge zwischen Schweden und Dänemark bei Helsingør von dänischen Kanonen unbehelligt passieren wollten. Die oft als Trauma apostrophierte Niederlage von 1864 führte nun endgültig zu einer Besinnung auf die innere Einheit und die Nation. Außerdem war Dänemark durch den Verlust eines Drittels seines Territoriums und des größten Teils seiner deutschsprachigen Minderheit ethnisch und kulturell sehr viel homogener geworden – ein Umstand, der im Hinblick auf die Ausbildung der Konsensdemokratie und des universalen Wohlfahrtsstaates ein begünstigender Faktor war (Jespersen 2011). Auch Wissenschaftler, die die gegenwärtige Diversifizierung der einst homogenen Bevölkerung und das universale und konsensuale Modell für prinzipiell kompatibel halten, räumen ein, dass die Ausbildung starker Staaten in heterogenen Gesellschaften schwierig(er) ist (Goul Andersen 2006).

- **Die Einführung einer Verfassung 1849 und sukzessive Demokratisierung des politischen Systems**

Die geschriebene Verfassung ist in Dänemark weniger zentraler Bezugspunkt als etwa die US-Verfassung oder das deutsche Grundgesetz (Nannestad 2009). Nichtsdestotrotz markierte die erste demokratische Verfassung *(Grundloven)* von 1849 die friedliche Abschaffung der absolutistischen Monarchie (bis heute ist Dänemark eine stolze konstitutionelle Erbmonarchie und auch die eher republikanisch gesinnten linken Parteien haben sich mit der in der Bevölkerung populären Königsfamilie arrangiert). Fortan gab es ein Parlament (bis 1953 *Rigsdagen* genannt), das aus zwei Kammern mit gleichen Rechten bestand. Im Landsting als erste Kammer fanden sich Vertreter des Adels und des Großgrundbesitzes wieder (basierend auf indirektem Besitzwahlrecht und Ernennung durch den König). Das Folketing als Unterhaus wurde von „unbescholtenen Männern" ab 30 Jahren mit eigenem Hausstand gewählt und bestand primär aus Bildungsbürgertum, Kaufleuten und selbstständigen Bauern. Im Landsting dominierten die Konservativen, im Folketing zunächst die Liberalen. Beide Kammern hatten die gleichen Rechte, was wiederholt zu Verfassungskonflikten führte. Erst 1901 gab es erstmals eine Regierung, die sich auf die Mehrheit im Folketing stützte, was man als faktischen Sieg des parlamentarischen Prinzips deuten kann (Nannestad 2009, S. 66). 1953 wurde das Landsting im Rahmen einer der seltenen Verfassungsänderungen endgültig abgeschafft und das Folketing wurde einzige Kammer des Parlaments. Bis heute gibt es vergleichsweise wenig Vetospieler, Vetopunkte und institutionelle Barrieren gegen die Macht der Regierung. Da es sich in Dänemark fast durchweg um Minderheitenregierungen – und seit 1982 vornehmlich Mehrparteienminderheitenregierungen – handelt, bestehen aber ohnehin starke Anreize zur Konsensorientierung (mehr dazu im nächsten Kapitel). Allerdings wurde mit der Verfassungsänderung zur Abschaffung des Landstinges 1953 das Instrument des Referendums in die Verfassung aufgenommen. Eine im Folketing verabschiedete Gesetzesvorlage ist dann ungültig, wenn eine Mehrheit, die mindestens 30 % der Wahlberechtigten ausmacht, dagegen stimmt. Obligatorisch sind Referenden dann, wenn es um eine Änderung der Verfassung beziehungsweise des Wahlrechtes geht. Fakultative Referenden werden durchgeführt, wenn sich ein Drittel der Parlamentarier im Folketing dafür ausspricht, dass über ein Gesetz das Volk befinden soll (natürlich gibt es Ausnahmen – wie etwa das Haushaltsgesetz). Gerade im Hinblick auf die europäische Integration haben Referenden auch die Funktion eines Konfliktlösungsmechanismus, der die Parteien und das Parteiensystem entlastet (Aylott et al. 2013, S. 86). Außerdem wurde wie zuvor in Schweden ein Parlamentsbeauftragter (Ombudsmand genannt) eingesetzt, der sich mit voller Akteneinsicht um die Belange der Bevölkerung kümmert, indem er Beschwerden aufnimmt, prüft und Empfehlungen an die Politik ausspricht. Wichtig für die weitere Demokratisierung war auch die schrittweise Ausweitung des Wahlrechts. Obwohl sich die Konservativen lange sträubten, wurde mit der Verfassung von 1915 relativ früh das aktive Wahlrecht auch für Frauen eingeführt. Jedoch betrug das Wahlrechtsalter für Männer und Frauen noch 1953 stattliche 25 Jahre. Sukzessive wurde es in fünf Referenden bis 1978 auf 18 Jahre gesenkt (eine direkte Senkung von 21 auf 18 Jahre wurde noch 1969 in einem Referendum abgelehnt).

- **Konsenszwang: Historisches Vierparteiensystem und die Spaltung des Liberalismus**

Ohne der Diskussion der aktuellen Positionen der Parteien vorzugreifen, soll hier die Bedeutung einer aus deutscher Perspektive ironischen historischen Wendung betont werden. Die historische Spaltung des politischen Liberalismus hatte in Dänemark, anders als im Deutschen Reich, recht positive Folgen. Während sie in Deutschland zu einer Dominanz des national gesinnten Liberalismus und zur weiteren Versäulung und Abschottung der politischen Lager voneinander führte (Ritter 1973), ergab sich aus ihr in Dänemark der Zwang – aber eben auch die Möglichkeit – zur Kooperation der Parteien. Von links nach rechts bestand das dänische Vierparteiensystem bis 1973 grundlegend aus Sozialdemokraten, Sozialliberalen (Radikale Venstre), Liberalen (Venstre), und Konservativen (Højre, wörtlich übersetzt Rechte, ab 1915 Det konservative Folkeparti). Es war also kein klassisches Fünfparteiensystem wie in Schweden und Norwegen. 1905 kam es zu einer Spaltung der Liberalen (Venstre), die bis dato vornehmlich die selbstständigen Bauern vertraten. Es spaltete sich ein antimilitaristischer Flügel ab, der sich in Abgrenzung zur Ursprungspartei nun Radikale Venstre nannte (Jespersen 2011, S. 77). Auch wenn die Partei wörtlich radikale Linke hieß, war dies die Geburt der (zentristischen) Sozialliberalen. Sie vertraten die urbanen und intellektuellen Eliten sowie die ländliche Unterklasse. Dies unterminierte schon früh ein weiteres Erstarken der Sozialdemokratie, die nie so hegemonial werden konnte wie etwa in Schweden. Das Parteiensystem war nun nicht mehr bipolar, sondern es waren für Mehrheiten und Reformen parteiübergreifende Kompromisse und Kooperation nötig. Die Sozialliberalen (Radikale Venstre) standen fortan ideologisch oft zwischen den Liberalen (Venstre) und den Sozialdemokraten. Zum Beispiel waren sie weniger skeptisch gegenüber dem Wohlfahrtsstaat als die Liberalen. Folglich war Radikale Venstre im 20. Jahrhundert oftmals das Zünglein an der Waage bei der Regierungsbildung.

- **Historische Einigungen: Kompromiss im Klassenkampf, Interessenausgleich statt Ideologie**

Zu den formativen Momenten der modernen dänischen Politikgeschichte gehören auch einige richtungsweisende Auseinandersetzungen, die zumeist mit einem Interessenausgleich endeten. Prägend war das Ergebnis der ersten ernsten Auseinandersetzung zwischen den Gewerkschaften auf der einen Seite und Arbeitgeberverbänden auf der anderen Seite im Jahr 1899. Im Mittelpunkt dieser Auseinandersetzung stand die Unzufriedenheit der Arbeiter mit ihrem Lohn und ihren Arbeitsbedingungen. Obwohl es auch Konzessionen an die Arbeiter gab, wurde den Arbeitgebern zugebilligt, dass sie die Hoheit über die Allokation von Arbeitskräften haben (Jespersen 2011, S. 80). Prägend war diese Auseinandersetzung und ihr Ergebnis – der sogenannte „Septemberkompromiss" (Nannestad 2009, S. 96) – vor allem deshalb, weil sich beide Seiten trotz der erbitterten Auseinandersetzung und harten Streiks ohne größere politische Intervention (vonseiten des Staates) einigten und als Verhandlungspartner anerkannten. Man kann also vom Ursprung der Tarifautonomie in Dänemark sprechen. 1907 wurden die von Gewerkschaften verwalteten Versicherungssysteme gegen Arbeitslosigkeit staatlich anerkannt. Die Verwaltung der Arbeitslosenversicherung war eine wichtige Ursache für den sehr hohen Organisationsgrad der Gewerkschaften und trug somit dazu bei, dass sich die Tarifpartner auf Augenhöhe begegneten. 1910 wurde ein Schlichtungsgericht für Streitfälle zwischen Arbeitgebern und Arbeitnehmern eingeführt. Endgültig setzte sich das kollaborative dänische Modell von Demokratie dann in der auch in Dänemark grassierenden Weltwirtschaftskrise der frühen 1930er durch (Jespersen 2011, S. 173 ff.). Genauer gesagt mit dem Kanslergade Abkommen

(Kanslergadeforliget) zwischen der sozialdemokratischen Regierung und den Liberalen am 30.01.1933 (dem Tag, an dem Hitler Reichskanzler wurde). Das Abkommen ist benannt nach der Straße, in der der erste sozialdemokratische Ministerpräsident Thorvald Stauning lebte. Neben Nothilfen für den Agrarsektor und einer Abwertung der Krone einigte man sich auch auf die Verrechtlichung, Institutionalisierung und den Ausbau des dänischen Wohlfahrtsstaates. Vor allem ging mit der Inanspruchnahme von Leistungen nun keine Beschneidung der staatsbürgerlichen Rechte mehr einher. Außerdem einigte man sich auf eine stärker nachfrageorientierte Wirtschaftspolitik, mit der man schließlich der Massenarbeitslosigkeit und der Krise Herr wurde. Der langfristige Effekt des Abkommens bestand in einem „Abschleifen der ideologischen Kanten" (Jespersen 2011, S. 176) aufseiten der beiden großen dänischen Parteien. Die Liberalen mussten genauso von der reinen liberalen Lehre abweichen (Markt statt Staat) wie die Sozialdemokraten, die sich von ihren marxistischen Wurzeln (Revolution statt Reform) entfernten. Die Weichenstellung besteht also nicht nur im konkreten Kompromiss selbst, sondern darin, dass die Parteien in der Krise erfolgreich zusammengearbeitet haben – ganz anders, als dies etwa in der Spätphase der Weimarer Republik der Fall war (Kolb 2002).

- **Klassenkampf ohne Arbeiter. Die späte Industrialisierung wirkte sich sozial befriedend aus**

Als in den 1870ern in Großbritannien und Deutschland die negativen Folgen der Industrialisierung schon vollends sichtbar waren und fehlender Arbeitsschutz sowie fehlende soziale Sicherung zu politischen Konflikten führten (Horn und Kevins 2018), gab es in Dänemark schlicht wenig Arbeiter im engeren Sinne. Jespersen taxiert deren Zahl auf 35.000 und geht selbst 1914 von lediglich 138.000 aus; also 5 % der Bevölkerung. In Deutschland und Großbritannien ging die Industrialisierung der Einführung von Arbeitsschutz und Sozialversicherungen voran, in Dänemark war es tendenziell anders herum. Die Arbeiterschutzgesetzgebung nach deutschem Vorbild wurde eingeführt, als Dänemark kaum industrialisiert war (Rentenversicherung und Krankenversicherung 1891, Unfallversicherung 1889). Auch erfolgte die dänische Industrialisierung vergleichsweise organisch aus der Rationalisierung der traditionell kooperativ geprägten Landwirtschaft heraus. Auch das ist ein Grund, wieso radikaler Klassenkampf (Arbeit vs. Kapital) in Dänemark vergleichsweise nachrangig war, auch wenn es in den 1890ern, 1920ern, 1930ern und 1950ern harte Auseinandersetzungen und Arbeitskämpfe gab. Zwar gab es wie in anderen Ländern nach der russischen Oktoberrevolution 1917 auch in Dänemark eine kommunistische Abspaltung von der reformorientierten Sozialdemokratie, diese blieb aber erfolglos.

2.1 Historische Wurzeln der dänischen Konsensdemokratie

- **Ausdifferenzierung und Fragmentierung des Parteiensystems in der Erdrutschwahl von 1973**

Ein einschneidendes Ereignis war die sogenannte Erdrutschwahl von 1973, die zu einer sehr abrupten Ausdifferenzierung und Fragmentierung des dänischen Parteiensystems führte. Statt vormals 84 %, vereinigten die vier alten Parteien jetzt nur noch 58 % der Stimmen auf sich. Die Anzahl der Parteien im Parlament verdoppelte sich. Ursache war auch, dass die Sozialdemokraten und die Liberalen nicht gewillt oder fähig schienen, der steigenden Ausgaben- und Steuerlast zu begegnen (Näheres im Kapitel zum Parteiensystem). So machte die Wahl von 1973 die Fortschrittspartei *(Fremskridtspartiet)* auf Anhieb zur zweitgrößten politischen Kraft. Sie war aus Protest gegen immer weiter steigende Steuern vom charismatischen Steueranwalt Mogens Glistrup ins Leben gerufen worden. Sukzessive wandte sich die Partei jedoch von ihren libertären Wurzeln ab. 1995 ging aus ihr dann die rechtspopulistische Dänische Volkspartei *(Dansk Folkeparti)* hervor, die statt gegen Steuern und Wohlfahrtsstaat gegen Migration und Multikulturalismus Front macht und bis heute die dänische Politik sehr nachhaltig prägt.

- **Im Gleichschritt nach rechts? Ein schleichender Paradigmenwechsel in der Migrationspolitik**

Auch wenn es sich eher um einen schleichenden Prozess als um eine Zäsur im klassischen Sinne handelt, lässt sich, besonders seit dem Wechsel hin zu einer Mitte-Rechts-Regierung 2001, eine immer restriktivere Haltung in der Migrations- und Asylpolitik beobachten. Erstaunlich ist hier auch, wie sich die beiden großen Parteien der Mitte – die Liberalen und die Sozialdemokraten – in puncto Rhetorik und Politik auf die Dänische Volkspartei zubewegt haben (Ansteckungseffekt nennt man das in der Politikwissenschaft). Freilich ist dieser Umstand dann weniger erstaunlich, wenn man bedenkt, dass dänische Minderheitenregierungen mittlerweile oft von der Duldung durch die DF, die Dänische Volkspartei, abhängig sind (die in den 1990ern noch als Paria behandelt wurde). Auch der Kontrast zu der noch in der 1980ern äußerst liberalen – humanistisch geprägten – dänischen Migrationspolitik ist frappierend. Schon seit Ende der 1990er Jahre kam es zu einer graduellen „Kulturalisierung" der Migrationsdebatte (Jønsson und Petersen 2012). Damit ist gemeint, dass sich der traditionelle Fokus auf Arbeitsmarktintegration verschob, in Richtung kulturelle Integration und Desintegration. Vornehmlich geht es dabei um Migranten muslimischen Glaubens. Der viel restriktiveren Einwanderungspolitik zum Trotz wird das ursprünglich ethnisch und kulturell sehr homogene Dänemark immer diverser. Ob und wie sich diese Diversifizierung auf den gesellschaftlichen Zusammenhalt, das im internationalen Vergleich sehr ausgeprägte Vertrauen in Mitbürger und den Staat und die Unterstützung des Wohlfahrtsstaates auswirkt, ist Gegenstand kontroverser Diskussionen (Goul Andersen 2006; Jønsson und Petersen 2012; Albrekt-Larsen 2017) und kann gegenwärtig noch nicht seriös beurteilt werden. Eine politische Reaktion und Antwort der größeren Parteien auf diese wichtige Frage lässt sich aber – neben einer immer restriktiveren Einwanderungspolitik – jetzt schon ausmachen: Wohlfahrtschauvinismus. Damit ist gemeint, dass die Leistungen des Wohlfahrtsstaates für Migranten (teils sehr drastisch) beschnitten werden, ohne aber den Wohlfahrtsstaat als Ganzes (für dänische Staatsbürger) ebenso stark zurückzubauen. Diese Antwort auf den Erfolg der Dänischen Volkspartei lässt sich seit Ende der 1990er in den Parteiprogrammen und den Policies der Mainstreamparteien feststellen (Schumacher und van Kersbergen 2016). Unklar ist noch, ob die Parteien der Bevölkerung folgen, oder ob die Parteien vielmehr präventiv politisch tätig werden und die Wähler dies dann goutieren (Albrekt-Larsen 2017).

Natürlich gäbe es noch viele weitere Aspekte, die hier Erwähnung verdienen würden, die aber im weiteren Verlauf des Buches zur Sprache kommen (zum Beispiel die krisenbedingten Reformen zur Implementation des dänischen *Flexicurity*-Modells in den 1990ern; in Kap. 3). Hier ging es vor allem um jene Aspekte, die etwas mit den historischen Grundlagen der dänischen Konsensdemokratie zu tun haben; auch, und gerade, weil diese nicht in die Schemata der Vergleichenden Politikwissenschaft passen. Meine Hoffnung ist, dass diese Grundlagen bei der Einordnung des Folgenden helfen – und vielleicht ein bisschen Neugier wecken.

2.2 Institutionengefüge und negativer Parlamentarismus

Ausgehend von einer Beschreibung der Institutionen und des Wahlsystems geht es in diesem Abschnitt darum, was dänische Regierungen von Regierungen anderer Länder unterscheidet. Leitfragen sind zum Beispiel welche Wahlergebnisse, Regierungen und Regierungstypen das dänische System hervorbringt und wie der dänische negative Parlamentarismus funktioniert.

Wie im letzten Abschnitt beschrieben, ist das Folketing seit der Verfassungsänderung von 1953 die einzige Kammer und es gibt wenige formale und institutionelle Beschränkungen der Mehrheitsherrschaft, auch wenn 1953 das Instrument des Referendums eingeführt wurde (das, wie im Kapitel zur

2.2 Institutionengefüge und negativer Parlamentarismus

EU deutlich wird, eine sehr große Bedeutung erlangt hat). Wie auch im (als Arbeitsparlament bezeichneten) Deutschen Bundestag, erfolgt die eigentliche parlamentarische Arbeit in einem im Verlauf der Zeit immer weiter spezialisierten und differenzierten System von Ausschüssen und Kommissionen. 1972 trug man dieser Professionalisierung mit dem Übergang von ad hoc Ausschüssen zu ständigen Ausschüssen Rechnung (von denen einer sich ausschließlich mit Europapolitik befasst). Daher sind die einfachen Plenardebatten oft mäßig bis wenig besucht.

Wie in anderen parlamentarischen System sind Exekutive und Legislative stark verschränkt statt getrennt und die meisten Gesetze werden von der Regierung initiiert (Damgaard 1994). Die Regierung besteht aus dem *„Statsminister"*, d. h. dem Regierungschef, und den Ministern. Paragraf 15 der Verfassung kodifiziert das Prinzip des negativen Parlamentarismus, da in ihm fixiert ist, dass ein Misstrauensvotum mit einfacher Mehrheit gegen den *Statsminister* zum Rücktritt der Regierung oder Neuwahlen führt. Der Unterschied zum konstruktiven Misstrauensvotum in der Bundesrepublik besteht also darin, dass sich in Deutschland zusätzlich eine alternative Mehrheit formieren muss. Auch einfache Minister müssen zurücktreten, wenn ihnen vom Folketing das Misstrauen ausgesprochen wird. In der Praxis würde ein solches Votum gegen einzelne Minister aber als Misstrauensvotum gegen die Regierung als Ganzes aufgefasst werden (Nannestad 2009, S. 76). Für die Regierungsbildung bedeutet negativer Parlamentarismus also, dass nicht das Vorhandensein einer eigenen Mehrheit, sondern die Abwesenheit einer Mehrheit für ein erfolgreiches Misstrauensvotum gegen die Regierung entscheidend ist (so erklärt sich die Bezeichnung als negativer Parlamentarismus). Oft läuft dies auf eine bloße Tolerierung der Regierung hinaus, sodass keine Mehrheit gegen sie besteht. So toleriert die Dänische Volkspartei, die eigentlich mehr Stimmen als die Liberalen erhalten hat, seit der Wahl 2015 die von den Liberalen *(Venstre)* geführte Mitte-Rechts-Minderheitenregierung. Der hohe Preis dafür ist, dass die Dänische Volkspartei immer wieder maßgeblichen und ganz direkten Einfluss auf die Regierungspolitik nimmt, ohne aber formal Regierungsverantwortung zu tragen. Zwar kam es schon seit 1947 nicht mehr dazu, dass eine Regierung wegen eines direkten Misstrauensvotums zurücktreten musste. Allerdings werden Abstimmungsniederlagen der Regierung in der dritten und letzten Lesung des Haushaltsgesetzes als so schwerwiegend aufgefasst, dass sie einem Misstrauensvotum gleichkommen. Im Extremfall kann es dazu kommen, dass im Folketing auf einigen Politikfeldern eine alternative Mehrheit an der Regierung vorbei regiert, ohne jedoch ein Misstrauensvotum zu stellen (Nannestad 2009, S. 77, 85). Dies war etwa zwischen 1982 und 1988 der Fall, als die vom (letzten)

Konservativen *Statsminister* Poul Schlüter angeführte Regierung trotz mehrerer Abstimmungsniederlagen nicht zurücktreten wollte. Die Sozialliberalen *(Radikale Venstre)* waren nicht Teil der Koalition und kooperierten mit Schlüter in wirtschafts- und finanzpolitischen Fragen. Auf Politikfeldern jenseits der Ordnungspolitik (wie Sicherheit, Umwelt, Kultur, Recht) kooperierten sie aber eher mit dem linken (roten) Block im Folketing, was zu besagten alternativen Mehrheiten führte.

Das Wahlsystem zur Verteilung der Mandate gehört zu den repräsentativsten der Welt. Das heißt umgekehrt, dass die Disproportionalität, also die Diskrepanz zwischen Wahlergebnis auf nationaler Ebene und Sitzverteilung im Parlament, gering ist. Das System ist komplex. Von den 179 Mandaten entfallen zwei auf Grönland und zwei auf die Färöer-Inseln. Diese vier Mandate werden schlicht nach relativem Mehrheitswahlrecht vergeben. Ansonsten gibt es zehn große Mehrpersonenwahlkreise (wiederum unterteilt in kleinere Wahlkreise), auf die nach d'Hondts Methode 135 der 179 Sitze entfallen *(Kredsmandater)*. Die 40 verbleibenden Zusatz- beziehungsweise Ausgleichsmandate *(Tillægsmandater)* werden so verteilt, dass die landesweite Verteilung der Stimmen möglichst genau im Folketing widergespiegelt wird. Da die Verfassung die Repräsentation der Regionen und die gleiche Vertretung des Elektorats gleichermaßen zum Ziel hat, sollen so etwaige Verzerrungen durch die Wahl in den 10 Wahlkreisen kompensiert werden. Einzig eine Hürde von 2 % der Stimmen auf der Ebene der 10 großen Wahlkreise verhindert den Einzug von Kleinstparteien. In Deutschland beträgt die Hürde 5 %, in Schweden 4 %. Im britischen Mehrheitssystem hingegen bedarf es wegen der Einerwahlkreise, in denen gemäß dem *first-past-the-post*-Prinzip nur die im jeweiligen Wahlkreis stärkste Partei einen Sitz erhält, keiner Sperrklausel, um die Zersplitterung des Parteiensystems zu verhindern. Diese vermeintlich kleinen Unterschiede haben bedeutende Konsequenzen. So wären z. B. die drei 2013 in der Bundestagswahl an der 5 % Hürde gescheiterten Parteien (also Piraten, FDP und AfD) in Dänemark ins Parlament eingezogen. Die Stimm- und Sitzverteilungen in Dänemark zwischen 1973 und 2015 sind in Tab. 2.1 zusammengefasst.

Abb. 2.1 zeigt die aus dem Wahlsystem resultierende Disproportionalität für Dänemark im Vergleich zu Deutschland, Schweden und Großbritannien und dem OECD-Durchschnitt. Lijphart (1994, S. 57) definiert Disproportionalität grundsätzlich als „deviation of parties' seat shares from their vote shares". Ein Wert von 1 auf dem hier für jedes Land als schwarze Linie dargestellten Disproportionalitätsindex bedeutet, dass es im Parlament eine (effektive) Partei weniger gibt, als man anhand des Wahlergebnisses erwarten würde (siehe Armingeon et al. 2017 CPDS Codebook). Das britische Mehrheitswahlrechtssystem weist

2.2 Institutionengefüge und negativer Parlamentarismus

Tab. 2.1 Wahlergebnisse und Sitzverteilung im dänischen Parlament 1973–2016

	Dez. 73	Jan. 75	Feb. 77	Okt. 79	Dez. 81	Jan. 84	Sep. 87	Mai 88	Dez. 90	Sep. 94	Mär. 98	Nov. 01	Feb. 05	Nov. 07	Sep. 11	Jun. 15
Sozialdemokraten	25,6 / 46	29,9 / 53	37,0 / 65	38,3 / 68	32,9 / 59	31,6 / 56	29,3 / 54	29,8 / 55	37,4 / 69	34,6 / 62	36,0 / 63	29,1 / 52	25,8 / 47	25,5 / 45	24,8 / 44	26,3 / 47
Radikalliberale	11,2 / 20	7,1 / 13	3,6 / 6	5,4 / 10	5,1 / 9	5,5 / 10	6,2 / 11	5,6 / 10	3,5 / 7	4,8 / 8	3,9 / 7	5,2 / 9	9,2 / 17	5,1 / 9	9,5 / 17	4,6 / 8
Liberale	12,3 / 22	23,3 / 42	12,0 / 21	12,5 / 22	11,3 / 20	12,1 / 22	10,5 / 19	11,8 / 22	15,8 / 29	23,3 / 42	24,0 / 42	31,3 / 56	29,0 / 52	26,2 / 46	26,7 / 47	19,5 / 34
Konservative	9,2 / 16	5,5 / 10	8,5 / 15	12,5 / 22	14,5 / 26	23,4 / 42	20,8 / 38	19,3 / 35	16,0 / 30	15,0 / 28	8,9 / 16	9,1 / 16	10,3 / 18	10,4 / 19	4,9 / 8	3,4 / 6
Soz. Volkspartei	6,0 / 11	5,0 / 9	3,9 / 7	5,9 / 11	11,3 / 21	11,5 / 21	14,6 / 27	13,0 / 24	8,3 / 15	7,3 / 13	7,5 / 13	6,4 / 12	6,0 / 11	13,0 / 23	9,2 / 16	4,2 / 7
Gemeinsamer Kurs	–	–	–	–	–	–	2,2 / 4	1,9 / 0	1,8 / 0	–	–	–	–	–	–	–
Kommunisten	3,6 / 6	4,2 / 7	3,7 / 7	1,9 / 0	1,1 / 0	0,7 / 0	0,9 / 0	0,8 / 0	–	–	–	–	–	–	–	–
Einheitsliste	–	–	–	–	–	–	–	–	1,7 / 0	3,1 / 6	2,7 / 5	2,4 / 4	3,4 / 6	2,2 / 4	6,7 / 12	7,8 / 14
Linkssozialisten	1,5 / 0	2,1 / 4	3,7 / 7	3,7 / 6	2,7 / 5	2,7 / 5	1,4 / 0	0,8 / 0	–	–	–	–	–	–	–	–
Zentrumsdemokraten	7,8 / 14	2,2 / 4	6,4 / 11	3,2 / 6	8,3 / 15	4,6 / 8	4,8 / 9	4,7 / 9	5,1 / 9	2,8 / 5	4,3 / 8	1,8 / 0	1,0 / 0	–	–	–

(Fortsetzung)

Tab. 2.1 (Fortsetzung)

	Dez. 73	Jan. 75	Feb. 77	Okt. 79	Dez. 81	Jan. 84	Sep. 87	Mai 88	Dez. 90	Sep. 94	Mär. 98	Nov. 01	Feb. 05	Nov. 07	Sep. 11	Jun. 15
Christl. Volkspartei	4,0 7	5,3 9	3,4 6	2,6 5	2,3 4	2,7 5	2,4 4	2,0 4	2,3 4	1,9 0	2,5 4	2,4 4	1,7 0	0,9 0	0,8 0	0,8 0
Fortschrittspartei	15,9 28	13,6 24	14,6 26	11,0 20	8,9 16	3,6 6	4,8 9	9,0 16	6,4 12	6,4 11	2,4 4	0,6 0	–	–	–	–
Dänische Volkspartei	–	–	–	–	–	–	–	–	–	–	7,4 13	12,0 22	13,3 24	13,9 25	12,3 22	21,1 37
Liberale Allianz	–	–	–	–	–	–	–	–	–	–	–	–	–	2,8 5	5,0 9	7,5 13
Alternative	–	–	–	–	–	–	–	–	–	–	–	–	–	–	–	4,8 9
Gesamt	175	175	175	175	175	175	175	175	175	175	175	175	175	175	175	175
Wahlbeteiligung	88,7	88,2	88,7	85,6	83,2	88,4	86,7	85,7	82,8	84,3	85,9	87,0	84,5	86,6	87,2	85,8

Quelle: Folketinget: Folketinget efter valget den 21. September 1994, Kopenhagen 1995; Nannestad 2009

2.2 Institutionengefüge und negativer Parlamentarismus

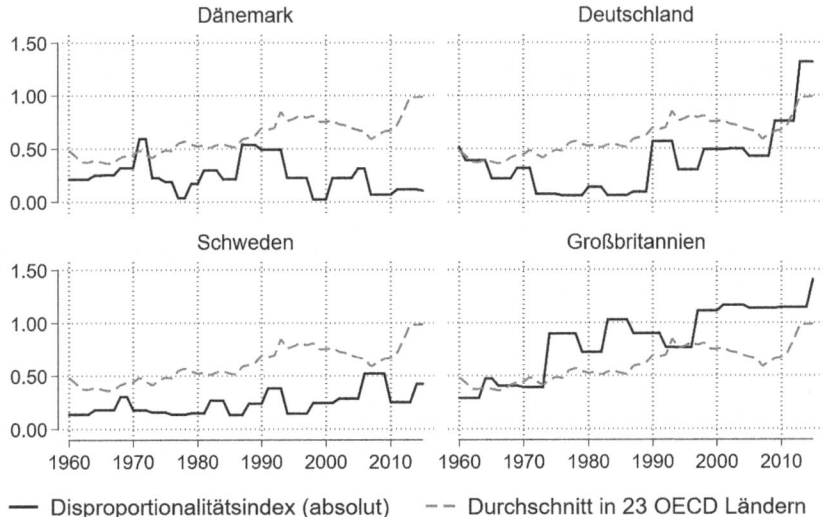

Abb. 2.1 Disproportionalität (Abweichung der Sitzverteilung von der Stimmenverteilung). (Quelle: Armingeon et al. 2017, Variable dis_abso)

wie erwartet klar die höchste Diskrepanz auf, wohingegen das dänische System, wie eingangs behauptet, kaum gewählte Parteien aus dem Parlament fernhält. Dies gilt auch im Vergleich mit anderen auf Repräsentation ausgerichteten Verhältnissystemen wie Schweden und, besonders deutlich, Deutschland. Mit Blick auf den zeitlichen Verlauf fällt auf, dass die ohnehin niedrige Disproportionalität in Dänemark, im Gegensatz zum ansteigenden OECD-Durchschnitt, zuletzt noch weiter zurückgegangen ist.

Die Länge der Legislaturperiode ist auf vier Jahre beschränkt. Sehr oft wird jedoch aufgrund instabiler Mehrheitsverhältnisse oder strategischer Erwägungen das Parlament seitens der Regierung früher aufgelöst und es kommt zu Neuwahlen. Ein Blick auf die Übersicht der Regierungen seit 1973 in Tab. 2.2 zeigt, dass Regierungen kaum mehr als zwei Jahre überdauern. Auch wenn man eine weite Definition von Veränderungen in der Regierung heranzieht, erscheinen dänische Regierungen als nicht sehr langlebig. Die folgenden Veränderungen beinhalten neben Wahlen auch den Rücktritt des Regierungschefs sowie das Ende von – oder die Erweiterung von – Koalitionen (Armingeon et al. 2017). Im Schnitt gibt es in Dänemark zwischen 1960 und 2015 nach dieser weiten Definition durchschnittlich 0,54 Veränderungen der Regierung im Jahr. In Schweden

Tab. 2.2 Dänische Regierungen 1973–2016

Regierungschef	Amtszeit	Regierungsparteien[a]	Mandate	Regierungstyp
Poul Hartling	1973–1975	Liberale	22[b]	Minderheit
Anker Jørgensen	1975–1977	Sozialdem	53[b]	Minderheit
Anker Jørgensen	1977–1978	Sozialdem	65[b]	Minderheit
Anker Jørgensen	1978–1979	Sozialdem + Lib	65[b] + 21b	Minderheit
Anker Jørgensen	1979–1981	Sozialdem	69[b]	Minderheit
Anker Jørgensen	1981–1982	Sozialdem	59[b]	Minderheit
Poul Schlüter	1982–1984	Kons + Lib + Zentr + Christl Volkspart	26 + 20[b] + 15 + 4	Minderheit
Poul Schlüter	1984–1987	Kons + Lib + Zentr + Christl Volkspart	42 + 22[c] + 8 + 4	Minderheit
Poul Schlüter	1987–1988	Kons + Lib + Zentr + Christl Volkspart	38 + 19 + 9 + 4	Minderheit
Poul Schlüter	1988–1990	Kons + Lib + Radikallib	35 + 22[b] + 10	Minderheit
Poul Schlüter	1990–1993	Kons + Lib	30 + 29[b]	Minderheit
Poul Nyrup Rasmussen	1993–1994	Sozialdem + Radikallib + Zentr + Christl Volkspart	69[c] + 7 + 8 + 4	Mehrheit[d]
Poul Nyrup Rasmussen	1994–1998	Sozialdem + Radikallib + Zentr	62 + 8 + 5	Minderheit
Poul Nyrup Rasmussen	1998–2001	Sozialdem + Radikallib	63 + 7	Minderheit

(Fortsetzung)

2.2 Institutionengefüge und negativer Parlamentarismus

Tab. 2.2 (Fortsetzung)

Regierungschef	Amtszeit	Regierungsparteien[a]	Mandate	Regierungstyp
Anders Fogh Rasmussen	2001–2005	Liberale + Konservative	56 + 16	Minderheit
Anders Fogh Rasmussen	2005–2007	Liberale + Konservative	52 + 18	Minderheit
Anders Fogh Rasmussen	2007–2009	Liberale + Konservative	46 + 18	Minderheit
Lars Løkke Rasmussen	2009–2011	Liberale + Konservative	46 + 18	Minderheit
Helle Thorning-Schmidt	2011–2014	Sozialdem + Radikallib + Sozialistische Volkspartei	44 + 17 + 16	Minderheit
Helle Thorning-Schmidt	2014–2015	Sozialdem + Radikallib	44 + 17	Minderheit
Lars Løkke Rasmussen	2015–2016	Liberale	34	Minderheit
Lars Løkke Rasmussen	2016–	Liberale + Allianz + Konservative	34 + 13 + 6	Minderheit

Aufbauend auf Darstellung in Nannestad 2009
[a]Partei des Regierungschefs an erster Stelle
[b]inklusive einem nordatlantischen Mandat
[c]inklusive zwei nordatlantischen Mandaten
[d]ab 1994 aufgrund des Fraktionsaustritts zweier Mitglieder der Zentrumsdemokraten Minderheitsregierung
Quelle: Folketinget: Folketinget efter valget den 21. September 1994, Kopenhagen 1995; eigene Ergänzung

(0,41) und Deutschland (0,46) und vor allem in Großbritannien (0,29) waren Regierungen stabiler. Zur Einordnung sei hinzugefügt, dass es im OECD-Durchschnitt 0,73 Veränderungen pro Jahr waren; Dänemark also aus dieser Perspektive nicht als außergewöhnlich instabil gelten kann[1].

Interessant und strategisch relevant ist auch, dass die Festlegung des genauen Wahltermins zuweilen aus demoskopischen Erwägungen erfolgt. Die extrem frühe Ansetzung der Wahlen im Juni 2015 durch Regierungschefin Thorning-Schmidt etwa erfolgte auch vor dem Hintergrund guter Umfragedaten. Dieses Kalkül ging im Hinblick auf ihre sozialdemokratische Partei auch auf. Sie wurde stärkste Kraft. Jedoch verloren ihre potenziellen Koalitionspartner aus dem sogenannten roten Block (das Mitte-Links-Lager), sodass der blaue Block (Mitte-Rechts) letztlich mehr Stimmen auf sich vereinen konnte. So kam es, dass Venstre Spitzenkandidat Løkke Rasmussen statt Thorning-Schmidt das – wie unten beschrieben recht knifflige – Mandat zur Regierungsbildung erhielt, obwohl seine Partei noch hinter der Dänischen Volkspartei auf Platz 3 landete und gegenüber 2011 deutlich an Stimmen und Mandaten verloren hatte.

Minderheitenregierungen sind also nicht unbedingt ein Garant für Kontinuität, sind aber vor dem Hintergrund der schwierigen Mehrheitsverhältnisse fast alternativlos. Das heißt nicht, dass Politiker und Parteien, die von der Königin gemäß des Votums der Mehrheit der Parlamentarier mit der Regierungsbildung betraut werden, nicht auch versuchen würden, eine absolute Mehrheit als Regierungsgrundlage zu erlangen. Das Beispiel des 2015 erneut *Statsminister* gewordenen Lars Løkke Rasmussen illustriert aber gut, wieso es am Ende doch fast immer zu Minderheitsregierungen kommt. Zwar votierten alle Mitte-Rechts-Parteien (der sogenannte blaue Block) für *Venstre* (die Liberalen) und somit für Rasmussen als Führung der Regierung, jedoch wollten die Konservativen *(Det Konservative Folkeparti)* nicht Teil einer Regierung werden. Auch wenn die Dänische Volkspartei und die *Liberale Allianz* prinzipiell für eine Koalition zur Verfügung standen, so waren ihre Positionen in Sachen Haushalt und Wohlfahrtsstaat doch völlig unvereinbar. Erstere machte eine Erhöhung, letztere eine Senkung der Ausgaben zur Bedingung. Ergebnis war eine *Venstre* Einparteienminderheitenregierung. Tab. 2.2 zeigt aber, dass dies eine – zumal recht kurzlebige – Ausnahme darstellt. Kabinette in Dänemark sind meist Minderheitenregierungen aus mehreren

---

[1]Zu den gleichen Schlüssen kommt man, wenn man „ideologische Konsistenz" zur Definition eines neuen Kabinetts heranzieht (Horn 2017). Schließlich ließe sich argumentieren, dass nicht das Personal oder die Parteienlabels, sondern die Positionen entscheidend sind. Auch nach dieser Definition ist die Anzahl der Regierungen in Dänemark eher hoch.

2.2 Institutionengefüge und negativer Parlamentarismus

Parteien, die punktuell mit weiteren Parteien kooperieren. Seit 2016 gibt es eine Koalition aus Rasmussens Liberalen, Liberaler Allianz und Konservativen, geduldet von der Dänischen Volkspartei.

Diesen Ausnahmecharakter belegt auch die ländervergleichende Betrachtung der Regierungstypen im Zeitverlauf in Abb. 2.2. Seit den frühen 1980ern dominieren in Dänemark Minderheitenregierungen aus mehreren Parteien. Im vermeintlich ähnlichen Schweden dagegen ist eine Einparteienminderheitsregierung der Sozialdemokraten oder der Konservativen die Regel. Noch deutlicher ist der Kontrast zu Deutschland und Großbritannien, wo es fast nur zu Minimal Winning Koalitionen (so bezeichnet man eine absolute Mehrheit der Regierung ohne überschüssige Parteien), respektive Einparteienmehrheiten kommt. Dass sich an dieser dänischen Besonderheit etwas ändert, ist nicht zu erwarten. Die Machtbasis der Regierungen ist eher schwächer geworden – vor allem, weil die Liberalen und die Sozialdemokraten in den letzten Wahlen schwächer waren als noch in den 1990ern. Dänemark folgt hier dem internationalen Trend, welcher auch eng mit den zunehmenden Problemen der ehemals großen Parteien verknüpft ist, noch echte Volksparteien zu sein.

Der Erfolg der Dänischen Volkspartei *(Dansk Folkeparti)* auf Kosten der Sozialdemokraten und der Liberalen rüttelt allerdings an der Lagerlogik des Parteiensystems, in dem sich ein bürgerliches blaues und ein linkes rotes Lager

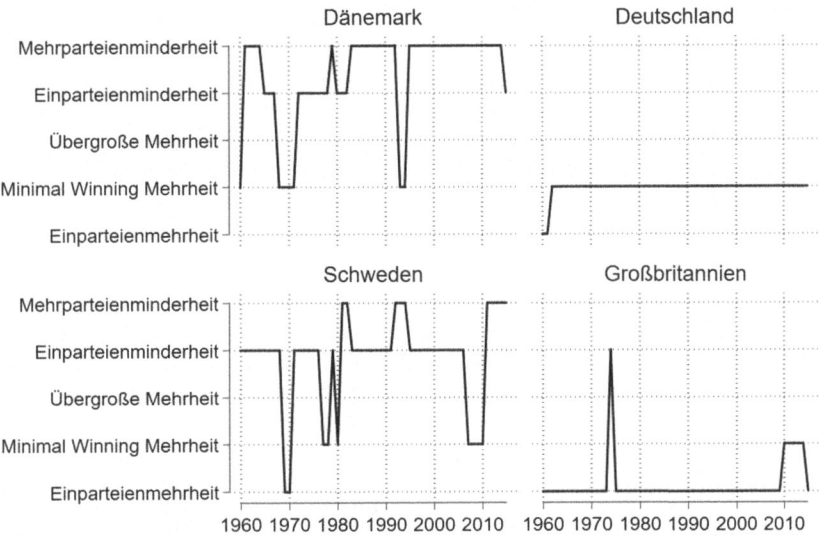

Abb. 2.2 Regierungstypen. (Quelle: Armingeon et al. 2017, Variable gov_type)

gegenüberstanden (auch wenn die Dänische Volkspartei sich zum blauen Lager zählt, war sie noch in den 1990er eine Pariapartei). Wie im nächsten Abschnitt, indem es um die Entwicklung des Parteiensystems und die Verortung der Parteien im politischen Raum geht, aufgezeigt wird, ist die Dänische Volkspartei wirtschafts- und sozialpolitisch auch mit den Sozialdemokraten kompatibel, allerdings in der EU-, Einwanderungs-, und Gesellschaftspolitik eher mit den Liberalen *(Venstre)* kooperationsfähig. Vor diesem Hintergrund kann es nicht verwundern, dass die Dänische Volkspartei es bislang vorzieht, nicht formaler Teil von Regierungen zu sein, sondern Regierungen toleriert und dann themengebunden kooperiert. Oft verlangt die Volkspartei dafür Konzessionen, in jenen Bereichen, die für sie zentral sind. De facto ist sie also Teil der Regierung. Am offensichtlichsten ist dies in der Integrations- und Einwanderungspolitik.

Die starke Fraktionalisierung der Parteienlandschaft und die Erosion der einst stabilen blau-roten Blockkonfrontation sind eine Herausforderung für die dänische Konsensdemokratie. Allerdings ist Dänemark – anders als etwa Deutschland – politikgeschichtlich und kulturell für diesen Wandel gewappnet. Minderheitsregierungen sind in Dänemark eingeübte Praxis statt Schreckgespenst wie etwa in Deutschland, wo im Nachgang der Bundestagswahl 2017 große Vorbehalte gegenüber der Idee einer Minderheitenregierung zutage traten (Tenor: Deutschland ist zu wichtig für Instabilität). Wie eingangs erwähnt ist die hohe kulturelle Bedeutung von Konsens, Kompromiss, Kooperation und Gemeinschaft *(fællesskab)* von kaum zu überschätzender Wichtigkeit für die parteiübergreifende Zusammenarbeit. Volatile Kabinette, Kompromisse, Kuhhandel, und eine Vielzahl von Parteien scheinen weder die Zufriedenheit mit dem politischen System, noch die politische Beteiligung negativ zu beeinflussen (siehe Abschn. 2.5), obwohl die Dänen im Hinblick auf Establishment und Parteieliten durchaus kritisch sind (was sich auch die Parteien – wiewohl selbst Teil der Elite – rhetorisch zu eigen machen).

Wichtig in diesem Zusammenhang ist, dass die politischen Parteien in Dänemark trotz der verworrenen Mehrheitsverhältnisse immer wieder sehr erfolgreich dauerhafte Kompromisse finden. Auch gehen diese Kompromisse nicht wie noch in den 1970er Jahren immer oder doch primär auf Kosten ausufernder Staatsausgaben. Ein Beispiel für die langfristige Befriedung eines kontroversen politischen Themas und die Lösung dringender Probleme ist die Rentenreform 2011. Statt nach jedem Wechsel in der Regierung ad-hoc-Reparaturen zu betreiben, die Anreize zu verändern, oder spezielle Statusgruppen besser oder schlechter zu stellen, hat man sich parteiübergreifend auf eine langfristige Rentenreform und damit eine Entpolitisierung geeinigt; vor allem mittels der Kopplung des Renteneintrittsalters an die weiter steigende Lebenserwartung (ab 2030 soll gelten: Lebenserwartung – 14.5 Jahre, siehe OECD 2017, S. 59). Indexierung nennt man dieses Mittel, um Entscheidungen, die politisch unpopulär sind, dennoch umzusetzen. Auch wenn es um die Abschaffung der generösen Frühverrentungsregeln Streit gab, waren sich Liberale und Sozialdemokraten darin einig, dass eine solche automatische Anhebung auf lange Sicht notwendig und sinnvoll ist. Im Ergebnis hat Dänemark nun ein Rentensystem, das international weithin als führend betrachtet wird (mehr in Kap. 4), obwohl es wie andere dänische Politikinnovationen aus der Not, beziehungsweise aus Verlegenheit, geboren ist und nur bedingt den Klischees vom nordischen Universalismus entspricht.

Ein anderes Beispiel für die Problemlösungskapazität im politischen System Dänemarks ist der (in Kap. 4 besprochene) Wandel hin zum *Flexicurity*-Modell, der als Antwort auf strukturelle Arbeitslosigkeit im Einklang mit den Tarifpartnern vollzogen wurde. Wie in den eingangs erläuterten historischen Kompromissen besteht also nach wie vor das Potenzial, auf hohen Problemdruck mit parteiübergreifendem Politikwandel mittels Pakt zu reagieren.

2.3 Vom Vierparteiensystem zum zersplitterten Vielparteiensystem

Im Folgenden geht es um die Entwicklung des dänischen Parteiensystems und die zentralen Konfliktlinien. Zunächst soll kurz die Entwicklung anhand der (effektiven) Anzahl der Parteien und der Fragmentierung beleuchtet werden. Dabei komme ich auch noch einmal auf die Wahlergebnisse und die sich daraus ergebenden Regierungen zu sprechen. Wichtig in diesem Zusammenhang ist, dass die Sozialdemokratie nicht ganz so prägend oder stark war wie im Rest Skandinaviens. Im darauffolgenden Unterkapitel werden die Positionen der Parteien auf verschiedenen Dimensionen und Politikfeldern ausführlicher vorgestellt.

Das dänische Parteiensystem gehört, auch aufgrund des zuvor beschriebenen sehr proportionalen Wahlrechts, zu den stärker fraktionalisierten Parteiensystemen. Das war nicht immer so. Die Ursprünge des alten Vierparteiensystems liegen, wie in Abschn. 2.1 bereits angerissen, in der Sozialstruktur des 19. Jahrhunderts begründet. Nach Elklit (1986, S. 37, abgeleitet von Stein Rokkan) kann das alte dänische Parteiensystem auch als Dreieck aufgefasst werden, an deren Ecken Sozialdemokratie, Liberalismus, und Konservatismus steht. Die Sozialdemokratie gründet sozialstrukturell auf der Arbeiterschaft, die Konservativen auf den Erwerbstreibenden und die Liberalen auf der (zumeist) selbstständigen Bauernschaft. Wie in Deutschland nach der Revolution (von 1848/1849) waren Parteien Mitte des 19. Jahrhunderts zunächst verrufen, weil sie nicht mit dem Gemeinwohl, sondern mit Sonderinteressen assoziiert wurden. Aus Klubs und

Gruppen formten sich nichtsdestotrotz zusehends die Fraktionen und letztlich die Parteien (Nannestad 2009, S. 90). Wie in anderen Parteisystemen auch, bezeichneten sich die Vertreter des Liberalismus anfangs als links (=*Venstre*) und die Konservativen sich als rechts (=*Højre*). Der Umstand, dass sich die Liberalen nie vom Begriff *Venstre* getrennt haben, obwohl sie schon lange eine Mitte-Rechts Partei sind, ist potenziell verwirrend, aber eben nicht ahistorisch (man denke nur an die politische Farbenlehre in den USA, der zufolge die Republikaner rot sind). In den 1880ern erstarkten dann die Sozialdemokraten, die 1884 erstmals in das Parlament einzogen. In der Mitte des angesprochenen Dreiecks verortet Elklit die 1905 aus Protest gegen den Militarismus von *Venstre* abgespaltenen Sozialliberalen *(Radikale Venstre)*, um damit anzuzeigen, dass diese neue Partei sich ideologisch und im Hinblick auf die sozialstrukturelle Basis zwischen den drei alten Parteien befand (gestützt primär auf eine Basis aus Kleinbauern, Intellektuellen und dem Bildungsbürgertum). Auch diese Partei ist heute weder links, noch radikal. Das Vierparteiensystem wies bis in die 1970er eine hohe Stabilität auf (im Einklang mit der berühmten These von Lipset und Rokkan 1967, dass Parteiensysteme in Skandinavien seit den 1920ern eingefroren seien) und überdauerte die Weltwirtschaftskrise Anfang der 1930er und den zweiten Weltkrieg, ohne, dass sich neue (etwa kommunistische oder nationalistische Parteien) etablieren konnten. In der Regel konnten die vier Parteien 90 % der Stimmen bei Wahlen auf sich vereinen. 1958 gab es jedoch mit der Abspaltung der Sozialistischen Volkspartei von den wenig erfolgreichen Kommunisten eine erste erfolgreiche Parteineugründung, die Sozialistische Volkspartei. Seither rangiert die Partei bei Wahlen meist zwischen 5 und 15 % der Stimmen. Auch nahm die gesellschaftliche Verankerung der vier Parteien, gemessen an ihren Mitgliederzahlen seit dem Ende des zweiten Weltkrieges, ab. 1947 waren 27 % der Wahlberechtigten eingetragene Mitglieder von Parteien (Nannestad 2009, S. 92). Diese Zahl sank bis 1968 kontinuierlich auf 16 % und beträgt heute 4 %.

Zentral für die Entwicklungen im modernen Parteiensystem war die sogenannte Erdrutschwahl von 1973. Der Begriff Erstrutsch trifft es wohl besser, als – in Anlehnung an Lipset und Rokkan – von einem Auftauen des (eingefrorenen) Parteiensystems zu sprechen. Denn die Zahl der Folketing-Parteien verdoppelte sich mit einem Schlag von fünf auf zehn Parteien. Statt 90 % vereinten die vier alten Parteien jetzt nur noch 65 % der Stimmen auf sich. Für diesen Erdrutsch gibt es zwei (komplementäre) Erklärungen. Erstens, und wenig überraschend, erwies sich das Modell der Klassenparteien, die in spezifischen Milieus und Sozialstrukturen fest verankert sind, auch in Dänemark als zusehends obsolet. Dieser Dealignment genannte Prozess der Erosion von Bindungen (Bürklin und Klein 1998) hat verschiedene Gründe. Zum einen werden die Gruppen immer heterogener und kleiner. Diesen Prozess nennt man auch ökologisches

2.3 Vom Vierparteiensystem zum zersplitterten Vielparteiensystem

Dealignment. Zum anderen gibt es eine Entkopplung von Gruppenstruktur und Wahlentscheidung. Man spricht von elektoralem Dealignment. Natürlich sind beides schleichende Prozesse, die nicht wirklich erklären können, wieso es denn gerade im Jahr 1973 zum endgültigen Zusammenbruch des Systems kam.

Eine zweite Erklärung verbindet den sehr hohen Problemdruck 1973 mit Leerstellen im dänischen Parteiensystem. Dazu muss man wissen, dass Dänemark nach Jahren des rapiden wirtschaftlichen Wachstums 1973, wie andere Länder auch, als Begleiterscheinung der ersten Ölkrise in einer budgetären Schieflage war (siehe Kap. 3) und, dass das Parteienspektrum zusehends links von der Bevölkerung angesiedelt war und insofern eine programmatische Leerstelle aufwies (Nannestad 1989). Insbesondere hatten Skepsis gegenüber dem Ausbau des Wohlfahrtsstaates und immer höherer Ausgaben kaum mehr eine (partei-) politische Heimat. Die Sozialdemokraten hatten sich zusehends von den Sozialliberalen abgewandt und sich während der Kooperation mit der Sozialistischen Volkspartei seit Mitte der 1960er nach links bewegt. Es kam zur Abspaltung des rechten Parteiflügels der Sozialdemokratie, genannt Zentrumsdemokraten. Zwischen 1968 und 1971 gab es zwar ein bürgerliches Interregnum, aber auch die Koalition aus Liberalen und Konservativen verhinderte nicht, dass die Ausgaben des Staates und die Steuerlast immer neue Rekordniveaus erreichten. 1973 war insofern eine Reaktion auf diesen Wohlfahrtsstaatskonsens und den als solchen perzipierten Linksruck der etablierten Parteien (Abb. 2.3).

Das bringt uns zu den wichtigsten neuen Kräften im dänischen Parteienspektrum ab 1973: Die Fortschrittspartei *(Fremskridtspartiet)* und die Zentrumsdemokraten *(Centrum-Demokraterne),* die beide gegen den *Tax-and-Spend*-Konsens aufbegehrten. Die Zentrumsdemokraten erreichten als sozialdemokratische Abspaltung aus dem Stand 7,8 % der Stimmen und somit 14 Mandate. Noch einschneidender war jedoch der Einzug der Fortschrittspartei, die sich als Protestpartei gegen die hohe Steuerlast verstand und auf Anhieb mit 15,9 % zweitstärkste Partei wurde (was 28 Mandaten gleichkam). Die Fortschrittspartei war bis in die 1990er wichtig für die politische Landschaft Dänemarks, verlor aber sukzessive an Rückhalt bei Wahlen (siehe Tab. 2.1). Nachdem sie 1998 noch knapp die 2 % Hürde schaffte, verschwand sie nach den Wahlen 2001 in der Bedeutungslosigkeit. Gründe für diesen Niedergang waren Richtungskämpfe und eine Abspaltung. Das Erbe der Fortschrittspartei ist aber weiterhin eminent wichtig. Die besagten Flügelkämpfe resultierten 1995 in der Abspaltung der Dänischen Volkspartei *(Dansk Folkeparti/DF),* die sich statt Steuersenkungen nun Asylstopp, Sozialpolitik, EU Kritik und die Bewahrung nationaler dänischer Werte und Kultur auf die Fahne geschrieben hat. Anfangs wurde die rechts-populistische Partei noch als aussätzig behandelt. „Egal, wie sehr ihr euch anstrengt, stubenrein werdet ihr nie!", so wandte sich der damalige sozialdemokratische Regierungschef Poul

Nyrup Rasmussen 1999 in einer Parlamentsdebatte an die Dänische Volkspartei. Längst ist die ehemalige Paria-Partei aber zu einer sehr einflussreichen Kraft im Herzen des politischen Systems geworden. Nicht zuletzt, weil sie den Liberalen und den Sozialdemokraten so viele Wähler abspenstig gemacht hat, dass sie in Umfragen und Wahlen nun nach den Sozialdemokraten oft sogar zweitstärkste Kraft ist (2015: 21,1 %). Schon nach den Wahlen 2001 haben die Liberalen unter Anders Fogh Rasmussen sich in der Regierung durch die *DF* (damals 13 %) tolerieren lassen. Mit der aktuellen Mitte-Rechts Regierung unter Lars Løkke Rasmussen kooperiert die DF vielfach und auch wenn es die Führung der DF 2015 noch vorzog in der Opposition zu bleiben, gibt es Signale von den Liberalen und der Dänischen Volkspartei, dass in Zukunft eine formale Regierungsbeteiligung statt einer bloßen Tolerierung möglich ist (CVT/Ritzau 2017).

Wie gesagt verweist die Stärke der Dänischen Volkspartei auch auf die Schwäche der etablierten Parteien. Für einige Leser mag es etwas überraschend anmuten, deswegen wird es hier gesondert herausgestellt: Die starke Fragmentierung des Parteiensystems und die pragmatischen politischen Kompromisse, die die dänische Politik bis heute prägen, sind auch darauf zurückzuführen, dass die Sozialdemokratie nie so hegemonial wurde und war wie im Nachbarland Schweden.

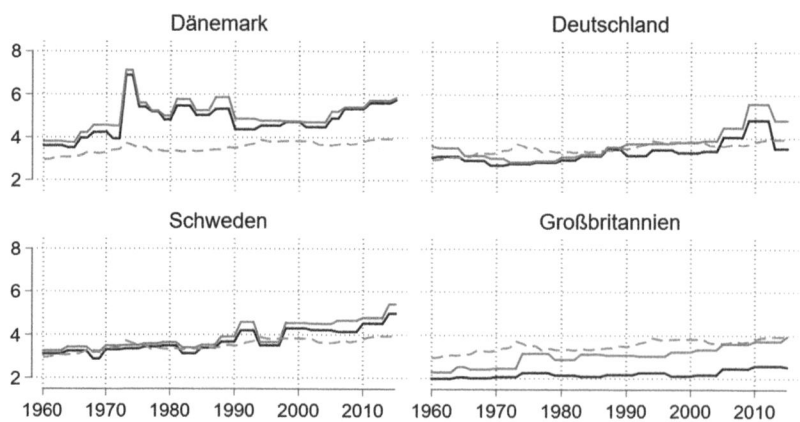

Abb. 2.3 Anzahl effektiver Parteien. (Quelle: Armingeon et al. 2017, Variablen effpar_leg, effpar_ele)

2.3 Vom Vierparteiensystem zum zersplitterten Vielparteiensystem

Abb. 2.4 zeigt die Stimmenanteile der Sozialdemokratie zwischen 1960 und 2015 in Dänemark, Deutschland, Schweden, Großbritannien sowie im OECD-Durchschnitt an. In allen vier Ländern haben die sozialdemokratischen Parteien 2015, nach einem Zwischenhoch in den 1990ern, als die Sozialdemokratie den Dritten Weg propagierte und mittels Mäßigung der linken Positionen wieder an die Macht kam (Green-Pedersen und Van Kersbergen 2002), im Vergleich zu den 1960er und 1970er Jahren deutlich an Stimmen verloren. Eine Ursache für diese Entwicklung sehen politische Beobachter darin, dass die Partei lange keine klare Linie und überzeugende Konzepte in der Einwanderungs- und Asyldebatte gefunden hat. Von den Wählern, die sich ökonomisch links verorten *(old politics Dimension)*, verorten sich immerhin 20 % in Fragen der Kultur- und Identitätspolitik, wozu auch Migrationspolitik gehört, rechts *(new politics* Dimension) (Green-Pedersen und Van Kersbergen 2002). 20 %, die für eine progressive Sozialdemokratie nur schwer zu erreichen sind. Allerdings zeigt Abb. 2.4 auch, dass die dänische Sozialdemokratie auch in besseren Zeiten kaum einmal die 40 % Marke überschritten hat. In den anderen drei Ländern war dies hingegen häufiger der Fall und das Unterstützungsniveau höher. Man beachte auch den geringeren Abstand zum ebenfalls abfallenden durchschnittlichen Ergebnis von Sozialdemokraten in der OECD.

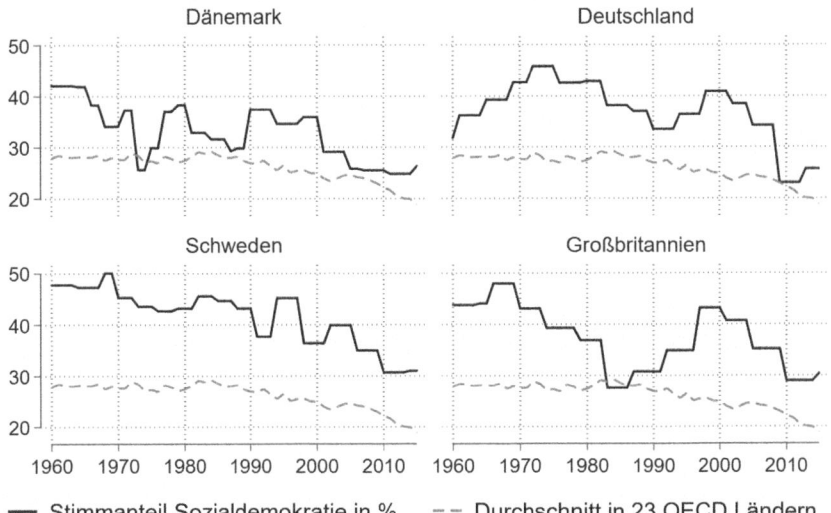

Abb. 2.4 Stimmanteil Sozialdemokratie. (Quelle: Armingeon et al. 2017, Variable social1)

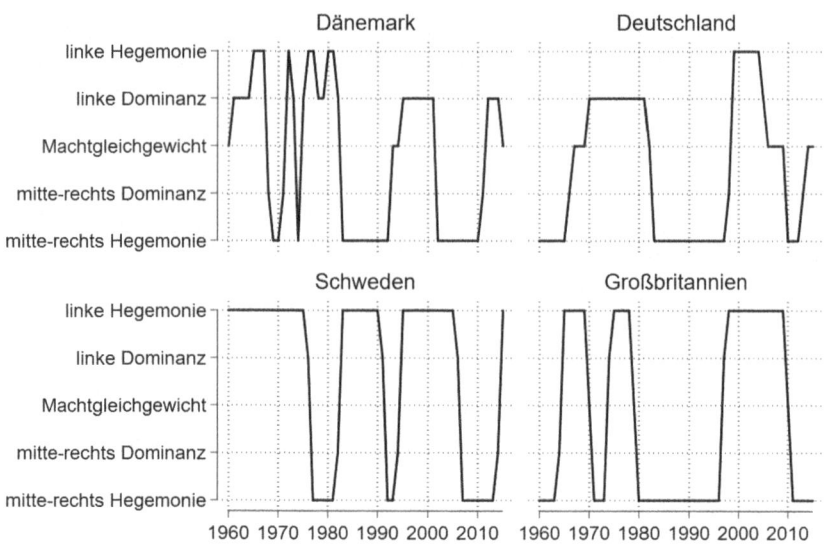

Abb. 2.5 Parteipolitische Zusammensetzung der Regierung. (Quelle: Armingeon et al. 2017, Variable gov_party)

Zusammenfassend erscheint es zwar ein wenig zu dramatisch gleich von einem „Niedergang der Sozialdemokratie" (Nannestad 2009, S. 94) zu sprechen, immerhin liegt die dänische Sozialdemokratie konstant deutlich über 20 %, etwas, wovon dereinst größere sozialdemokratische Parteien wie die deutsche SPD oder die niederländische PvdA sehr weit entfernt sind[2]. Dass der Langzeittrend negativ ist und eine gewisse Schwächung seit 1998 erfolgte, ist aber in Abb. 2.4 dennoch klar zu sehen.

Diese relative Schwäche und Schwächung der dänischen Sozialdemokratie spiegelt sich auch in den Regierungen und deren ideologischem Profil (und, wie später deutlich wird, auch in den Politiken). Abb. 2.5 zeigt ländervergleichend den

---

[2]Das führt dazu, dass in progressiven Think Tanks und Schriftreihen darüber nachgedacht wird, was die Dänische Sozialdemokratie in Anbetracht der früh entstandenen Konkurrenz durch die DF so relativ erfolgreich macht und was man eventuell von ihr lernen kann. Die Antwort lautet: Relativ wenig, jedenfalls sofern man progressiv bleiben will. Denn wie das nächste Kapitel zeigt, hat sich die dänische Sozialdemokratie, wenn auch weniger als die Liberalen, auf die DF zubewegt mittels restriktiver Migrationspolitik und Wohlfahrtschauvinismus (Schumacher und Van Kersbergen 2016). Das widerspricht aber der gerade bei linken Parteien (in Deutschland) vorgebrachten Überzeugung, dass sich das (rechte) Original gegen die (vormals linke) Kopie durchsetzt, wenn man thematisch auf rechte Parteien zugeht.

sogenannten Schmidt-Index zur Zusammensetzung von Regierungen (Armingeon et al. 2017). Er gibt Auskunft über die (numerische) Balance von linken und rechten Parteien in der Regierung. Von linker Hegemonie ist gemäß diesem Index die Rede, wenn sozialdemokratische oder andere linke Parteien 100 % der Regierung ausmachen. Beträgt der Anteil linker Parteien weniger als 100 %, aber mehr als zwei Drittel, spricht man von linker Dominanz. Unterhalb dieser (zugegebenermaßen einigermaßen willkürlichen) Schwelle spricht man von einem (links-rechts) Machtgleichgewicht. Während es in Schweden immer wieder lange Phasen linker Hegemonie gab, gab es in Dänemark nur kurze Phasen linker Hegemonie (die Kabinette überdauerten nicht die regulären vier Jahre der Legislaturperiode), die 1982 mit dem Regierungsantritt des Konservativen Schlüter ein vorläufiges Ende fanden. Seither bezogen sozialdemokratische Regierungen immer auch – wie dies schon vor dem Aufkommen der Sozialistischen Volkspartei (gegründet 1958) der Fall war – die Sozialliberalen *(Radikale Venstre)* mit ein. Die Sozialliberalen sind – wie die in Abschn. 2.4 diskutierten politischen Koordinatensysteme zeigen – moralpolitisch progressiv und ökonomisch und sozialpolitisch eine Partei der Mitte.

2.4 Positionen der Parteien im aktuellen Parteiensystem

Von linker Hegemonie kann also in Dänemark kaum die Rede sein, insbesondere seit den 1980er Jahren. Überhaupt kann man von einer weniger starken Polarität linker und rechter Regierungen im Vergleich zu anderen Ländern sprechen. Allerdings kann man einwenden, dass die historisch bedingte Zuordnung zu Parteifamilien oder die Gruppierung in die Links-Mitte-Rechts-Trichotomie an sich noch nicht sehr aussagekräftig ist. Dafür gibt es verschiedene Gründe (Horn 2017; Kap. 4). Zunächst einmal können sich Positionen im Verlauf der Zeit ändern, sodass einst vergebene Parteilabels wie Links und Rechts oder die historische Parteifamilienzugehörigkeit nicht mehr instruktiv sind. Zweitens findet Parteienwettbewerb heutzutage nicht unbedingt auf einer einzigen Dimension mit einem linken und einem rechten Pol statt. Vielmehr ist Parteienwettbewerb multidimensional und die verschiedenen Dimensionen können auf unterschiedliche Einordnungen einer Partei hindeuten. Meist wird neben der ökonomischen Achse (also Markt versus Staat) noch eine kulturelle oder wertbasierte Konfliktdimension angenommen (Libertarismus versus Autoritarismus). Man denke zum Beispiel an klassische liberale Parteien, die oft ökonomisch rechts und kultur-/moral-politisch links sind. Diese beiden meist festgestellten Dimensionen, die ökonomische und die kulturelle Links-Rechts Achse (siehe: Benoit und Laver

2007; Kitschelt und McGann 1997; Marks und Steenbergen 2004, Horn 2017), sind auch die beiden für Dänemark maßgeblichen Konfliktdimensionen. Allerdings wird man den Spezifika des dänischen Parteiensystems so nur bedingt gerecht. Deshalb werden für die nachfolgende Diskussion neben dem weithin bekannten generellen politischen Koordinatensystem auch spezifischere Positionen visualisiert (im Hinblick auf Migration, europäische Integration, staatliche Leistungen/Ausgaben, Umweltschutz, Zentrum-Peripherie sowie Anti-Establishment/Anti-Eliten Rhetorik). Die Daten, die den Koordinatensystemen zugrunde liegen, sind aus dem Chapel Hill Expert Survey (CHES) Projekt (Polk et al. 2017). Das gleiche gilt für die Daten zu den drängendsten aktuellen politischen Problemen aus Sicht der Parteien. Herangezogen wird die aktuellste Erhebungsrunde aus dem Jahr 2014. Um die vergleichende Einordnung zu erleichtern sowie eine Bezugsgröße zu haben, werden auch die deutschen Parteien mit kartografiert. Bevor ich nun auf die Parteien im Einzelnen eingehe, folgen zunächst einige allgemeine Ausführungen anhand der vier Koordinatensysteme, zur Struktur des Parteienwettbewerbes und zu jüngeren Trends im Parteiensystem.

- Abb. 2.6 zeigt das klassische politische Koordinatensystem; bestehend aus der ökonomischen Links-Rechts Achse (Sozial- und Wirtschaftspolitik mit den

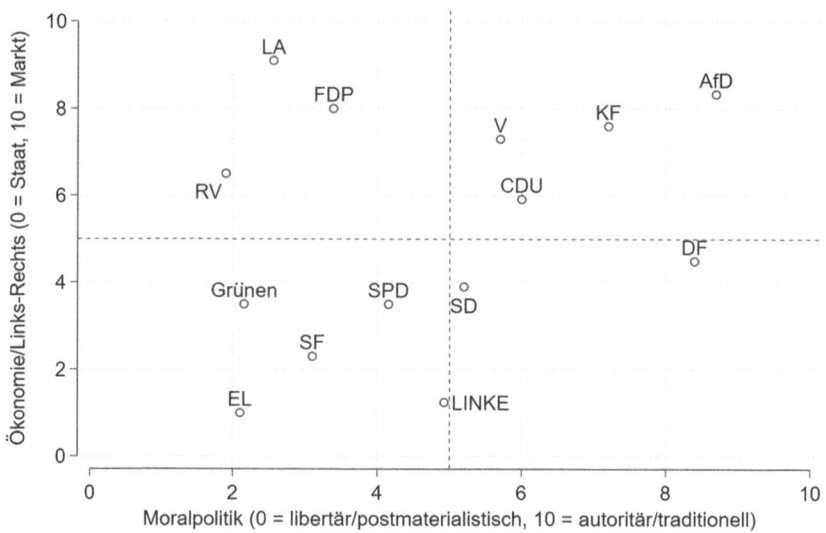

Abb. 2.6 Ökonomie/Links-Rechts und Moralpolitik. (Quelle: Polk et al. 2017)

2.4 Positionen der Parteien im aktuellen Parteiensystem

Polen Markt und Staat) und der Gesellschafts- und Moralpolitik mit einem libertären und einem autoritären Pol. In der Gesellschafts- und Moralpolitik befinden sich die drei stimmenstärksten dänischen Parteien (Sozialdemokraten, Liberale, Dänische Volkspartei) in der rechten Hälfte des Spektrums. Was diese Verortung erklärt, zeigt sich zum Beispiel auf dem Feld der Migrationspolitik, wo alle drei einen vergleichsweise restriktiven Kurs befürworten.

- Wahlstudien, Experteneinschätzungen und Selbstverortungen der Parteien legen nah, dass klassische Themen wie Verteilung, Wohlfahrtsstaat, Wachstum und Beschäftigung nach wie vor den Ton angeben. Jedoch ist die dänische Politik in den letzten Jahren weniger eindimensional geworden. Das Nachlassen der früher ausgeprägten Unidimensionalität ist auch in den nordischen Parteiensystemen festzustellen (Arter 2006). Im dänischen Kontext hat dazu vor allem die intensive Debatte um Einwanderung und Integration sowie eine Fokussierung auf die Bewahrung traditioneller dänischer Normen beigetragen.
- Eine Besonderheit des dänischen Parteiensystems besteht darin, dass es keine erfolgreiche dezidierte Öko-Partei gab (1983 bis 1990 trat eine Ökopartei an, kam aber über 1,4 % der Stimmen nicht hinaus), auch wenn die Partei Die Alternative *(Alternativet)* seit 2013 versucht, das zu ändern. Jedoch vertreten die dänischen Linksparteien, die Sozialistische Volkspartei und Einheitsliste, ähnliche umweltpolitische Positionen wie die deutschen Grünen (siehe Abb. 2.8). Überhaupt korrespondiert die Priorisierung des Umweltschutzes gegenüber Wirtschaftswachstum, beziehungsweise umgekehrt die Priorisierung von Wirtschaftswachstum gegenüber Umweltschutz stark mit der ökonomischen Links-Rechts Position.
- Anti-Eliten und Anti-Establishment-Rhetorik ist in Dänemark allgemein stärker ausgeprägt – genau wie die Sorge darüber, dass die Peripherie (Nicht-Kopenhagen) abgehängt oder vernachlässigt werden könnte.
- Wie in einem universalen Wohlfahrtsstaat zu erwarten, bedienen sich die Parteien in Dänemark einer stark universalistischen und inklusiven Rhetorik. In ihren Programmen ist genauso oft die Rede von alle(n) oder der Gemeinschaft, wie von sozioökonomisch oder demografisch definierten Gruppen (Horn et al. 2018). Deutlich schwächer ausgeprägt ist dieser Aspekt nur bei der Dänischen Volkspartei.
- Tendenziell ist die moderne dänische Politik polarisierter und konfliktreicher als noch in den 1990ern. Das Erstarken der Dänischen Volkspartei seit 1995 erschwert einerseits die Zusammenarbeit und führt zu mehr programmatischer Polarisierung. Trotzdem gibt es auch wichtige gegenläufige Tendenzen, die in Zukunft neue Koalitionen möglich erscheinen lassen. So hat sich die Dänische Volkspartei seit ihrer Gründung in puncto Wirtschafts- und Sozialpolitik

immer weiter von ihren libertären Ursprüngen entfernt und an die Sozialdemokratie angenähert. Sie ist heute weniger gegen Staatsintervention und Wohlfahrtsstaat, gerade im Hinblick auf Gruppen wie Rentner und Kranke. Im Gegenzug hat sich die Sozialdemokratie für Identitätspolitik geöffnet hat und gibt sich in der Migrationspolitik restriktiver. Damit hat sie sich ihrerseits der Dänischen Volkspartei angenähert. Überhaupt ist die Vermischung von Aspekten der Sozial- und Migrationspolitik in Dänemark verbreitet (Jørgensen und Thomsen, S. 336–343).

- Schichtspezifisches Wählen *(class voting)*, wie man es z. B. am Alford Index festmacht, hat in Dänemark – wie in anderen Ländern auch – an Relevanz verloren. Im intra-skandinavischen Vergleich fallen die Unterschiede zwischen Arbeitern und Mittelklasse in Dänemark besonders gering aus (Arter 2006, S. 76). Ein Beleg dafür, dass das Wahlverhalten in Dänemark nicht mehr so stark wie früher einmal durch den (ökonomisch verstandenen) Klassenstatus beeinflusst oder gar geprägt wird, ist, dass die Wahl von sozialistischen und sozialdemokratischen Parteien bei den Angehörigen der Mittelschicht mittlerweile genauso wahrscheinlich ist wie bei den Arbeitern (Arter 2006, S. 76).

Nach diesen einführenden Bewertungen folgt die Darstellung der dänischen Parteien im Einzelnen.

2.4.1 Dänische Volkspartei *(Dansk Folkeparti)*

Aarhus 1995: Ein legendärer und surrealer Parteitag der dänischen Fortschrittspartei (FrP) endet in tumultartigen Szenen und einer Abstimmungsniederlage für die damalige Sprecherin und ehemalige Fraktionsvorsitzende Pia Kjærsgaard, welche ihre Machtbasis im Vorstand verliert, nachdem radikalere Mitglieder die gemäßigten Teile des Vorstandes durch Misstrauensvoten beschädigt hatten. Als Konsequenz verlassen Kjærsgaard, ihr Mann und weitere Getreue die Fortschrittspartei und gründen die Dansk Folkeparti (DF), eine der erfolgreichsten rechtskonservativen Parteien seit dem Fall der Mauer und darüber hinaus der einzige Fall einer Partei, wo die vermeintliche Kopie erfolgreicher als das Original war (Arndt 2017).

Die DF hat sich stark von den Zielen der Fortschrittspartei, aus der sie 1995 hervorging, entfernt. Abb. 2.6 zeigt, dass dies sowohl gesellschafts- und moralpolitisch, als auch wirtschafts- und sozialpolitisch gilt. Ihren Markenkern fasst die Partei auf ihrer Homepage so treffend wie prägnant zusammen: „Asylstopp. Mehr Wohlfahrt. Mehr Abschiebungen. Permanente Grenzkontrollen. Mehr Dänemark, weniger EU. Wollen wir gemeinsam für dänische Werte kämpfen?".

Anders als die einstmals Bürokratie-aversen Steuerrebellen der Fortschrittspartei ist die DF also mittlerweile Teil des dänischen Wohlfahrtsstaatskonsenses; und im Zusammenspiel mit den Liberalen und der Liberalen Allianz oft die deutlich weniger staatskritische Kraft. Das Konzept des Wohlfahrtschauvinismus – ausgeprägter Sozialstaat ja, aber für (ethnische) Dänen – dominiert stark. Die Mischung aus sozio-kulturellem Autoritarismus und Nativismus sowie sozio-ökonomischem Zentrismus ist typisch für die populistischen Parteien Nordeuropas (Jungar und Jupskås 2014). Mit rechtspopulistischen Parteien wie der AfD verbindet die DF neben der Befürwortung strikter Grenzkontrollen und sehr restriktiver Migrationspolitik ihre scharfe Kritik an der europäischen Integration und der EU sowie eine ausgeprägte Anti-Establishment und Anti-Eliten Rhetorik. Zu letzterem Aspekt passt auch, dass sich die Dänische Volkspartei gemeinsam mit der einstigen Bauernpartei der Liberalen *(Venstre)* gerne als Vertreterin des primär ländlichen Dänemarks gegenüber den urbanen Eliten in Kopenhagen sieht. Mit diesem programmatischen Profil – sozialpolitisch eher links, gesellschaftspolitisch rechts – hat es die Partei nicht nur geschafft, sich seit der Wahl 1998 (7,4 %) nahezu kontinuierlich zu steigern, sondern ist seit 2015 (21,2 %) auch die zweitstärkste Partei. Interessant ist dabei auch, dass der Anteil der Arbeiter unter den Wählern der Dänischen Volkspartei mittlerweile oft höher liegt als bei den Sozialdemokraten (Rydgren 2004, S. 490). Unbestreitbar ist der große Einfluss, den die DF auf von Venstre geführte Regierungen erlangt hat (2001–2011 und seit 2015). Jüngst hat die Volkspartei jedoch Konkurrenz durch eine neue Partei erfahren, die auf beiden Politikdimensionen rechte Positionen bezieht. Die Neuen Bürgerlichen *(Nye Borgerlige)* werben, dass es an einer politischen Kraft fehle, die „klassische konservative Wertpolitik mit einer bürgerlichen Wirtschaftspolitik" kombiniert. In Umfragen bewegt sich die Neugründung Ende 2017 zwischen 1 und 4 % der Stimmen und es ist noch zu früh um zu sagen, ob der DF nun langfristig Konkurrenz von rechts erwächst, oder nicht. Wie eindeutig und wie erfolgreich sich die Dänische Volkspartei von der extremistischen und nationalistischen Rechten abgrenzt, wird unterschiedlich bewertet (Rydgren 2004; Arter 2006; Kailitz 2006). Gerade unter dem seit 2012 amtierenden neuen Vorsitzenden Kristian Thulesen Dahl ist die Partei aber sichtbar darum bemüht, sich von Rechtsextremisten und Antisemiten abzugrenzen. Dabei hilft, dass die Wahllisten, ungewöhnlicher Weise, von der Parteispitze abgesegnet werden müssen. So will man verhindern, dass radikale Mitglieder ein Folketingmandat erringen und dem Ansehen der Partei in der dänischen Mittelschicht Schaden zufügen. Im Einklang mit der obigen Charakterisierung der DF kommen die Experten der Chapel Hill Expert Survey (CHES, Polk et al. 2017) zu der Einschätzung, dass in der Partei Einwanderung und Integration, staatliche Leistungen versus Besteuerung und die Europäische Integration als die gegenwärtig drängendsten politischen Probleme betrachtet werden.

2.4.2 Sozialdemokraten *(Socialdemokratiet)*

Wirtschafts- und sozialpolitisch handelt es sich um eine klassische sozialdemokratische Partei, die – wie eingangs beschrieben – schon früh relativ pragmatisch agierte und sich von sozialistischen Dogmen löste. Die 1871 gegründete Partei war seit den 1920ern die treibende Kraft bei der Schaffung des universalen Wohlfahrtsstaates und ist auch heute noch Teil des dänischen Wohlfahrtsstaatskonsensus. Jedoch gab es seit den 1990ern wichtige programmatische Modifikationen, die auch zu einer Neujustierung des Dänischen Modells führten. Wie auch in den drei Vergleichsländern kam es in den 1990ern in Dänemark zu einer ideologischen Mäßigung traditioneller sozialdemokratischer Positionen und einer Ergänzung um neue Ideologeme (Green-Pedersen und Van Kersbergen 2002). Mit dem Ziel, verloren gegangene ökonomische Glaubwürdigkeit zurückzuerlangen und das negativ konnotierte *Tax-and-Spend*-Image abzulegen (Ross 2000). Risikoprivatisierung, Steuersenkungen und weitere Flexibilisierung des Arbeitsmarktes einerseits, aber auch aktive Arbeitsmarktpolitik und soziale Investitionen andererseits (*Social Investment,* siehe Abschn. 4.3). Es gab also keine Abkehr vom starken Staat per se, aber eine Neuausrichtung. Politisch manifestierte sich das in Kürzungs- und Sparpolitik in den 1990ern und der Forcierung des sogenannten *Flexicurity* Modells. Dieses Modell erlaubt dänischen Firmen, selbst langfristige Angestellte auch kurzfristig und ohne Begründung zu entlassen. Im Gegenzug sieht das Modell auskömmliche Ersatzleistungen und umfassende Weiterbildung und Subventionen vor, um einen schnellen Wiedereinstieg in den Arbeitsmarkt zu erreichen. Wie im weiteren Verlauf gezeigt wird, machen Firmen und Arbeitnehmer von diesen Möglichkeiten regen Gebrauch und das Modell wird weithin als Erfolgsmodell betrachtet. Es ist aber fraglich, wie wichtig der Absicherungsaspekt *(Security)* noch ist. Auch andere Positionen der Partei weichen etwas von der reinen Lehre und den Positionen ab, die man etwa mit Blick auf die deutsche Sozialdemokratie erwarten könnte. Die dänische Sozialdemokratie befürwortet zwar die europäische Integration, ist aber – besonders auf der Ebene der Abgeordneten und Parteimitglieder – ambivalenter als ihre europäischen Schwesterparteien (Buch und Hansen 2002). Die Einheitliche Europäische Akte lehnte man mehrheitlich ab (siehe Abschn. 2.6). Vor allem aber vertritt die Partei

2.4 Positionen der Parteien im aktuellen Parteiensystem

vergleichsweise restriktive Positionen in der Asyl- und Migrationspolitik. Seit den späten 1990ern ist die Partei als Antwort auf das Erstarken der Dänischen Volkspartei und die Kulturalisierung der Integrationsdebatte in dieser Hinsicht schrittweise immer weiter nach rechts gerückt (Jønsson und Petersen 2012). In ihrem letzten Parteiprogramm vertritt die Partei ausdrücklich eine restriktive Position und die Gruppen, die eine liberale Migrationspolitik bevorzugen, wurden immer mehr marginalisiert (Nedergaard 2017). Man betont nun die Grenzen der Aufnahmefähigkeit und argumentiert, dass eine Verschärfung der Bedingungen für Flüchtlinge und Migranten notwendig gewesen sei. Aber die Partei betont nach wie vor die Bedeutung einer „Balance" aus Hilfe und Restriktionen. Zudem hat die von Helle Thorning Schmidt geführte Regierung (von 2011 bis 2015) einige der Restriktionen der Mitte-Rechts-Vorgängerregierung rückgängig gemacht. Eine vollständige Angleichung an die restriktiven Vorstellungen der Liberalen und der Dänischen Volkspartei ist also nicht erfolgt (wie auch in Abb. 2.7 dokumentiert).

Wie Abb. 2.9 zeigt, mobilisiert die dänische Sozialdemokratie stärker als die deutschen Volksparteien, mittels einer Anti-Establishment und Anti-Eliten Rhetorik – obwohl sie natürlich selbst Teil des dänischen Establishments ist. Elektoral hat sich die Partei, nach dem Stimmen- und Bedeutungsverlust

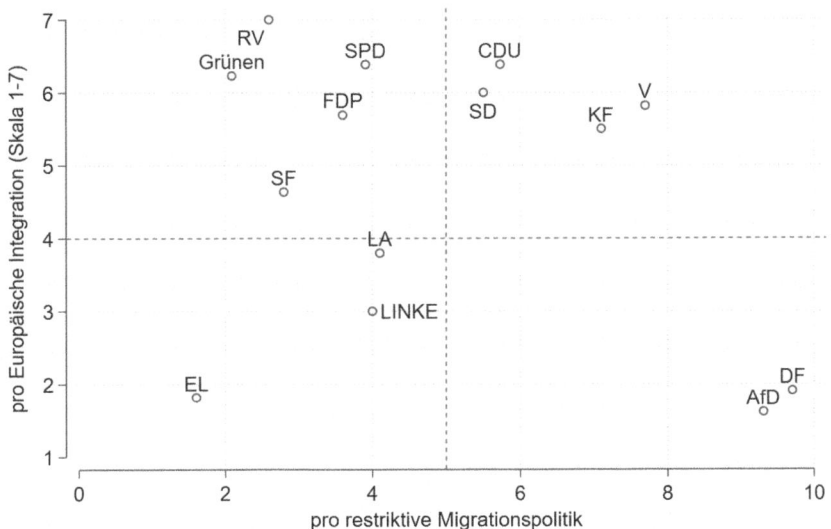

Abb. 2.7 Europäische Integration und Migrationspolitik. (Quelle: Polk et al. 2017)

2001–2011, seit 2015 zumindest konsolidiert. Gegenwärtige Umfragen der Institute Gallup und YouGov sehen die Partei mit 28 bis 29 % als die stärkste politische Kraft. Ein Niedergang nach deutschem oder gar holländischem Vorbild zeichnet sich nicht ab. Als die drängendsten Probleme und Themen sieht die Partei laut CHES das Dilemma zwischen umfassenden staatlichen Dienstleistungen und Besteuerung sowie das Ausmaß der Umverteilung. Allerdings sind diese Einschätzungen vor dem Herbst 2015 und somit vor dem Eskalieren der sogenannten europäischen Flüchtlingskrise getätigt worden und könnten daher die Rolle von Migration unterschätzen.

2.4.3 Liberale *(Venstre, Danmarks Liberale Parti)*

1870 gründete sich aus mehreren progressiven Vereinigungen im Folketing die Partei *Venstre* (wörtlich links), in Abgrenzung zu den als *Højre* (rechts) organisierten Konservativen, die vor allem die Interessen des Adels und der Kirche vertraten. Heute nennt sich die Partei offiziell *Venstre, Danmarks Liberale Parti,* verweist in ihrem Namen also auf die Parteifamilie, der man sich auch im Europaparlament zugeordnet hat (ALDE – Allianz der Liberalen und Demokraten Europas). Nachdem die Partei unter der Ägide von *Statsminister* Anders Fogh Rassmussen 2001 nach langer Oppositionszeit wieder an der Spitze der Regierung war, wurde eine Steuerbremse *(skattestoppet)* für indirekte und direkte Steuern eingeführt. Auch wenn sich Fogh Rasmussen im Vergleich zu wohlfahrtsstaatskritischen Äußerungen in den 1980ern und 1990ern stark gemäßigt hatte, ist die Partei unter ihm etwas nach rechts gerückt. Sein Nachfolger Løkke Rassmussen hält grundsätzlich an dieser Ausrichtung fest, betont aber in Reden auch seine Befürwortung des Sozialstaates.

Ökonomisch und sozialpolitisch handelt es sich, wie in Abb. 2.6 und 2.8 dargestellt, um eine liberale Partei im Wortsinne (Beschränkung der Steuerbelastung und staatlicher Intervention in die Wirtschaft), die sich aber grundsätzlich eindeutig zum dänischen Wohlfahrtsstaat bekennt. In Moral- und Wertfragen dagegen ähneln die Positionen der Partei denen konservativer Parteien. So vertritt Venstre eine immer restriktivere Migrationspolitik und präsentiert sich als Stimme des ländlichen Raumes. Abb. 2.6 und 2.8 zeigen, dass Experten Venstre diesbezüglich näher an der Dänischen Volkspartei als an den dänischen Sozialdemokraten oder den deutschen Christdemokraten wähnen. Wer drastisches Anschauungsmaterial braucht, möge die Social-Media-Kanäle der Integrationsministerin Inger Støjberg besuchen. Inhaltlich und im Duktus sind die Meldungen teilweise schwer von denen der dänischen Volkspartei zu unterscheiden.

2.4 Positionen der Parteien im aktuellen Parteiensystem

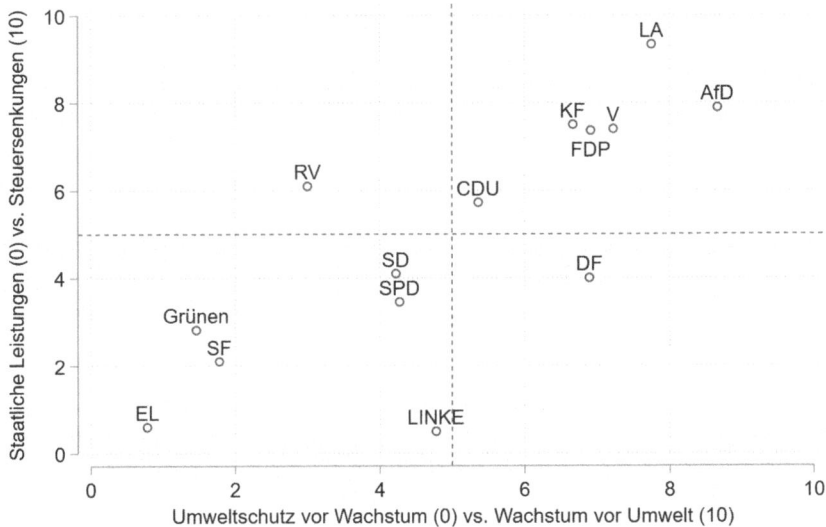

Abb. 2.8 Staatliche Leistungen vs. Steuern, Umweltschutz vs. Wachstum. (Quelle: Polk et al. 2017)

Wiederholt hat es die Partei so in internationale Medien geschafft. Zum Beispiel mit einer Torte, mit der die Venstre-Ministerin die 50. Einschränkung der Einwanderungs- und Asylregeln auf Facebook sehr medienwirksam zelebrierte. Darunter ein Gesetz, das weltweit als Flüchtlingsenteignungsgesetz Schlagzeilen machte und das Bild von Dänemark als liberales und weltoffenes Land nachhaltig schädigte. Außerdem wurden seit 2015 gezielt die Sozialleistungen für Flüchtlinge mit der Einführung einer Starthilfe (statt der höheren Sozialhilfe) gesenkt und es wurde in Annoncen im Libanon davor gewarnt, nach Dänemark zu kommen. Auch der neue *Venstre*-Regierungschef Løkke Rasmussen (2009–2011 und abermals seit 2015) hat wiederholt deutlich gemacht, dass Abschreckung und Verschärfungen der Einreisebestimmung aus seiner Sicht notwendig sind. Eine Gefahr besteht hier darin, dass diese Kontroverse sich auch auf Arbeitsmigration (zum Beispiel in der EU) ausweitet. Die Arbeitgeberverbände (zum Beispiel DI/*Dansk Industri*), die eigentlich Venstre nahestehen, sahen sich immer wieder genötigt zu betonen, dass Dänemark auf qualifizierte Ausländer angewiesen ist. Laut CHES-Daten waren die prominentesten aktuellen Themen auf der Agenda von Venstre zuletzt das Ausmaß staatlicher Leistungen und ihre Finanzierbarkeit (Steuern), Einwanderung, und Deregulierung.

2.4.4 Sozialliberale *(Radikale Venstre)*

1905 resultierten Konflikte zwischen Großbauern und Kleinbauern, vor allem aber der Antimilitarismus eines Teils der Liberalen in einer Abspaltung; den Sozialliberalen. Die Partei wird von Dänen zumeist nur als *Radikale* bezeichnet. Bis heute nimmt die Partei eine Mittelstellung im dänischen Parteiensystem ein, da sie gesellschaftspolitisch eine progressive und kosmopolitische, wirtschafts- und sozialpolitisch aber eine zentristische Partei ist, die sich explizit einem Weg des Ausgleichs und der Mitte verschrieben hat. Die Partei ist also ihrem dänischen Namen zum Trotz wenig radikal, und schon gar nicht radikal links. Allerdings zeigt der Blick auf die Koordinatensysteme, dass die Partei zusammen mit der linken Einheitsliste die libertärsten Werte vertritt. In der Migrationspolitik ist die Partei für offene Grenzen, Multikulturalismus und gegen Restriktionen, wie den wiederholt verschärften Familiennachzug. Die Partei ist mittlerweile auch dezidiert pro-europäisch und pro-EU. Im Herbst 2017 argumentierten ihre Vertreter (z. B. Morten Helveg Petersen) öffentlich und vergeblich gegen eine Verlängerung der Grenzkontrollen im Schengenraum zur Eindämmung der unkontrollierten Ein- und Durchreise nach Dänemark. Die Partei vertritt vor allem die Interessen ihrer urbanen Klientel und der sogenannten kreativen Klasse. Sie versagt sich im Gegensatz zu den anderen dänischen Parteien dem Elitenbashing (siehe Abb. 2.9). Ferner vertritt sie ökologische Standpunkte stärker als dies viele von einer (sozial)-liberalen Partei erwarten würde. Seit den 1990er Jahren kooperieren die Sozialliberalen wieder vornehmlich mit den Sozialdemokraten – wie dies schon vor dem Aufkommen der Sozialistischen Volkspartei in den 1960ern der Fall war. Tendenziell hat sich die Partei seit Beginn der 2000er ökonomisch nach links bewegt. Als Antwort auf diesen – als solchen perzipierten – Linksruck kam es 2007 zur Gründung der Liberalen Allianz *(Liberal Alliance)*. 2013 dann gründeten zwei Mitglieder der Folketingfraktion der Sozialliberalen die Alternative. Die Alternative ist eine links-grüne Partei, die Kritik am neoliberalen Wachstumsparadigma übt und die für sich reklamiert, jenseits von links und rechts zu stehen (Thomassen 2015). Ähnlich der Piratenpartei in Deutschland befürwortet die Alternative neue Wege der politischen Entscheidungsfindung und Partizipation (so z. B. das Crowdsourcen von Ideen und Politik über soziale Medien). Sie definiert sich also vor allem über einen neuen, partizipativeren Politikstil. Bei der Wahl zum Folketing 2015 gelang es der Alternative immerhin, aus dem Stand 4,8 % der Wähler an sich zu binden. Zu den drängendsten aktuellen Themen und Problemen laut den CHES-Länderexperten gehört aus Sicht der Sozialliberalen neben dem für die meisten Parteien in Dänemark wichtigen Ausgleich zwischen staatlichen Leistungen und Steuerlast die Bewahrung bürgerlicher/ziviler Freiheitsrechte und des Multikulturalismus.

2.4.5 Liberale Allianz: *(Liberale Alliance)*

2007 wurde die Partei Neue Allianz von zwei ehemals sozialliberalen sowie einer ehemals konservativen Folketingabgeordneten gegründet. Letztere verließ die Partei schon 2008 wieder, aus Protest gegen die Einordnung der Partei in den blauen Block. Mit ihr ging auch das sozialkonservative Moment, das – so die Ursprungsidee – mit Sozialliberalismus verbunden werden sollte. 2008 erfolgte dann folgerichtig auch die Umbenennung der Partei in Liberale Allianz. In Wert- und Moralfragen ist die Partei ähnlich libertär wir die Sozialliberalen. Stärker als die Liberalen und viel stärker als die Sozialliberalen steht die Liberale Allianz für Kritik am Wohlfahrtsmodell und den klaren Vorzug von Marktallokation vor Staatsintervention. Wenn es darum geht, ob öffentliche Dienstleistungen oder niedrigere Steuern angestrebt werden sollen, bezieht die Partei klar Position zugunsten von staatlicher Zurückhaltung und Steuersenkungen (siehe Abb. 2.8). Sie ist also die einzige Kraft, die etwas aus dem dänischen Wohlfahrtskonsens ausschert. Prävention und Privatisierung im Gesundheitsbereich werden als konkrete Mittel zur Kostensenkung gesehen. Die Partei fordert gebetsmühlenartig eine Senkung der (tatsächlich vergleichsweise hohen) Steuerlast. Die Umbildung der Regierung und die Einbeziehung der Allianz 2016 fand statt, weil die Liberale Allianz Staatminister Løkke Rasmussen von *Venstre* mit einem Misstrauensvotum drohte, sollte es nicht zu Steuersenkungen kommen. Abermals – und im Einklang mit der Selbstbeschreibung der Partei – sehen die CHES Experten den Ausgleich zwischen dem Umfang staatlicher Leistungen und Steuern als die drängendste aktuelle politische Frage und Herausforderung aus Sicht der Liberalen Allianz an, gefolgt von Deregulierung und Staatsintervention.

2.4.6 Konservative Volkspartei *(Konservative)*

Die Konservative Volkspartei wurde 1915 gegründet. Allerdings reichen die Wurzeln der Partei viel weiter zurück, auch wenn die konservativen Kräfte sich 1848 noch unter dem Namen Højre (Rechts) sammelten. Wie Abb. 2.6 zeigt, wird die Partei diesem alten Namen auf beiden Dimensionen durchaus gerecht. Die Partei vertritt traditionelle Werte und betont die nationale Gemeinschaft. In dieser Hinsicht wird sie lediglich von der Dänischen Volkspartei übertroffen. Wie die Liberalen (Venstre) steht die Konservative Volkspartei für eine restriktive Einwanderungspolitik. Die Partei trägt den Wohlfahrtsstaatskonsens mit, jedoch ist sie im Hinblick auf dessen Ausmaß und die Rolle des Staates im Wirtschaftskreislauf allgemein deutlich skeptischer als etwa die deutschen Christdemokraten oder die dänische Sozialdemokratie. Seit dem Hoch in den 1980ern (>20 %) unter dem konservativen Regierungschef Poul Schlüter hat die Partei bei Wahlen einen nahezu stetigen Abwärtstrend erlebt und so 2015 nur noch 3,4 % der Stimmen errungen. Nach dem Umfang von staatlicher Leistung und Besteuerung stehen laut CHES Experten die Bedeutung der Nation und des Nationalismus (im Gegensatz zu einer kosmopolitischen Konzeption) und Fragen der Lebensweise oben auf der Liste der als drängend erachteten Probleme und Themen der Konservativen.

2.4.7 Sozialistische Volkspartei *(Socialistisk Folkeparti)*

Die Sozialistische Volkspartei hat sich 1959 von den erfolglosen Kommunisten abgespalten und war dann die erste Kraft, die sich dauerhaft im seit den 1920er Jahren konsolidierten Vierparteiensystem etablieren konnte. Anlass für die Abspaltung von der Moskau-treuen Kommunistischen Partei (KP) war vor allem Kritik an der Militärintervention der (kommunistischen) Sowjetunion in der Ungarischen Volksrepublik 1956. Seit den 1960ern und 1970ern kam es zur Verzahnung mit der Friedensbewegung und sozialen Bewegungen. Auch eine bis in die 1990er Euro-skeptische Haltung hat der Partei Auftrieb gegeben. Wie Abb. 2.7 zeigt, hat sich die Partei aber diesbezüglich mittlerweile gemäßigt (aber siehe Abschn. 2.6). Auf beiden Politikdimensionen ist die Partei heute klar links von der dänischen Sozialdemokratie zu verorten. Die Koordinatensysteme zeigen aber auch, dass die Skepsis gegenüber Marktallokation und die Fixierung auf den Staat weniger ausgeprägt ist als bei der deutschen Partei *Die Linke* oder bei der linken dänischen Sammelbewegung *Enhedslisten*. Dieser undogmatische Antikapitalismus (im Parteiduktus „demokratischer Sozialismus" genannt) hat es der Sozialistischen Volkspartei auch ermöglicht, immer wieder mit den Sozialdemokraten und den Sozialliberalen zu kooperieren. Andere Kernideologeme sind eine solidarische Globalisierung, Feminismus, und Nachhaltigkeit und Umweltschutz. Gerade dieses ökologische Moment ist für eine Partei, die ja ursprünglich aus der Moskau-treuen Kommunistischen Partei hervorgegangen ist, durchaus bemerkenswert. Dazu passt auch, dass es in der Partei lange Debatten darüber gab, ob man sich im Europaparlament der grünen (Grüne/EFA) oder der linken (GUE-NGL) Parteienfamilie, beziehungsweise Fraktion zuordnet. In Anbetracht der in den

Koordinatensystemen dokumentierten Nähe zu den deutschen Grünen ist es nicht verwunderlich, dass man sich für die grüne statt für die sozialistische linke Fraktion im Europaparlament entschieden hat (in der auch die deutsche Partei *Die Linke* Mitglied ist). Die wichtigsten Fragen- und Problemkomplexe aus Sicht der Sozialistischen Volkspartei laut den CHES-Länderexperten sind dementsprechend staatliche Umverteilung, staatliche Leistungen und Steuern sowie der Umweltschutz.

2.4.8 Einheitsliste *(Enhedslisten – De Rød-Grønne)*

Mit der Gründung der Einheitsliste aus verschiedenen Parteien der zersplitterten Linke wurde 1989 versucht, die Sektiererei innerhalb der kommunistischen und sozialistischen Kräfte zu überwinden. Wie die Koordinatensysteme zeigen, sind die Positionen der Einheitsliste in fast jeder Hinsicht extremer als die der anderen dänischen (aber auch deutschen) Parteien. Die Partei setzt sich für eine Vergesellschaftung von privatem Eigentum und Produktionsmitteln ein und strebt somit letztlich eine klassenlose Gesellschaft an. Bis es aber so weit ist, gibt man sich auch mit inkrementellen Verbesserungen zufrieden. So ist es auch zu erklären, dass die Partei punktuell die sozialdemokratische Regierung von Thorning-Schmidt unterstützte. Wie bei der sozialistischen Volkspartei handelt es sich bei der Einheitsliste um eine ökologische Partei, die die Schonung von Ressourcen dem Wirtschaftswachstum klar überordnet. Weitere konkrete Forderungen der Partei sind die Abschaffung von Workfare-Gesetzen, die starke Ausweitung des öffentlichen Sektors und des Wohlfahrtsstaates (z. B. durch eine Verlängerung und Steigerung der Bezugsdauer von Leistungen), eine weitgehende Nationalisierung beziehungsweise Verstaatlichung des Finanzsektors, die Steigerung der Entwicklungshilfe und der Austritt aus dem transatlantischen Verteidigungsbündnis NATO sowie aus der Europäischen Union. Diversität wird in der Partei als hohes Gut gesehen. Zum Thema Religion und insbesondere zu einer strengen Auslegung des Islam gibt und gab es widerstreitende Positionen innerhalb der Einheitsliste. Die Partei ist zusammen mit der Dänischen Volkspartei die politische Kraft, die am stärksten Anti-Establishment und Anti-Eliten-Rhetorik bemüht. Laut den Länderexperten der CHES-Studie sind die drängendsten aktuellen politischen Probleme aus Sicht der rot-grünen Einheitsliste Umverteilung, das Ausmaß staatlicher Leistungen und ihre Finanzierung; sowie staatliche Eingriffe in die Wirtschaft (Abb. 2.9).

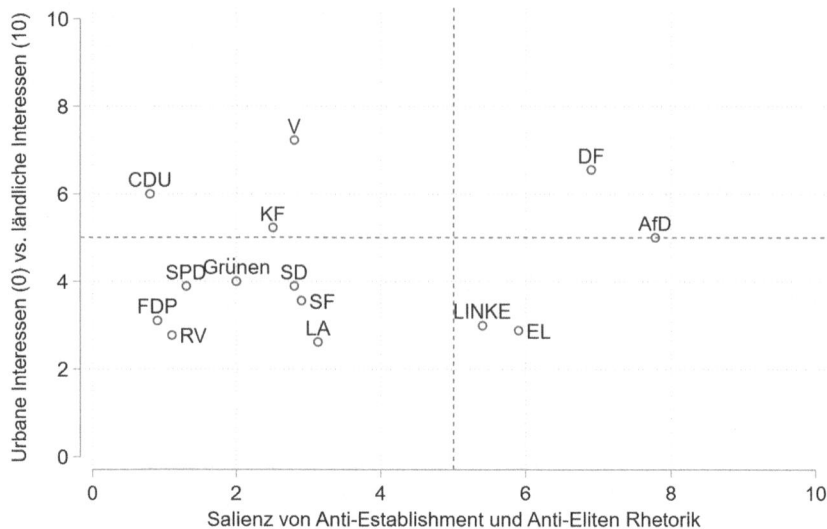

Abb. 2.9 Urbane Interessen vs. ländliche Interessen, Anti-Establishment. (Quelle: Polk et al. 2017)

2.5 Politische Beteiligung und Zufriedenheit mit der Demokratie

Rege politische Partizipation wird von vielen als Maßstab dafür gesehen, wie gesund eine Demokratie ist. Man könnte aber auch argumentieren, dass sich in geringer Beteiligung auch eine gewisse Zustimmung und Gelassenheit manifestiert und insofern eher die konkrete Zufriedenheit mit der Demokratie interessant ist. Beide Aspekte sind sicherlich wichtig für „democratic citizenship" (Shore 2018) und im Hinblick auf beide Kriterien fällt das Urteil für Dänemark mit Abstrichen vergleichsweise recht positiv aus. Da ist zum einen die **Wahlbeteiligung**, die wohl einfachste Form der demokratischen Teilhabe. Wie Abb. 2.10 zeigt, schwankt die Wahlbeteiligung in Dänemark seit 1960 auf sehr hohem Niveau nur geringfügig und lag immer zwischen 80 % und 90 % (diese amtlichen Zahlen sind fast immer niedriger als die in einigen Studien herangezogenen umfragebasierten Raten). Das ist umso bemerkenswerter, wenn man bedenkt, dass die Wahlbeteiligung im Durchschnitt der OECD Länder im gleichen Zeitraum stark gesunken ist. Von einem ähnlichen Ausgangswert wie in Dänemark auf nur noch 70 % im Jahr 2015. Auch in den Vergleichsländern

2.5 Politische Beteiligung und Zufriedenheit mit der Demokratie

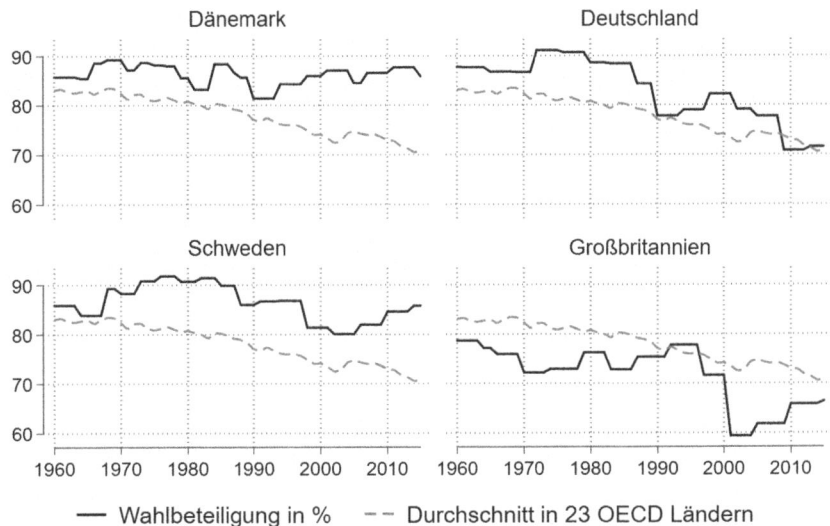

Abb. 2.10 Wahlbeteiligung. (Quelle: Armingeon et al. 2017, Variable vturn)

Schweden, Deutschland und Großbritannien kam es in den 1980er und 1990er Jahren zu Rückgängen (obwohl es in Schweden einen Wiederanstieg der Werte gab). Auch die zahlreichen EU-Referenden wurden vom dänischen Wahlvolk recht ernst genommen (siehe Abschn. 2.6). Es sieht also nicht so aus, als seien die Dänen demokratiemüde.

Aber reflektieren diese guten Werte tatsächlich ein gewisses Grundvertrauen in das politische System? Laut den von der Europäischen Kommission in Auftrag gegebenen Eurobarometerstudien (2016) sind die Dänen sehr zufrieden mit der Demokratie im eigenen Land. Die erste Spalte in Abb. 2.11 zeigt, welcher Anteil der Befragten mit dem Funktionieren der Demokratie in ihrem Land eher zufrieden ist. Die zweite Spalte gibt an, welcher Anteil der Befragten eher unzufrieden ist. Mit 91 % erreicht Dänemark die mit Abstand höchste Demokratiezufriedenheit, vor allem im Vergleich mit dem europäischen Durchschnitt (53 %), aber auch im direkten Vergleich zu Deutschland (69 %) und Großbritannien (64 %), wo nur zwei Drittel der Befragten mit der Demokratie zufrieden sind. Im Gegenzug ist in beiden Ländern ein knappes Drittel der Befragten unzufrieden. In Dänemark dagegen sind es nur 8 %. Dazu passt auch, dass in Dänemark 92 % der Befragten glauben, dass ihre Stimme zählt und nur 6 % der Auffassung sind, ihre Stimme habe kein Gewicht. Abermals fallen diese Zahlen in Deutschland, Großbritannien und auch

	Zufriedenheit mit Demokratie in unserem Land in %	Unzufriedenheit mit Demokratie in unserem Land in %	Meine Stimme zählt in unserem Land: dafür in %	Meine Stimme zählt in unserem Land: dagegen in %	Vertrauen in politische Parteien in %
Dänemark	91	8	92	6	29
Deutschland	69	29	75	21	29
Schweden	79	20	92	8	31
Großbritannien	64	30	57	39	14
EU Durchschnitt	53	44	57	39	16
Eurobarometer:	2016 / EB 86	2016 / EB 86	2016 / EB 86	2016 / EB 86	2016 / EB 86

Abb. 2.11 Demokratiezufriedenheit und Vertrauen in Parteien

im EU Durchschnitt weitaus bedenklicher aus, während Nachbar Schweden fast gleich auf ist mit Dänemark (siehe Spalte 3 und 4 in Abb. 2.11). Die Gefahr einer Spaltung oder politischen Entfremdung, etwa im Sinne einer Zweidrittelgesellschaft, in der weite Teile der Bevölkerung sich nicht hinreichend repräsentiert oder gar abgehängt fühlt, erscheint also in Dänemark vergleichsweise gering – erst recht im Vergleich mit Ländern wie Deutschland. Ich werde auf diesen Aspekt bei der Diskussion der Wirtschafts- und Verteilungspolitik in Kap. 3 noch zurückkommen[3]. Eines sei aber hier schon angemerkt: Die Unterschiede zwischen Dänemark und Schweden einerseits und Deutschland und Großbritannien andererseits passen in das Bild der neueren Literatur zum Zusammenhang zwischen „democratic citizenship" und Ungleichheit und Wohlfahrtsstaat. Diese stellt fest, dass politische Beteiligung und politisches Vertrauen in egalitäreren Gesellschaften und generöseren Wohlfahrtsstaaten zugleich ausgeprägter und weniger sozial stratifiziert – also schichtgebunden – ist (Shore 2014; 2018[4]).

Ob sich dieses Plus an demokratischer Teilhabe, demokratischer Zufriedenheit und Glaube an die Wirkmacht der eigenen Stimme (Efficacy nennen das Politologen) aber auch auf politische Parteien übertragen lässt, ist fragwürdig. Wie in vielen anderen Ländern gibt es eine gewisse Parteienmüdigkeit in Dänemark. Der Blick auf die letzte Spalte von Abb. 2.11 zeigt: Wie in Deutschland und Schweden vertraut nur ein knappes Drittel der Befragten in Dänemark noch den politischen

---

[3]Die präsentierten aktuellen Zahlen bestätigen, was Nannestad (2009, S. 98) anhand des European Social Survey 2001 konstatiert. Demokratiezufriedenheit und partizipative Normen sind in Dänemark vergleichsweise stark ausgeprägt.

[4]Zur weiteren Begründung dieses Zusammenhangs (gemäß dem policy feedback approach) heist es (bei Shore 2014, S. 45) „efficacy is fostered by generous welfare policies embodying norms of fairness and universality, which may convey the message that the government is attentive and responsive to the needs of the many and not just the better- off".

Parteien; in den meisten Ländern sind die Raten jedoch noch viel alarmierender (im EU Durchschnitt sind es nur 16 %). Die recht ausgeprägte Zufriedenheit der Dänen mit der Demokratie bezieht sich also tatsächlich nur auf die Institutionen und das politischen System allgemein (immerhin 58 % vertrauen z. B. dem Folketing als Ganzem), und nicht auf die Parteien. Das manifestiert sich auch in weiter sinkenden Mitgliederzahlen der meisten dänischen Parteien; im Einklang mit dem internationalen Trend. Ausweislich des MAPP (2) Datensatzes (van Haute und Paulis 2017) haben vor allem die beiden großen Parteien Dänemarks in den letzten Dekaden dramatisch und kontinuierlich an Mitgliedern verloren. Hatten die Sozialdemokraten 1950 auf ihrem Höhepunkt noch 284.000 Mitglieder, waren es 2015 nur noch ca. 37.000. Im gleichen Zeitraum sank die Mitgliederzahl der Liberalen von 201.000 auf ca. 36.000. Der Mitgliederschwund trifft auch die anderen zwei Parteien des überkommenen Vierparteiensystems, die Konservative Volkspartei und die Sozialliberalen. Beide sind mittlerweile unter die 10.000er Marke gerutscht. Die sozialistische Volkspartei, die weder wirklich alt noch jung ist, verzeichnet nur leichte Verluste (liegt aber auch unter 10.000). Einzig Parteien jüngeren Gründungsdatums, also die Dänische Volkspartei, die Einheitsliste oder die Liberale Allianz sind in ihrem Mitgliederaufkommen stabil oder weisen gar einen positiven Trend auf. Insgesamt liegt der Anteil der Mitglieder am Elektorat in Dänemark mit ca. 4 % etwa im Mittel, gleichauf mit Schweden, und immer noch höher als in Deutschland oder Großbritannien (van Biezen 2013).

2.6 Widerwillige Europäer und Europapolitik als Marktpolitik

Bereits 1973 trat Dänemark der Europäischen Gemeinschaft (EG) bei – nachdem sich 63,4 % des Elektorates für einen Beitritt aussprach. Keines der nordischen Länder drängte so engagiert in die Europäische Gemeinschaft wie Dänemark. Wichtigstes Motiv war es, durch den Beitritt Großbritanniens nicht vom britischen Markt abgeschnitten zu werden, da dieser den größten Absatzmarkt für dänische Agrarprodukte darstellte. Nichtsdestotrotz wird europäische Integration in Dänemark seit jeher viel kontroverser diskutiert als etwa in Deutschland – gerade, weil sie nach der Schaffung des gemeinsamen Marktes mit der Gemeinsamen Europäischen Akte 1986 spätestens mit dem Vertrag von Maastricht eine stärker politische Dimension erlangte. Oft werden die Dänen auch als „reluctant Europeans", also als widerwillige Europäer, bezeichnet. Im Hinblick auf die wechselvolle Geschichte von Referenden und die in Umfragen dokumentierte Spaltung der dänischen Bevölkerung erscheint diese Zuschreibung angemessen. Man kann die dänische

	Vertrauen in Institution EU (Vertrauen in %)	Gemeinsame Einwanderungspolitik (dafür in %)	Gemeinsame € Währung (dafür in %)	Freizügigkeit EU Bürger (dafür in %)	Mein Land profitiert von der EU (in %)	Föderation der Natinalstaaten (dafür in %)
Dänemark	52	63	31	73	70	18
Deutschland	47	85	81	89	49	49
Schweden	52	79	25	88	53	20
Großbritannien	29	58	30	75	35	26
EU Durchschnitt	41	69	61	81	52	44
Eurobarometer:	2017 / EB 88	2017 / EB 88	2017 / EB 88	2017 / EB 88	2011 / EB 75	2013 / EB 80

Abb. 2.12 Einstellungen zur EU

EU Skepsis vereinfacht auf die pragmatische Formel „wirtschaftliche Integration und Binnenmarkt ja, politische Integration nein" bringen. Vor allem die Sorge, dass das dänische Wohlfahrtsstaatsmodell unterminiert wird und dass man die Kontrolle über Einwanderung verliert umtreibt das Elektorat[5].

Andererseits zeigen jüngste Eurobarometer Umfragen, dass die (wirtschaftlichen) Vorteile der Integration anerkannt werden und die Dänen vergleichsweise hohes Vertrauen in die europäischen Institutionen haben. Tab. 2.1 zeigt, dass beide Aspekte in Dänemark ausgeprägter sind als im EU Durchschnitt und dass Dänemark diesbezüglich im Vergleich mit Schweden, Großbritannien, und Deutschland eine Spitzenposition einnimmt. Klar ist aber anhand der übrigen Fragen in Abb. 2.12 auch, dass eine gemeinsame europäische Einwanderungspolitik, der Euro als gemeinsame Währung und ganz besonders klar eine weitere Vertiefung der politischen Integration hin zu einer Föderation der Nationalstaaten in Dänemark vergleichsweise kritisch gesehen werden. So wünschen sich nur 18 % der Dänen Europa als Föderation der Nationalstaaten.

Das Interesse an Europa und der EU ist moderat. Die Wahlbeteiligung ist wie in anderen Ländern bei den Wahlen zum europäischen Parlament geringer (2014 bei 56,32 % und damit noch immer deutlich über dem europäischen Durchschnitt von 42,61 %) und Europa und die EU gehören anders als in Schweden und im Gegensatz zu Migration, Verteilung, Wohlfahrtsstaat und Steuern jenseits der Referenden nicht zu den wichtigsten Themen im Parteienwettstreit (Green-Pedersen 2010). Nach dem Beitritt zur EG 1973 (das Referendum fand im 2. Oktober 1972 statt) folgten eine Reihe von Referenden zur weiteren Vertiefung der europäischen Integration Dänemarks. Tab. 2.3 gibt einen Überblick über den

---

[5]Insofern ist Fitz-Gibbon (2018) Recht zu geben, dass länderspezifische Aspekte für die Skepsis gegenüber der EU wichtig sind; selbst wenn in vielen Ländern ähnliche Vorbehalte gegenüber der EU bestehen mögen.

2.6 Widerwillige Europäer und Europapolitik als Marktpolitik 51

Tab. 2.3 Referenden zur Europäischen Integration

Datum	Gegenstand	Art des Referendums	% der Folketing Mitglieder die Nein empfehlen	% Nein Wähler	Wahlbeteiligung in %	Resultat
02.10.1972	Beitritt zur EG (Europäischen Gemeinschaft)	Obligatorisch	9,8 Sozialisten	36,7	90,1	Annahme
27.02.1986	Einheitliche Europäische Akte	Fakultativ, Nicht bindend	56 Sozialdemokraten, Sozial-Liberale, Sozialisten	43,8	57,4	Annahme
02.06.1992	Maastricht Vertrag	Obligatorisch	15,4 Sozialisten, Fortschrittspartei	50,7	83,1	Ablehnung
18.05.1993	Edinburgher Abkommen zu 4 Ausnahmen von Maastricht	Fakultativ, bindend	6,9 Fortschrittspartei	43,3	86,2	Annahme
28.05.1998	Amsterdamer Vertrag	Obligatorisch	20 Sozialisten, Einheitsliste, Fortschrittspartei, Dän. Volkspartei	44,9	74,8	Annahme

(Fortsetzung)

Tab. 2.3 (Fortsetzung)

Datum	Gegenstand	Art des Referendums	% der Folketing Mitglieder die Nein empfehlen	% Nein Wähler	Wahlbeteiligung in %	Resultat
28.09.2000	Beitritt zur Währungsunion (Euro)	Obligatorisch	21,8 Sozialisten, Einheitsliste, Fortschrittspartei, Dän. Volkspartei	53,2	87,6	Ablehnung
03.12.2015	Edinburgh Ausnahmeregel zu Justiz/Inneres	Fakultativ, bindend	36,4 Dän. Volkspartei, Einheitsliste, Liberale Allianz	53,1	72	Ablehnung

Quellen: Statistics Denmark, eigene Berechnungen (Basis war Tab. 2.1), Damgaard und Nørgaard (2000)

2.6 Widerwillige Europäer und Europapolitik als Marktpolitik

Gegenstand der Abstimmung, die Art des Referendums, die Wahlbeteiligung und das Ergebnis. Außerdem erlaubt sie einen Vergleich des Ausmaßes der Ablehnung („Nein") in Parteien und Elektorat. Referenden sind dann obligatorisch und ihr Ergebnis bindend, wenn die Souveränität Dänemarks betroffen ist.

Die Positionen der dänischen Eliten in Medien, Politik und Interessenverbänden sind tendenziell pro-europäisch (mit Ausnahme einiger Gewerkschaften), wenn auch ambivalenter als dies etwa in Deutschland der Fall ist. Das gilt auch für die Standpunkte der politischen Parteien in Dänemark, die im letzten Abschnitt in Abb. 2.7 bereits visualisiert wurden und die ich hier kurz zusammenfasse und vor dem Hintergrund der Referenden diskutiere. Vergleicht man die Abstimmungsempfehlungen der Parteien im Folketing mit jenen Ergebnissen, die dann in den Referenden erzielt wurden (Tab. 2.3), so zeigt sich, dass es eine erhebliche Diskrepanz gibt. Die Bevölkerung folgt nicht schlicht den Empfehlungen „ihrer" Parteien. Wenn das so wäre, wäre ein Referendum auch nicht unbedingt nötig, da ja die Parteien die Wähler angemessen repräsentieren würden. Zumeist ist die Bevölkerung jedoch Euro-skeptischer als ihre gewählten Vertreter.

Ganz im Sinne der Deutung, dass Europapolitik in Dänemark primär Marktpolitik ist (Nannestad 2009), hat die dänische Bevölkerung den Vertrag von Maastricht 1992 abgelehnt, der erstmals stärker die politische Integration und weniger den Binnenmarkt fokussierte. Erst nach dem Zugeständnis im Rahmen des Edinburgher Vertrages, dass Dänemark auf vier Gebieten eine Ausnahmestellung zukommt, stimmten die Dänen 1993 in folgenden Punkten zu: 1) keine Teilnahme am Euro, 2) Ausnahmen bei der gemeinsamen Sicherheitspolitik, 3) Ausnahmen bei der der Polizei- und Justizkooperation und 4) Sonderregelung hinsichtlich etwaiger europäischer Staatsbürgerschaftsrechte[6]. Diese Ausnahmeregeln bzw. Opt-outs waren seitdem immer wieder Gegenstand von Kontroversen, gerade da, wo sich aus den Opt-outs Nachteile für Dänemark ergaben. Zuletzt scheiterten Liberale und Sozialdemokraten im Dezember 2015 damit, die Opt-outs im Bereich der polizeilichen Kooperation rückgängig zu machen. Beide warben, dass ein Ja der dänischen Polizei helfe. Das Elektorat folgte aber der *Nej*-Kampagne unter Führung der Dänischen Volkspartei („Mehr EU? Nein Danke!"). Mit der Konsequenz, dass Dänemark seit 2017 nicht mehr Teil der europäischen Polizeibehörde Europol ist. Stattdessen soll nun nach dem Willen

---

[6]Ausnahme vier, der zufolge eine europäische Staatsbürgerschaft nicht eine nationale ersetzen würde, wurde jedoch mit dem Vertrag von Amsterdam 1998 obsolet, da diese Formulierung nun auf alle Mitgliedsländer ausgedehnt wurde.

der Kommission mittels „operativer Vereinbarungen" sichergestellt werden (Europäische Kommission 2016), dass die dänische Polizei nicht von der grenzüberschreitenden Bekämpfung von organisierter Kriminalität und internationalem Terrorismus abgeschnitten wird und zumindest teils Zugriff auf europäische Datenbanken behält. Auch die Währungsunion wurde 2000 in einem Referendum abgelehnt. Vor allem wohl, weil der Euro primär als politisches Projekt verstanden wurde und als Gefahr für die nationale Souveränität, vermeintlich ohne klare wirtschaftliche Vorteile. Auch hier, obwohl und vielleicht auch weil die klare Mehrheit der großen Parteien und insbesondere die beiden Volksparteien (Liberale und die Sozialdemokraten) ein Ja anstrebten und es auch lange nach einem Ja aussah. Allerdings gab es auch eine Reihe kommunikativer Pannen und Entwicklungen, die die Ängste der Dänen vor Souveränitätsverlust nährten (Marcussen und Zølner 2001). Auch in dieser Hinsicht gelang es also nicht, per Referendum eine der vier Ausnahmen mittels derer man 1993 doch noch eine Zustimmung zu dem in Edinburgh geänderten Maastricht Vertrag erlangte, im Nachhinein rückgängig zu machen.

Die ehemals agrarischen Liberalen (Venstre), die seit der Jahrtausendwende mit Ausnahme eines sozialdemokratischen Interregnums von 2011–2015 den *Statsminister* stellen und die Regierung führen, sind traditionell pro-Integration. Die Sozial-Liberalen (Radikale Venstre) sind ebenfalls pro-europäisch, wenn auch intern zerstrittener. Den Single European Act 1986 lehnte die Partei ab. Sowohl die Konservativen (det Konservative Folkeparti) als auch die dänischen Sozialdemokraten (Socialdemokraterne) warben 2015 für ein Ende der Optouts in der Justiz- und Sicherheitspolitik, die 1993 im Rahmen des Edinburger Abkommens ausverhandelt wurden, um nach dem abgelehnten Maastricht Vertrag doch noch Teil der EU zu werden. Allerdings haben auch die Sozialdemokraten den Single European Act abgelehnt und die Parteibasis ist beim Thema Europäische Integration gespalten. Gerade solche Parlamentarier und Mitglieder, die der Gewerkschaftsbewegung nahestehen, halten nicht aus Parteiräson mit ihrer EU-Skepsis hinter dem Berg (Buch und Hansen 2002). Die 2007 gegründete Liberale Allianz befürwortet eine Vertiefung der Integration, nicht aber einen Beitritt zur Euro-Zone. Europaskeptischer geht es am linken und rechten Rand des dänischen Parteiensystems zu. Die sozialistische Volkspartei (Socialistisk Folkeparti) ist seit der Ablehnung des Maastricht Vertrages jedoch gemäßigter geworden und nun sogar für eine Aussetzung der Sicherheits/Verteidigungs Optouts eingetreten (Lindström und Winnerstig 2013). Prinzipieller ist die Ablehnung der EU bei der linken Rot-Grünen Einheitsliste (Enhedslisten – de Rød-Grønne). Sie tritt als einzige Partei klar für einen Austritt ein und ist deshalb konsequenterweise in Europa-Wahlen nicht einmal mit angetreten. Schlussendlich ist da

2.6 Widerwillige Europäer und Europapolitik als Marktpolitik

noch die Dänische Volkspartei (Dansk Folkeparti). Diese ist zwar EU-skeptisch und lehnt weitere Integration, eine Rücknahme der Opt-outs und vor allem das Schengen-Abkommen ab, nicht aber die EU selbst.

Dazu, inwiefern die EU den Spielraum nationaler Politik in Dänemark tatsächlich einschränkt, gibt es verschiedene Positionen. Wie in anderen Ländern auch war das Delegieren von Kompetenzen nach Europa in Dänemark unproblematisch, solange Einstimmigkeit für europäische Entscheidungen erforderlich war. Spätestens mit dem Vertrag von Maastricht wurde aber verstärkt vom Einstimmigkeitsprinzip abgerückt, zugunsten von sogenannten qualifizierten Mehrheiten (sogenanntes qualified majority voting). Dieser neue Modus machte es einfacher zu Entscheidungen zu kommen – allerdings auch gegen den Willen Dänemarks. Diesem Souveränitätsverlust steht aber die Möglichkeit gegenüber, Einfluss auf Entwicklungen zu nehmen, die eigentlich gänzlich außerhalb der Einflusssphäre des kleinen Dänemarks lägen. Überdies gibt es schon seit 1972 ein parlamentarisches Komitee für europäische Angelegenheiten, das jeden Freitag tagt und die Arbeit der dänischen Regierungsvertreter in der EU kontrolliert. Ist absehbar, dass Verhandlungen (im Ministerrat) Folgen für Dänemark haben, muss die Verhandlungsposition von der dänischen Regierung mit dem beziehungsweise im Komitee für europäische Angelegenheiten koordiniert werden.

Eine aktuelle Entwicklung, die das permanente Ringen um die Souveränität veranschaulicht, ist die Debatte um Grenzkontrollen in Europa. Hier bedient sich Dänemark einer recht weiten Auslegung der Regeln des Schengen-Abkommens, das in Europa die Reisefreiheit regelt (die Abschaffung der Binnengrenzen ist auch in Artikel 3 des Vertrages von Lissabon geregelt). So sind die auf dem Höhepunkt der Flüchtlingskrise im Herbst 2015 eingeführten zunächst temporären polizeilichen Passkontrollen an der Grenze seitdem permanent in Kraft. Hier zeigt sich abermals, dass in Dänemark – anders als in Großbritannien, Schweden oder Deutschland – ideologische nicht mit politischer Randlage oder Isolierung von Parteien einhergeht. Die rechtspopulistische Dänische Volkspartei, die schon 2011 von Rasmussens Mitte-Rechts Regierung eine Wiedereinführung der Grenzkontrollen verlangte, regiert auch seit der Wahl und dem Regierungswechsel 2015 de facto mit, da die von Venstre geführten Minderheitsregierungen von ihrer Tolerierung abhängig sind.

Auch in Zukunft wird die gleichzeitige Unterstützung der dänischen Bevölkerung für die EU und die EU-Opt-Outs dänische Regierungen vor diplomatische Probleme stellen (Sørensen und Wivel 2017). Der Brexit, also das geplante Ausscheiden Großbritanniens aus der EU in Folge des Referendums vom Juni 2016, macht die Situation aller Voraussicht nach nicht einfacher.

Er birgt für Dänemark die Gefahr, in der EU zunehmend isoliert zu werden, da die britischen Parteien und Regierungen mehrheitlich klar gegen weiter vertiefte Integration und weitere Delegation von Souveränitätsrechten waren (Sørensen und Wivel 2017). Dieser Partner gegen aus dänischer Sicht allzu weitgehende föderalistische Ambitionen, vor allem vonseiten Frankreichs und Deutschlands, fehlt nun. Tendenziell hat der geplante Austritt des Landes, dessen Beitritt zur EG wegen des Marktzugangs für Dänemarks landwirtschaftliche Erzeugnisse maßgeblich für Dänemarks eigenen Beitritt war, die dänischen Parteien EU-skeptischer gemacht (Sørensen und Wivel 2017).

Literatur

Albrekt-Larsen, Christian. 2017. Things should be how they are. The status-quo-heuristic of public attitudes to migrants' entitlement to social rights in Germany, the Netherlands and Denmark. Jahrestagung der dänischen Vereinigung für Politikwissenschaft.

Armingeon, Klaus, Virginia Wenger, Fiona Wiedemeier, Christian Isler, Laura Knöpfel, David Weisstanner, und Sarah Engler. 2017. *Comparative Political Data Set 1960–2015*. Bern: Institut für Politikwissenschaft & Universität Bern.

Arndt, Christoph. 2017. Dansk Folkeparti 2.0 oder der Zug nach Nirgendwo? Warum Frauke Petry keine zweite Pia Kjærsgaard wird. The European. http://www.theeuropean.de/christoph-arndt/13115-dansk-folkeparti-20-oder-der-zug-nach-nirgendwo. Zugegriffen: 24. Nov. 2017.

Arter, David. 2006. *Democracy in Scandinavia. Consensual, majoritarian, or mixed?*. Manchester: Manchester University Press.

Aylott, Nicholas, Magnus Blomgren, und Torbjorn Bergman. 2013. *Political parties in multi-level polities: The Nordic countries compared*. Basingstoke: Palgrave Macmillan.

Benoit, Kenneth, und Michael Laver. 2007. *Party policy in modern democracies*. London: Routledge.

Buch, Roger, und Kasper M. Hansen. 2002. The Danes and Europe: From EC 1972 to Euro 2000 – Elections, referendums and attitudes. *Scandinavian Political Studies* 25 (1): 1–26.

Bürklin, Wilhelm, und Markus Klein. 1998. *Wahlen und Wählerverhalten*. Opladen: Leske + Budrich.

CVT/Ritzau. 2017. Venstre-Vize hält EU-Gegner von der Dänischen Volkspartei für regierungstauglich. https://www.nordschleswiger.dk/de/daenemark-politik/venstre-vize-haelt-eu-gegner-von-daenischen-volkspartei-fuer-regierungstauglich. Zugegriffen: 8. Okt. 2017.

Damgaard, Erik. 1994. Parlamentarismens danske tilstande. In *Parlamentarisk forandring in Norden*, Hrsg. Erik Damgaard, 15–43. Oslo.

Damgaard, Erik, und Asbjørn Sonne Nørgaard. 2000. The European Union and Danish parliamentary democracy. *The Journal of Legislative Studies* 6 (1): 33–58.

EB/Eurobarometer. 2011, 2013, 2016, 2017. Herausgegeben von der Europäischen Kommission. http://ec.europa.eu/COMMFrontOffice/publicopinion/index.cfm. Zugegriffen: 10. Dez. 2017.

Literatur

Elklit, Jørgen. 1986. Det klassiske dansker partisystem bliver til. In *Valg og valgeradfærd: Studier i dansk politik*, Hrsg. Jørgen Elklit und Ole Tonsgaard, 21–38. Politica: Aarhus.

Europäische Kommission. 2016. https://ec.europa.eu/germany/news/ausscheiden-aus-europol-eu-und-d%C3%A4nemark-wollen-negative-auswirkungen-begrenzen_de, Mitteilung. Zugegriffen: 15. Dez. 2016.

Findeisen, Jörg-Peter. 1999. *Dänemark. Von den Anfängen bis zur Gegenwart*. Regensburg: Verlag Friedrich Pustet.

FitzGibbon, John. 2018. When no means yes. A comparative study of referendums in Denmark and Ireland. In *The Routledge Handbook of Euroskepticism*, Hrsg. Benjamin Reruth, Nicolas Startin, und Simon Usherwood, 280–290. London: Routledge.

Förster, Christian, Josef Schmid, und Nicolas Trick. 2014. *Die nordischen Länder. Politik in Dänemark, Finnland, Norwegen und Schweden*. Wiesbaden: Springer VS.

Goul Andersen, Jørgen. 2006. Immigration and the legitimacy of the Scandinavian welfare state: Some preliminary Danish findings. *AMID Working Paper Series* 53/2006.

Green-Pedersen, Christoffer. 2010. A giant fast asleep? *Political Studies* 60 (1): 115–130.

Green-Pedersen, Christoffer, und Kees van Kersbergen. 2002. The politics of the 'third way' – The transformation of Social Democracy in Denmark and The Netherlands. *Party Politics* 8 (5): 507–524.

Horn, Alexander. 2017. *Government ideology, economic pressure, and risk privatization. How economic worldviews shape social policy choices in times of crisis*. Amsterdam: Amsterdam University Press.

Horn, Alexander und Anthony Kevins. 2018. Problem pressure and social policy innovation: Lessons from 19th-century Germany. Im Erscheinen, *Social Science History*.

Horn, Alexander, Anthony Kevins, Carsten Jensen und Kees van Kerbergen. 2018. *How parties (Do Not) appeal to social groups in Scandinavia*. Working paper, vorgestellt unter anderem auf der Jahrestagung der dänischen Vereinigung für Politikwissenschaft 2016.

Jespersen, Knud J.V. 2011. *A history of Denmark*, 2. Aufl. Basingstoke: Palgrave.

Jønsson, Heidi Vad, und Klaus Petersen. 2012. Denmark: A national welfare state meets the world. In *Immigration policy and the Scandinavian welfare state 1945–2010*, Hrsg. Grete Brochmann und Anniken Hagelund, 123–142. Basingstoke: Palgrave Macmillan.

Jørgensen, Martin Bak, und Trine Lund Thomsen. 2016. Deservingness in the Danish context: Welfare chauvinism in times of crisis. *Critical Social Policy* 36 (3): 330–351.

Jungar, Ann-Cathrine, und Anders Ravik Jupskås. 2014. Populist radical right parties in the Nordic region: A new and distinct party family? *Scandinavian Political Studies* 27 (2): 215–238.

Kailitz, Steffen. 2006. Das ideologische Profil rechter (und linker) Flügelparteien – Eine Auseinandersetzung mit den Thesen Herbert Kitschelts. In *Schriften des Hannah-Arendt-Instituts für Totalitarismusforschung*, Hrsg. Uwe Backes und Eckhard Jesse. Göttingen: Vandenhoeck & Ruprecht.

Kitschelt, Herbert, und Anthony J. McGann. 1997. *The radical right in Western Europe: A comparative analysis*. Ann Arbor: University of Michigan Press.

Kolb, Eberhard. 2002. *Die Weimarer Republik. Oldenbourg Grundriss der Geschichte.* München: Oldenbourg.
Lijphart, Arend. 1994. *Electoral systems and party systems. A study of twenty-seven democracies 1945–1990.* Oxford: Oxford University Press.
Lindström, Madelene, und Mike Winnerstig. 2013. *Ett nytt Deanmark med sikte på Europa?* Stockholm: Swedish Defence Research Angency.
Marcussen, Martin, und Mette Zølner. 2001. The Danish EMU referendum 2000: Business as usual. *Government and Opposition* 36 (1): 379–401.
Marks, Gary, und Marco Steenbergen. 2004. Conclusion: European integration and political conflict. In *European integration and political conflict*, Hrsg. Gary Marks, 235–259. Cambridge: Cambridge University Press.
Nannestad, Peter. 1989. *Reactive voting in Danish general elections.* 1971-79, Aarhus.
Nannestad, Peter. 2009. Das politische System Dänemarks. In *Die politischen Systeme Westeuropa*, 4. Aufl, Hrsg. Wolfgang Ismayr, 65–106. Wiesbaden: Springer VS.
Nedergaard, Peter. 2017. The immigration policy turn: The Danish social democratic case. 25.5.2017. *Social Europe*.
OECD. 2017. *Pensions at a glance. OECD and G20 indicators.* OECD online reports.
Polk, Jonathan, Jan Rovny, Ryan Bakker, Erica Edwards, Liesbet Hooghe, Seth Jolly, Jelle Koedam, Filip Kostelka, Gary Marks, Gijs Schumacher, Marco Steenbergen, Milada Vachudova, und Marko Zilovic. 2017. Explaining the salience of anti-elitism and reducing political corruption for political parties in Europe with the 2014 Chapel Hill expert survey data. *Research & Politics* 4 (1): 1–9.
Ritter, Gerhardt A. 1973. *Deutsche Parteien vor 1918.* Köln: Kiepenheuer & Witsch.
Ross, Fiona. 2000. 'Beyond Left and Right': The new partisan politics of welfare. *Governance* 13 (2): 155–183.
Rydgren, Jens. 2004. Explaining the emergence of radical right-wing populist parties: The case of Denmark. *West European Politics* 27 (3): 474–502.
Schumacher, Gijs, und Kees van Kersbergen. 2016. Do mainstream parties adapt to the welfare chauvinism of populist parties? *Party Politics* 22 (3): 300–312.
Shore, Jennifer. 2014. How welfare states shape participatory patterns. In *How welfare states shape the democratic public: Policy feedback, participation, voting, and attitudes*, Hrsg. Staffan Kumlin und Isabelle Stadelmann-Steffen, 41–62. Cheltenham: Elgar.
Shore, Jennifer. 2018. *The welfare state and the democratic citizen: How social policies shape political equality.* Basingstoke: Palgrave Macmillan.
Sørensen, Catharina, und Anders Wivel. 2017. Denmark after Brexit: Business as usual or a new start for Danish European policy? *Internasjonal Politikk* 75 (2): 113–117.
Thomassen, Lasse. 2015. Is there an alternative for Denmark? Opendemocracy.net. https://www.opendemocracy.net/can-europe-make-it/lasse-thomassen/is-there-alternative-for-denmark. Zugegriffen: 5. Juni 2015.
Van Biezen, Ingrid. 2013. The decline in party membership across Europe means that political parties need to reconsider how they engage with the electorate. LSE EUROPP Blog. http://blogs.lse.ac.uk/europpblog/2013/05/06/decline-in-party-membership-europe-ingrid-van-biezen/. Zugegriffen: 6. Mai. 2013.
Van Haute, Emilie, und Emilien Paulis. 2017. MAPP Dataset. Zenodo. http://doi.org/10.5281/zenodo.61234.

Die Wirtschafts- und Arbeitsmarktpolitik 3

Leitfrage ist, ob und wie es in Dänemark weiterhin gelingt, hohe wirtschaftliche Wettbewerbsfähigkeit mit sehr ausgeprägtem Egalitarismus zu vereinen. Zunächst werden die budgetären und (makro-)ökonomischen Rahmenbedingungen und Entwicklungen vergleichend dargestellt. Darauf aufbauend führt das Kapitel ein in den dänischen Arbeitsmarktkorporatismus als dem wichtigstem Bestandteil des dänischen Systems der Interessenvermittlung. Es wird gezeigt, dass der Einfluss der Gewerkschaften und die Bedeutung von Tarifverträgen seit den 1990ern zwar leicht abgenommen haben, aber immer noch vergleichsweise stark ist. Deutlich wird auch, dass die ehemals sehr enge Zusammenarbeit zwischen den Sozialdemokraten und dem größten gewerkschaftlichen Dachverband (LO) loser ist als noch vor dem Übergang zu Liberalisierung und Flexicurity in den 1990ern. Flexicurity ist die zentrale Innovation in der dänischen Arbeitsmarktpolitik und wichtiger Baustein des Dänischen Modells. Gemeint ist ein Dreiklang aus liberalen Arbeitsplatzschutzregeln, hoher materieller Absicherung bei Jobverlust, und schneller Wiedereinbindung in den Arbeitsmarkt mittels staatlich geförderter Weiterbildung. Der Blick auf die wirtschaftlichen Outcomes (Wettbewerbsfähigkeit, Ungleichheit, Lohnspreizung, Wachstum, und Arbeitslosigkeit) zeigt die beeindruckende Kontinuität des kompetitiven dänischen Egalitarismus, auch wenn es einige potenziell problematische Entwicklungen gibt.

3.1 Wirtschaftliche und budgetäre Rahmenbedingungen seit 1960

Wie der berühmte dänische Sozialwissenschaftler Esping-Andersen konstatierte, ist die Voraussetzung für Dekommodifizierung Kommodifizierung (1990; Kap. 2). Dieser Zusammenhang gilt nicht nur in dem entwicklungsgeschichtlichen und modernisierungstheoretischen Sinne, in dem er es gemeint hat: Ohne Vermarktlichung der alten Feudalgesellschaften und ohne Urbanisierung und Industrialisierung keine soziale Frage, die es mittels Sozialversicherungen und Wohlfahrtsstaat zu lösen gilt. Darüber hinaus gilt nämlich gerade in Dänemark: Prosperität und eine möglichst breite Basis von Steuerzahlern ist eine Voraussetzung für die wirtschaftliche Nachhaltigkeit eines durch vergleichsweise sehr hohe Steuern über alle Einkommensgruppen hinweg finanzierten, generösen Wohlfahrtsstaates. Bei Berücksichtigung der Mehrwertsteuer (*Meromsætningsafgift*, kurz *Moms*) von 25 % (Stand 2017) kann sich eine Staatsquote von bis zu 70 % ergeben (Christensen 2017, S. 135). Deshalb stehen Indikatoren wie Beschäftigungsquoten, das Niveau und das Verhältnis von Einnahmen und Ausgaben des Staates und wirtschaftliche Wachstumsraten im Mittelpunkt dieses Abschnitts zu den ökonomischen und budgetären Rahmenbedingungen für Politik in Dänemark. Bedingungen, die natürlich wiederum auch Produkt von politischen Entscheidungen sind beziehungsweise von Politik zumindest stark beeinflusst sind.

Grundsätzlich weist Dänemark eine ähnliche wirtschaftliche Entwicklung auf wie die meisten OECD-Staaten. Abb. 3.1 zeigt die Verteilung von Arbeitskräften im primären (Landwirtschaft), sekundären (Industrie) und tertiären (Dienstleistung) Sektor und wie diese sich seit 1960 entwickelt hat. Wie die wichtigen Handelspartner Schweden und Großbritannien ist Dänemark schon seit den 1960ern vor allem eine Dienstleistungsgesellschaft. Im Jahr 2015 arbeiteten in allen drei Ländern ca. 80 % der Beschäftigten im Dienstleistungssektor und nur noch 20 % in der Industrie, und kaum noch jemand in der Landwirtschaft. Deutschland ist im Hinblick auf die Bedeutung besagter drei Sektoren die Ausnahme von der Regel, da die Tertiarisierung (also der Wandel zur Dienstleistungsgesellschaft) später erfolgte und die Industrie immer noch einen größeren Stellenwert hat und auch mehr zur Wertschöpfung beiträgt. In Dänemark gibt es, anders als in den drei Vergleichsländern, besonders viele kleine Firmen mit meist nur wenigen (<10) Angestellten und nur vergleichsweise wenige große multinationale Konzerne, wie etwa das Logistik- und Energieunternehmen *A.P. Møller–Mærsk,* den Getränkekonzern Carlsberg oder den Spielzeughersteller Lego. Ein großer Teil der dänischen Industrie kann genauer als Agrarindustrie beschrieben werden und ging oft direkt aus der Rationalisierung der kollektiv organisierten Landwirtschaft hervor. Heute noch bedeutend ist zum Beispiel die exportorientiere Schweinezucht. Man darf also aus Abb. 3.1 keinesfalls schließen, dass Landwirtschaft in Dänemark nicht mehr wichtig ist, auch wenn diese industriell geprägt ist und nicht besonders personalintensiv ist (Economist 04.01.2014). Große Firmen wie das dänisch-schwedische Arla oder Danish Crown und eine Reihe von agrar-bezogenen Technologie Start-ups haben mittels

3.1 Wirtschaftliche und budgetäre Rahmenbedingungen seit 1960

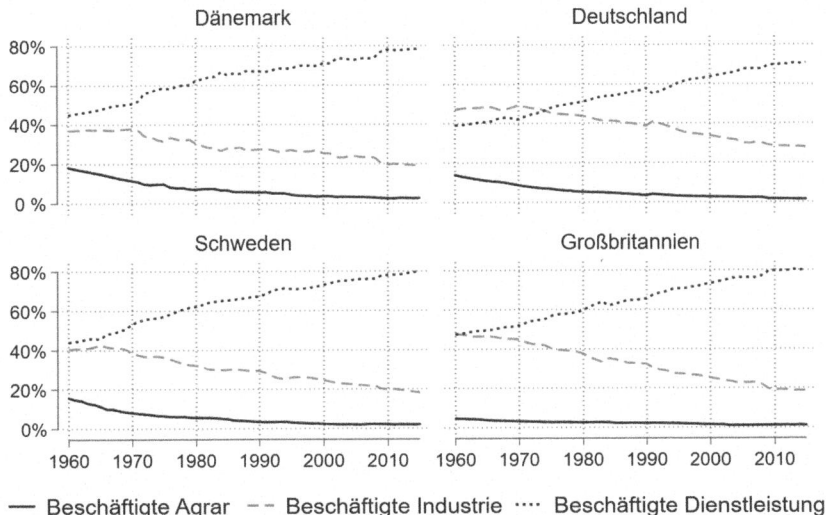

Abb. 3.1 Anteil Beschäftigte im Agrar-, Industrie,- Dienstleistungssektor. (Quelle: Armingeon et al. 2017, Variablen emp_ag/emp_civ, emp_ind/emp_civ, emp_serv/emp_civ)

eines sehr ausgeprägten Rationalisierungs- und Innovationsfokus dazu beigetragen, dass sich der Wert von dänischen Nahrungsexporten zwischen 2001 und 2011 von 4 Mrd. auf 16,1 Mrd. erhöht hat. 60 % dieser Exporte gehen in Länder der EU (Economist 04.01.2014).

Wie in der gesamten OECD und wie in unseren Vergleichsländern Schweden, Deutschland und Großbritannien, hat es in Dänemark umfassende Deregulierung und Privatisierung in den Bereichen Energie (Gas, Elektrizität, etc.), Telekommunikation, Transport, Post und Flugverkehr gegeben. Während diese Entwicklung in Großbritannien schon in den 1980ern begann, nahm sie in Dänemark, Schweden und Deutschland erst Anfang der 1990er Fahrt auf. Allerdings sind einzelne dänische Branchen wie der private Zugverkehr oder die Briefzustellung nach wie vor von (partiell privatisierten) Staatsbetrieben dominiert.

Wie gesagt ist eine der Voraussetzungen für die Finanzierbarkeit von sehr umfassender (steuerfinanzierter) Sozialpolitik eine hohe Beschäftigungs- bzw. Erwerbsquote, damit es möglichst viele Menschen gibt, die das System finanzieren. Abb. 3.2 zeigt die Beschäftigungsquoten in Dänemark, Deutschland, Schweden, Großbritannien und der OECD im Vergleich zwischen 1960 und 2015. Zwar sind die Erwerbsquoten in Dänemark nicht ganz so hoch wie in Schweden, wo bis

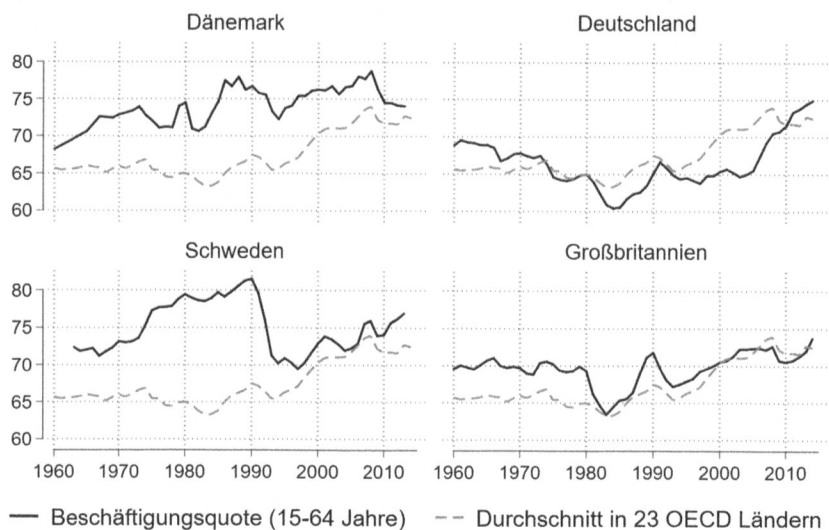

Abb. 3.2 Beschäftigungsquote. (Quelle: Armingeon et al. 2017, Variable empratio)

zur tiefen Wirtschafts- und Finanzkrise Anfang der 1990er über 80 % der arbeitsfähigen Bevölkerung auch arbeiteten. Lässt man die konjunkturell bedingten Höhen und Tiefen außen vor, ergibt sich aber immer noch ein langfristiges Mittel von etwa 75 % – das deutlich über den Beschäftigungsquoten von Deutschland und Großbritannien liegt, die diese Marke erst in den letzten Jahren erreicht haben. Erklären lässt sich der Vorsprung von Schweden und Dänemark vor allem mit den hohen Erwerbsquoten von Frauen. Hier spielen die in Schweden und Dänemark früher und umfassender ausgebaute Kinderbetreuung und die Anreize durch das Steuersystem für doppelte Haushaltseinkommen bzw. das traditionelle Male Breadwinner Modell eine Rolle (Besteuerung erfolgt individuell und es gibt keinen mit dem deutschen Ehegattensplitting vergleichbaren Anreiz, nicht Vollzeit zu arbeiten)[1]. Zuletzt hat es aber, wie aus dem Anstieg des OECD-Mittels und den weiter hohen Erwerbsquoten Dänemarks und Schwedens hervorgeht, eine Aufwärtskonvergenz gegeben. Viele OECD-Länder orientieren sich an Skandinavien und wollen die Finanzierbarkeit ihrer Renten- und Sozialsysteme durch höhere Erwerbsquoten verbessern.

---

[1]Zu den tieferen historischen Ursachen für die sehr frühe und starke Einbindung von Frauen in den Arbeitsmarkt in Dänemark und Skandinavien, siehe Jensen und van Kersbergen (2017), Horn und van Kersbergen (2019).

3.1 Wirtschaftliche und budgetäre Rahmenbedingungen seit 1960

Jenseits struktureller Faktoren ist die dänische Erwerbsquote natürlich auch Ausdruck konjunktureller Schwankungen. Abb. 3.3 zeigt die Entwicklung des Wirtschaftswachstums (also den Anstieg des Bruttoinlandsprodukts im Vergleich zum Vorjahr). Dargestellt werden hier zwei Indikatoren: das reale Wachstum und das nominale Wachstum. Das reale Wirtschaftswachstum berücksichtigt die Inflation (also den Anstieg von Preisen und Löhnen) und ist daher weniger volatil als das nominale Wachstum, das bei hoher Preissteigerung sehr hoch ausfällt. Gerade vor dem Hintergrund der (preistreibenden) sehr hohen Tarifabschlüsse der 1960er und 1970er ist also das reale Wachstum der besser vergleichbare Indikator. Zwei Dinge fallen unmittelbar auf: Zum einen eine immer noch beträchtliche Fluktuation. Wenn man will, kann man in Dänemark und der OECD den von Pierson (1996, 1998) konstatierten säkularen Trend hin zu weniger Wachstum ausmachen. Allerdings steht und fällt diese Diagnose mit den gewählten Anfangs- und Endpunkten. Wählt man (wie Wolfgang Streeck 2014) den Vorabend der ersten Ölkrise (1972) und die Finanzkrise (ab 2008) als Referenzrahmen, wird man für Dänemark und die Vergleichsländer ein klares Weniger an Wachstum konstatieren. Wahr ist auch, dass die hohen Wachstumsraten der 1960er nicht wieder erreicht wurden (was in Teilen mit nachholendem Wachstum nach dem

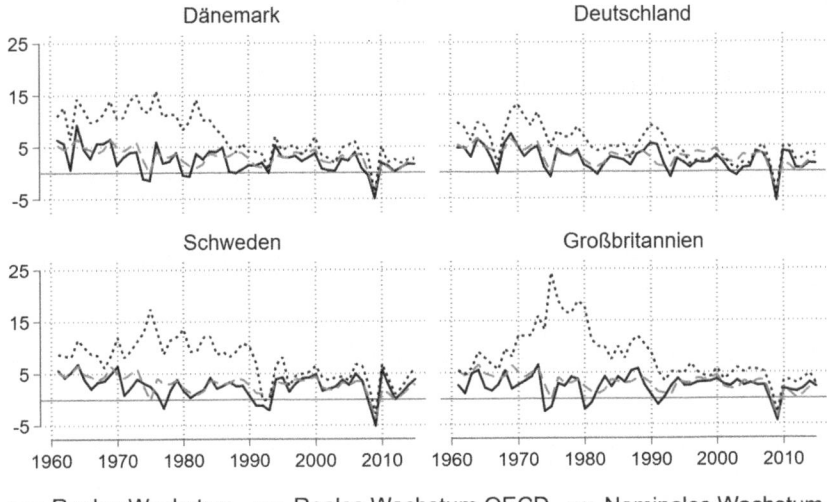

Abb. 3.3 Reales und nominales Wirtschaftswachstum relativ zum Vorjahr. (Quelle: Armingeon et al. 2017, Variablen nomgdpgr, realgdpgr)

2. Weltkrieg zu tun hat). Trotzdem ist anhand von Abb. 3.3 nicht offensichtlich, dass es sich um einen säkularen Trend handelt. Immer wieder gab es auch Phasen lang anhaltenden Hochwachstums in Dänemark; so etwa nach 1993. Ein zweiter Aspekt, der ins Auge fällt, ist die sehr enge Kopplung aller Länder an die OECD-Gesamtentwicklung. Dänemark folgt fast durchweg dem OECD-Trend. Es scheint insofern nicht zielführend, spezifisch dänische Wachstumsnarrative zu entwickeln. In Dänemark haben die erste (1973) und zweite (1981) Ölpreiskrise und die Finanzkrise 2007/2008 genau wie in der OECD als Ganzes zu einem Wachstumsstopp bzw. gar zu einem Schrumpfen der Volkswirtschaft geführt. Einzig in den 1980ern gab es in Dänemark eine Entkopplung von der wirtschaftlichen Gesamtentwicklung in der OECD. Schon vor dem zweiten Ölpreisschock befand sich das Land in einer tiefen Rezession und in der zweiten Hälfte der 1980er hinkte man noch weiter hinter den realen Wachstumsraten in den drei dargestellten Vergleichsländern oder der OECD als Ganzes hinterher.

Diese Krise Dänemarks in den 1980ern manifestiert sich auch in einer Reihe anderer Kennzahlen. Es sind auch Parameter wie Verschuldung, Handelsbilanzdefizit und die Zinsen für langfristige Staatsanleihen, die Schwartz im Sinn hat, wenn er konstatiert: „Denmark entered the 1980s on a fast train to macroeconomic hell, albeit in the first class coach" (2001, S. 136). Abb. 3.4 zeigt die

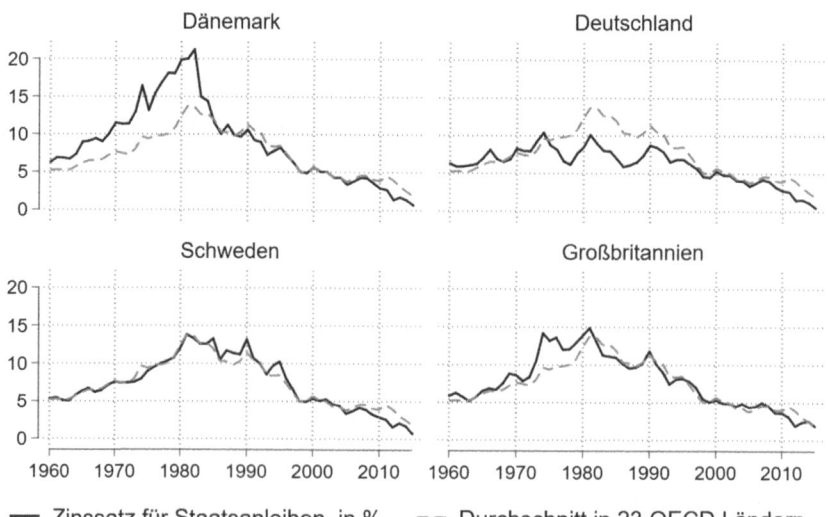

Abb. 3.4 Zinssatz für Staatsanleihen. (Quelle: Armingeon et al. 2017, Variable interest)

3.1 Wirtschaftliche und budgetäre Rahmenbedingungen seit 1960

Entwicklung des Zinssatzes für Staatsanleihen von 1960 bis 2015. Diese Kosten für die Refinanzierung neuer Staatsschulden und den weiter expandierenden öffentlichen Sektor und Wohlfahrtsstaat sind in Dänemark seit Mitte der 1970er dramatisch gestiegen (auf einen Zinssatz von über 20 %), während der Anstieg in Deutschland (10 %), Schweden (14 %), und selbst dem krisengeschüttelten Großbritannien (15 %) deutlich geringer ausfiel.

Worauf sich die Skepsis der Finanzmärkte gründete, ist in Abb. 3.5 zu sehen. Die Abbildung zeigt die rapide wachsende Ausgabenlast im Verhältnis zu den Staatseinnahmen. Zwar wuchsen die Einnahmen des Staates kontinuierlich und machten 1980 die Hälfte des Bruttoinlandsproduktes aus. Jedoch hatten die Ausgaben des Staates seit Mitte der 1970er die Einnahmen noch überschritten und sich seit Ende der 1970er von den Einnahmen noch viel stärker entkoppelt als in den Vergleichsländern oder der OECD. Die wirtschaftlichen und politischen Grenzen der bereits hohen Abgabenbelastung waren erreicht (man denke an die seit 1973 im Folketing präsente libertäre Fortschrittspartei, die primär gegen Steuern mobilisierte). Die Staatsausgaben aber stiegen immer weiter an und bewegten sich auf 60 % der Wirtschaftsleistung zu. Wie in Kap. 2 beschrieben wollten, beziehungsweise konnten, weder Sozialdemokraten noch

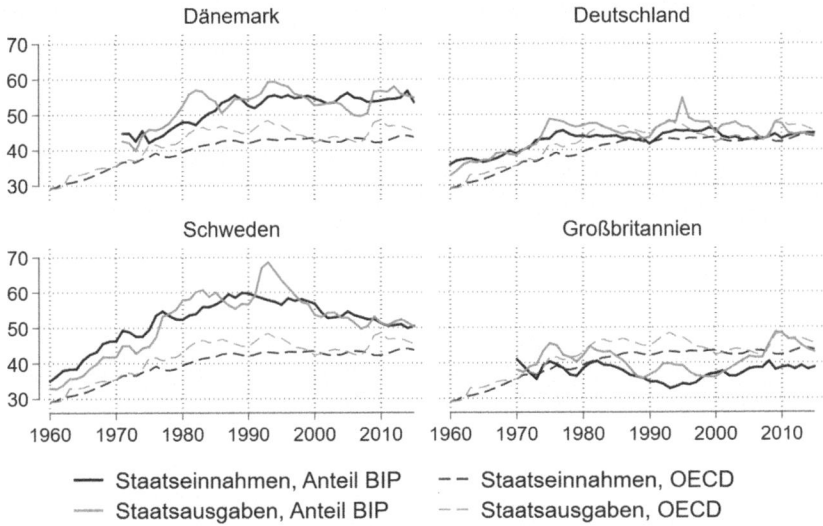

Abb. 3.5 Staatseinnahmen und Staatsausgaben. (Quelle: Armingeon et al. 2017, Variablen receipts, outlays)

Liberale dem Wachstum der Ausgaben Einhalt gebieten (gerade in Bezug auf Erstere trifft eher wollten als konnten zu). Ab den 1980ern sieht man aber, dass Mitte-Rechts-Regierungen zumindest eine weitere Erhöhung verhindert haben, während linke Regierungen tendenziell weiter expandiert haben. Zugegebenermaßen wird das noch klarer, wenn man statt aggregierter und von der wirtschaftlichen Entwicklung abhängigen Ausgabenquoten tatsächliche Transfers und Sozialleistungen betrachtet (siehe dafür Kap. 4). Erst im guten konjunkturellen Umfeld der 1990er gelang es wieder, Einnahmen und Ausgaben in Einklang zu bringen. Dänemark ist trotz dieser Stabilisierung und der von der rechts-liberalen Regierung ab 2001 ausgerufenen *Steuerbremse* nach wie vor Spitzenreiter bei Indikatoren wie Ausgaben und Steuerquote.

Wie in Abb. 3.6 dargestellt, kam es auf dem dänischen Arbeitsmarkt in den 1970ern zu einem relativ dramatischen Wandel von Vollbeschäftigung (je nach Definition meint man damit Arbeitslosenquoten unter 2 bis 3 %) und Arbeitskräftemangel hin zu Massenarbeitslosigkeit. Diese Entwicklungen gab es auch in Deutschland und Großbritannien, während Schweden, wie bereits angedeutet, erst in den 1990ern in eine Wirtschaftskrise geriet. Zunächst wurde diese neue Massenarbeitslosigkeit vornehmlich zyklisch begründet (schlechte Konjunktur, beziehungsweise zu wenig Nachfrage); erst in den späten 1980ern setzte sich die

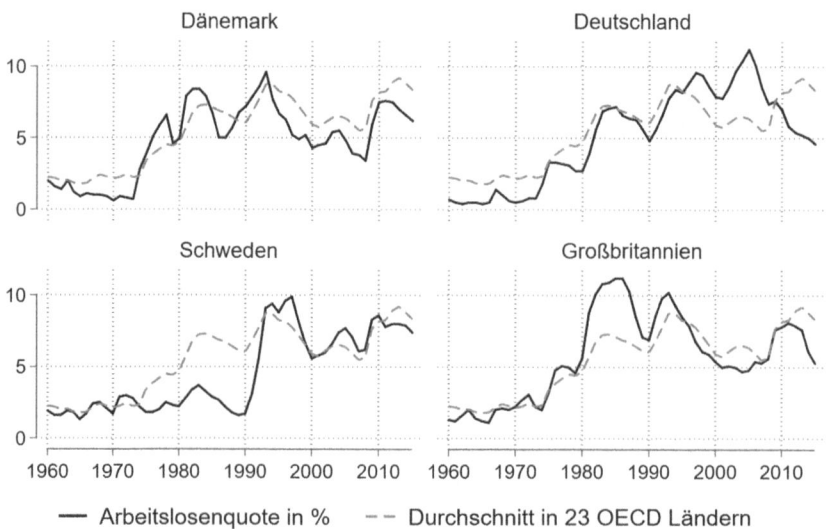

Abb. 3.6 Arbeitslosenquote. (Quelle: Armingeon et al. 2017, Variable unemp)

Erkenntnis durch, dass es sich eher um ein strukturelles Problem handelt (Fehlanreize), das nicht im Aufschwung wieder verschwindet, sondern struktureller Reformen bedarf (Weishaupt 2011; Mailand 2011). Mittels der im nächsten Abschnitt (Abschn. 3.2) geschilderten konzertierten Krisenreaktion(en) unter Einbeziehung der Tarifpartner gelang es aber, die Arbeitslosigkeit zumindest bis zur schweren Krise ab 2008 wieder unter die 5 % Marke zu drücken[2]. Auch wenn sich die Arbeitslosenquoten der vier Vergleichsländer gegenwärtig nur wenig voneinander unterscheiden und jeweils unter dem OECD-Durchschnittswert liegen, unterscheidet sich Dänemark doch hinsichtlich der Zusammensetzung der Arbeitslosen. Zu den positiven Ergebnissen des dänischen Flexicurity und Workfare Regimes gehört, dass die Langzeitarbeitslosenquote vergleichsweise gering ist, da Menschen sehr schnell neue Arbeit finden. Andererseits schaffen sektorale Mindestlöhne beziehungsweise hohe Lohnkosten Eintrittshürden in den Arbeitsmarkt, die dazu führen, dass junge Menschen und besonders Menschen mit Migrationshintergrund es noch schwerer als in anderen Ländern haben, Zugang zu finden (OECD-Report 2016; siehe auch Abb. 3.20). So ist es vielleicht auch zu erklären, dass in Dänemark vonseiten der Wirtschaft, vor allem der im DI *(Dansk Industri)* organisierten Industriebranche, fortwährend Fachkräftemangel moniert wird, obwohl sich der dänische Arbeitsmarkt langsamer als etwa der deutsche von der 2008 hereinbrechenden Finanz- und Wirtschaftskrise erholt hat.

Dänemark wird in der Literatur zu Recht als offene und stark in den Weltmarkt integrierte Volkswirtschaft charakterisiert. Abb. 3.7 zeigt den Anteil der Importe und Exporte als Anteil am Bruttoinlandsprodukt. Dieser kanonische Globalisierungsindikator bestätigt, dass Dänemark (mit einem Wert nahe 100) noch stärker wirtschaftlich integriert ist als die stark exportorientierten Länder Schweden und Deutschland. Ähnlich wie diese beiden Länder erzielt Dänemark seit dem Ende der akuten Krise Anfang der 1990er steigende Handelsbilanzüberschüsse (nicht abgebildet) und weist mittlerweile wieder eine hervorragende Kreditwürdigkeit auf (AAA). Das hat auch damit zu tun, dass die Schuldenquote, die seit Mitte der 1970er aus den dargestellten Gründen bedrohlich gewachsen war, seit 1993 wieder deutlich abgebaut wurde. Wie Abb. 3.8 zeigt, gehört Dänemark damit zu den am niedrigsten verschuldeten Ländern der OECD-Welt (auch wenn die Privatverschuldung bzw. die Verschuldung dänischer Haushalte mit

---

[2]Mancher Leser wird sich fragen, wie die Diskrepanz zwischen den dänischen Arbeitslosenstatistiken und den hier vorgestellten OECD-Zahlen zustande kommt. Die vereinheitlichten OECD-Zahlen sind höher, weil die dänischen Statistiken die Arbeitslosen nicht berücksichtigen, die in in Qualifikationsmaßnahmen sind.

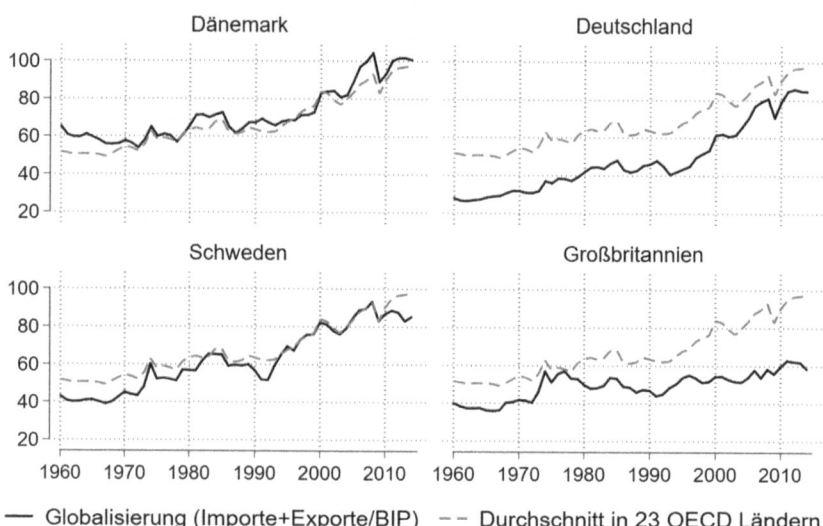

Abb. 3.7 Wirtschaftliche Globalisierung. (Quelle: Armingeon et al. 2017, Variable openc)

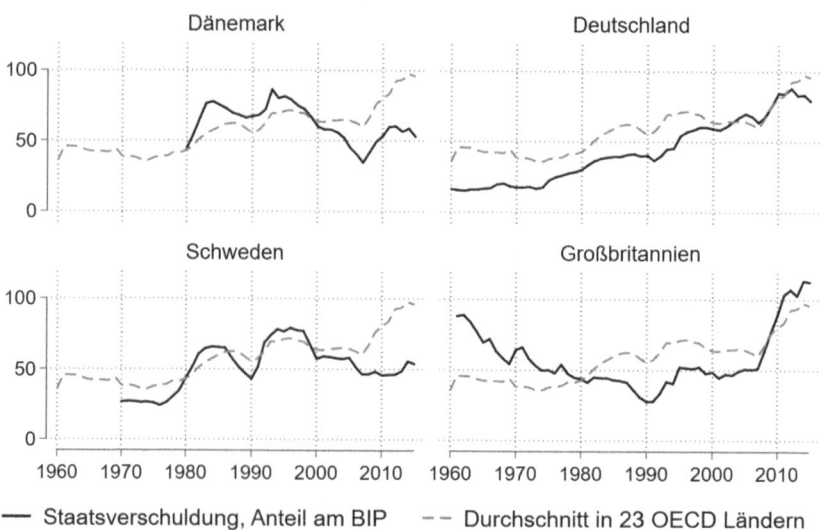

Abb. 3.8 Staatsverschuldung. (Quelle: Armingeon et al. 2017, Variable debt)

dem dreifachen eines jährlichen verfügbaren Einkommens viel höher liegt als in den Vergleichsländern und der OECD als Ganzes – was aber mit der gängigen Praxis zusammenhängt, Wohneigentum über sehr lange Zeiträume abzuzahlen). Die Europäische Kommission, der Dänemark im Zusammenhang mit dem europäischen Stabilitäts- und Wachstumspakts (genauer, dem „präventiven Arm" des Paktes) in sogenannten *Konvergenzberichten* Rechenschaft über die budgetäre und fiskalische Entwicklung ablegt, erwartet in Übereinstimmung mit diesem Konvergenzbericht, dass die dänische Schuldenquote weiter sinken wird und bis 2020 bei 33,9 % liegen wird (Kommission 2017). Damit würde die Verschuldung nicht nur deutlich das Konvergenzkriterium von 60 % einhalten, sondern auch wieder das niedrige Niveau vor der Krise 2008 erreichen. Dabei hebt die Kommission auch hervor, dass die langfristigen Effekte der Reform des Wohlfahrtsstaates von 2006, die Rentenreform 2011, die Reform der Berufsunfähigkeitsrente sowie das Flex Jobs Programm dazu beitragen, den Anteil öffentlicher Ausgaben am BIP bis 2020 auf 50 % (sic!) zu senken (von 53,6 % 2016). Ferner wird herausgestellt, dass es den Kommunen seit 2014 nicht mehr ohne Sanktionen möglich ist, mehr Mittel als zunächst veranschlagt auszugeben und so die Budgets der beiden höheren Instanzen (die fünf Regionen und der Staat) zu unterminieren. Nicht unterschlagen werden darf im Zusammenhang mit dem Thema Schulden und Steuern auch, dass Dänemark laut eigenen Angaben seit dem Jahr 1997 zu den Nettoexporteuren von Energie (primär Nordseeöl und Nordseegas) gehört und so bis zu 40 Mrd. Kronen (5,3 Mrd. EUR) im Jahr erlöste (so die Zahl für 2009 laut Wirtschaftsministerium). Allerdings hat dieses für den dänischen Staatshaushalt steuerlich einträgliche Geschäft mittlerweile schon wieder an finanzieller Bedeutung verloren, auch, weil die wichtigsten Quellen in den letzten Jahren unproduktiver und damit unrentabler geworden sind. Der Kommissionsbericht weist die (auch aufgrund der stark schwankenden Preise/Nachfrage) sehr volatilen Steuererträge aus Öl- und Gasbohrungen als die größten Unsicherheitsfaktoren für die Projektionen aus.

Abschließend lässt sich also konstatieren, dass Dänemark nicht durchweg eine so prosperierende oder gar führende *Mixed Economy* war. Vielmehr ist es einer Reihe von Anpassungen und Reformen zu verdanken, dass Dänemark heute zugleich vergleichsweise egalitär und wettbewerbsfähig ist (davon zeugen die in Abschn. 3.4. präsentierten Befunde) und – wiewohl nicht Mitglied der Eurozone – im Gegensatz zu anderen Ländern die Konvergenzkriterien des europäischen Stabilitäts- und Wachstumspaktes zur Begrenzung der öffentlichen Verschuldung erfüllt. Dass diese schwierige Anpassung gelang, hat auch mit dem dänischen Arbeitsmarktkorporatismus und der ideologischen Umorientierung der Tarifpartner (Arbeit und Kapital beziehungsweise Gewerkschaften und Arbeitgeberverbänden) zu tun. Die Funktionsweise des Arbeitsmarktkorporatismus und die Rolle der Tarifpartner bei der Bewältigung der Krise und der Umstellung auf Flexicurity werden in den folgenden beiden Abschnitten dargestellt. Keineswegs war in den 1960ern oder 1970er vorgezeichnet, dass Dänemark einmal Pionier in Sachen Flexicurity sowie aktivierender Arbeitsmarktpolitik werden würde.

3.2 Interessenvermittlung: Arbeitsmarktkorporatismus im Wandel

Wie in den USA, Großbritannien oder Deutschland gab es Anfang der 1980er Jahre auch in Dänemark die Erwägung, mit Austeritätspolitik auf die massiven Schwierigkeiten nach 1973 zu reagieren. Stagflation – also die nach keynesianischer Lehre schwer zu erklärende Kombination aus Inflation und Nullbeziehungsweise Niedrigwachstum – ließ alte Rezepte unbrauchbar erscheinen. Dazu kamen die oben angesprochenen spezifisch dänischen Probleme eines besonders stark wachsenden Missverhältnisses zwischen Ausgaben und Einnahmen des Staates. Ähnlich wie Bundeskanzler Helmut Kohl in Deutschland hat der Konservative Poul Schlüter in Dänemark nach amerikanischem (Ronald Reagan) und britischem (Margaret Thatcher) Vorbild eine „bürgerliche Revolution" angekündigt. Diese versandete aber ebenso wie Kohls nur partiell umgesetzte Ambitionen (Horn 2017, S. 205–238). Die dänischen Gewerkschaften waren (noch) stark genug, diese Bestrebungen der neuen Mitte-Rechts-Regierung zu vereiteln und den Angriff auf den dänischen Wohlfahrtsstaat abzuwehren. Unter anderem protestierten 100.000 Menschen am Parlament und hinderten Parlamentarier daran, das Folketing zu betreten. Auf dem Höhepunkt der Streiks, die auch Betriebsaussperrungen (in Dänemark heute anglofon meist *lockouts* genannt) seitens der Arbeitgeber beinhalteten, beteiligten sich ungefähr 320.000 Menschen. Schließlich lenkten die Arbeitgeber und die Regierung auf eine Kompromisslinie ein. Andererseits mussten sich die Arbeitnehmervertreter in den 1980ern in Lohnzurückhaltung üben (nicht nominal, aber doch real, also inflationsbereinigt), um die gefährdete Wettbewerbsfähigkeit dänischer Exportprodukte und die Handelsbilanz wieder zu stärken. Wie von Jensen (2014) beschrieben, haben Liberale (Venstre) und Konservative sich später darauf verlegt, *erst* die starken Gewerkschaften und ihre Vorrechte und *dann* den Wohlfahrtsstaat anzugreifen („erode and attack" nennt Jensen diese Strategie, auf die Details dieses Vorgehens gehe ich weiter unten noch ein).

Will man die Gründe für die anhaltend starke Kompression der dänischen Einkommensverteilung, das Absehen von einer stark marktkonformen Steuerreform,

3.2 Interessenvermittlung: Arbeitsmarktkorporatismus im Wandel

die Krisenreaktion seit den 1980ern oder die Arbeitsmarktreform 1993 verstehen, muss man über die historischen und aktuellen Präferenzen und Ansichten der Parteien hinaus das System der Interessenvermittlung im Allgemeinen und die Rolle der Gewerkschaften im Speziellen in den Blick nehmen. Interessengruppen sind mitgliedschaftsbasierte Organisationen, die auf verschiedenen Arenen (vor allem Parlament, Verwaltung, Medien) nach politischem Einfluss streben (Binderkrantz et al. 2015). Es existieren für das dänische System der Interessenvermittlung eine Vielzahl an Kategorisierungen und Bezeichnungen (Christiansen et al. 2001; Schwartz 2001; Mailand 2009, 2011; Schulze 2011). Zunächst einmal kann man das System der Interessenvermittlung als hybriden Korporatismus oder als moderat korporatistisch bezeichnen. Wegen der besonderen Wichtigkeit korporatistischer Arrangements für die Arbeitsmarktbeziehungen und Wirtschaftspolitik wird auch von Arbeitsmarktkorporatismus gesprochen. Die wichtigsten Akteure diesbezüglich sind die in Dänemark immer noch mächtigen Gewerkschaften und die Arbeitgeber – und Industrieverbände. Der gewerkschaftliche Dachverband beziehungsweise Gewerkschaftsbund heißt LO *(Landsorganisationen i Danmark)*, die Arbeitgeber sind im DA *(Dansk Arbejdsgiverforening)* organisiert und die Industrie gesondert im DI *(Dansk Industri)*. Auch ist von administrativem Korporatismus die Rede, weil die Verbände in politische und administrative Prozesse in der Regel einbezogen werden, sofern ihre spezifischen Interessen berührt sind (Christiansen et al. 2001). Diese Form der politischen Inkorporation der Verbände ist allerdings tendenziell schwächer geworden. Während Auseinandersetzungen bezüglich Arbeitsmarkt-, Wirtschafts- und Sozialpolitik auf nationaler Ebene ausgetragen werden, werden Tariflöhne und Arbeitsbedingungen firmen- und sektorenspezifisch zwischen den Tarifparteien ausgehandelt. Wie Abb. 3.9 zeigt, passiert das meist ohne Intervention des Staates. Vielmehr stellt dieser in der Regel einen institutionellen Rahmen für die Verhandlungen, wie dies auch in Deutschland und meist auch in Schweden der Fall ist. Bei besonders festgefahrenen Verhandlungen und potenziell langwierigen Streiks wie 1998 kann es aber nach wie vor passieren, dass die Regierung Arbeitskämpfe beendet und den Tarifpartnern die Ergebnisse diktiert. Die Abbildung zeigt auch, dass dies sowohl in Dänemark als auch Großbritannien bis in die 1980er gängig war. Eine weitere Veränderung seit den 1980ern ist die Dezentralisierung der Verhandlungsebene. So werden Löhne und Arbeitsbedingungen mittlerweile – ähnlich wie es in Schweden und Deutschland die Regel ist – primär sektorenspezifisch oder firmenspezifisch verhandelt; und nicht mehr auf der nationalen Ebene.

Wie erwähnt, gibt es eine Menge Zuschreibungen für das dänische System der Interessenvermittlung und anhand gängiger Datensätze kann man Dänemark als moderaten oder hybriden Korporatismus betrachten (Jahn 2016; Visser 2016).

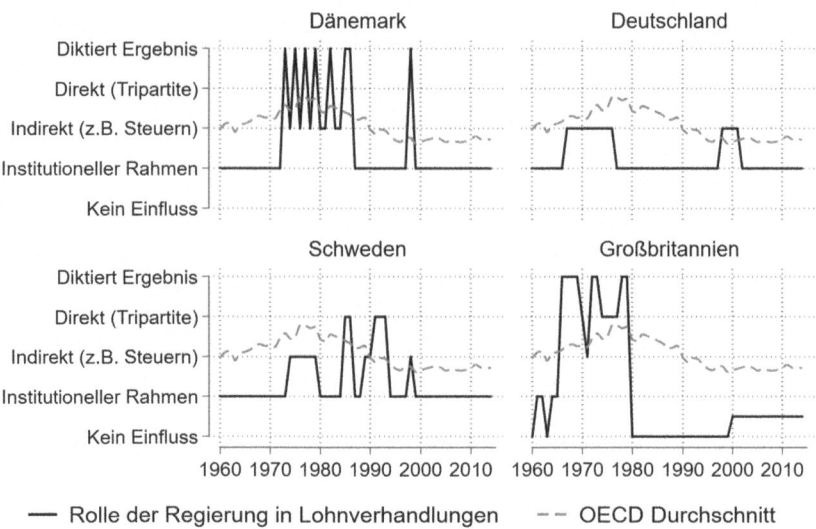

Abb. 3.9 Rolle der Regierung in Lohnverhandlungen. (Quelle: Visser 2016, Variable govint)

Jedoch muss an dieser Stelle das verbreitete Missverständnis ausgeräumt werden, dass Korporatismus schlicht Lobbyismus bedeutet. Als korporatistisch bezeichnet man (zumindest in der Politikwissenschaft) Systeme der Interessenvermittlung, in denen starke Spitzenverbände, manchmal unter Einbeziehung des Staates, Lösungen für Konflikte finden (so zum Beispiel in Deutschland oder Schweden). Genauer gesagt geht es um „institutionalisierte, gleichberechtigte und freiwillige Kooperation und Koordination von Staat und Verbänden […] bei der Formulierung und Ausführung gesamtgesellschaftlich relevanter Entscheidungen", vor allem im Bereich der Wirtschafts- und Sozialpolitik (Schmidt 2004, S. 388–389). Die Verbände werden *inkorporiert;* also einbezogen. Im Gegensatz dazu werden solche Systeme der Interessenvermittlung, in denen die Interessen vieler Interessengruppen unkoordiniert im Wettstreit um Aufmerksamkeit und Einfluss stehen, zumeist als pluralistisch bezeichnet (Großbritannien und die USA sind Beispiele). Von einem hybriden oder sektoralen Korporatismus kann man in Dänemark deshalb sprechen, weil die Relevanz korporatistischer Muster vom Politikfeld abhängt. Auf manchen Politikfeldern – vor allem in den Bereichen Landwirtschaft und Arbeitsmarktpolitik – ist der Korporatismus stärker als auf anderen Feldern ausgeprägt, wo eine stärker pluralistische Art der Entscheidungsfindung dominiert

(Christiansen et al. 2001). In beiden besagten Bereichen sind die Verbände besonders stark in die politischen und administrativen Entscheidungsprozesse einbezogen, arbeiten teils direkt an Gesetzesinitiativen mit oder arbeiten diese gar selbst aus. Formell geschieht das in Ausschüssen oder bei Anhörungen (Förster et al. 2014, S. 40–41). In einem von Nannestad (2009, S. 97) zitierten Beispiel für den weitreichenden Einfluss der Verbände in Dänemark haben Einzelhandel und Gewerkschaften ein neues Ladenschlussgesetz ausgearbeitet und das Parlament hat sich nur noch formal damit beschäftigt. Daneben gibt es informelle Kontakte zwischen Politik und Verbänden und zwischen den Verbänden. Diese Kontakte haben in jüngster Vergangenheit als Einflusskanäle an Bedeutung gewonnen (Christiansen et al. 2001, S. 115).

Traditionell besteht eine große Nähe zwischen den landwirtschaftlichen Interessenorganisationen und den Liberalen (die aus einem landwirtschaftlichen Verband hervorgingen) und den Gewerkschaften und den Sozialdemokraten (die aus der Gewerkschaftsbewegung hervorgingen). Erst 1995 kam es zur formalen organisatorischen Trennung zwischen Gewerkschaftsbund und den Sozialdemokraten, die bis dato finanziell noch von den Gewerkschaften unterstützt wurden. Im Gegenzug wurde unter der Ägide der regierenden Sozialdemokraten die staatliche Parteienfinanzierung ausgebaut. Ende der 1990er kühlte sich das Verhältnis zwischen dem politischen und dem gesellschaftlichen Arm der Arbeiterbewegung etwas ab. Natürlich sind Gewerkschaften (LO) und Arbeitgeber (DA)- und Industrieverbände (DI) nicht die einzigen Interessengruppen in Dänemark. Daneben gibt es wie in anderen Ländern Vertretungen für alle möglichen Statusgruppen (Studenten, Rentner, Kranke) und Interessenlagen (Tierschutz, Menschenrechte, Anti-Atom, Automobilität, Umwelt). Grundlegend lassen sich drei Arenen unterscheiden, auf denen die Gruppen ganz unterschiedlicher Couleur um Einfluss ringen: Die Verwaltung, das Parlament und die Medien. Die Determinanten des Erfolges sind, wie in anderen Ländern auch, Ressourcen wie finanzielle Ausstattung und Personaldecke und die Möglichkeit, Fachwissen oder Informationen bereitzustellen (Binderkrantz et al. 2015). Ebenfalls nicht überraschend ist, dass wirtschaftliche Interessen besonders präsent in den zwei weniger sichtbaren Arenen Verwaltung und Parlament sind, da man dort diskreter Einfluss ausüben kann und die Akteure in beiden Arenen von der Expertise der Wirtschaftsvertreter profitieren. Im Gegensatz dazu reüssieren öffentliche Interessengruppen wie Menschenrechtsgruppen oder Bürgerbewegungen eher in den Medien (Binderkrantz et al. 2015). In den letzten Dekaden sind die Wirtschaftsverbände in den Komitees des Folketings sogar noch einflussreicher geworden gegenüber anderen Interessengruppen (Binderkrantz et al. 2015).

Entscheidend für die erzielten Kompromisse in der Lohn-, Arbeitsmarkt- und Wirtschaftspolitik ist die relative Stärke der dänischen Gewerkschaften als Vertreter der Arbeitnehmerinteressen gegenüber den Arbeitgeber(verbänden). Den Anteil der in den Gewerkschaften organisierten Arbeitnehmer nennt man auch Organisationsgrad. Abb. 3.10 zeigt auf, wie sich dieser Organisationsgrad in Dänemark, den Vergleichsländern, und der OECD von 1960 bis 2015 entwickelt hat. Der Organisationsgrad betrug auf seinem Höchststand Anfang der 1980er 80 %, sank seither kontinuierlich, ist aber mit deutlich über 60 % (2015) nach wie vor auf einem vergleichsweise sehr hohen Niveau. Dies gilt vor allem im Hinblick auf Deutschland und Großbritannien, in denen der Organisationsgrad ausgehend von deutlich niedrigeren Ausgangswerten auf ca. 20 % gefallen ist. Die dänischen Entwicklungen seit 1960 ähneln denen in Schweden – und auch die Gründe für das hohe Ausgangsniveau und den leichten Rückgang sind ähnlich. Der Grund für die hohen Ausgangsniveaus ist das sogenannte Gent-System; beziehungsweise eine Reihe von Rechten und institutionellen Vorrechten der Gewerkschaften, die mit dem Begriff Gent-System bezeichnet werden. Die Arbeitslosenversicherungsbeiträge und Auszahlungen wurden von den Gewerkschaften verwaltet und die Arbeitslosenversicherung war faktisch an die Mitgliedschaft in einer Gewerkschaft gebunden. Es gab somit starke selektive Anreize, Gewerkschaftsmitglied

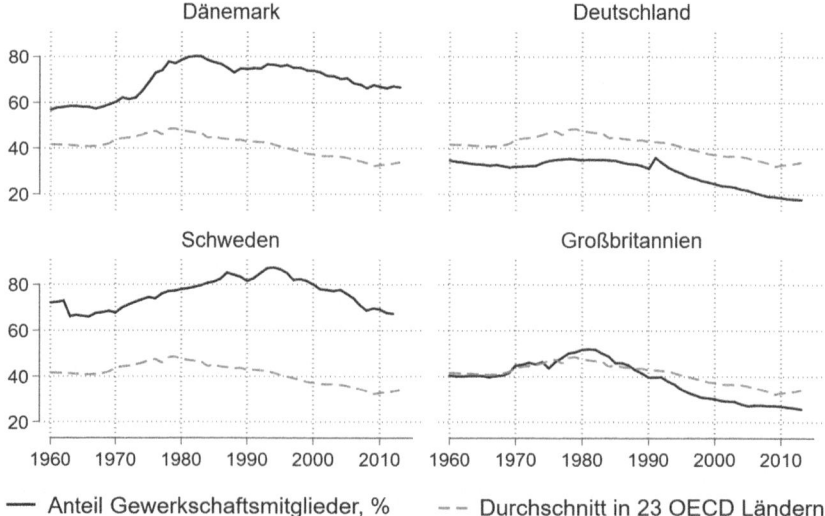

Abb. 3.10 Organisationsgrad von Gewerkschaften. (Quelle: Visser 2016, Variable ud)

3.2 Interessenvermittlung: Arbeitsmarktkorporatismus im Wandel

zu werden. Diese Form der Organisation war eine wichtige Machtressource der Arbeiterbewegung in Schweden und Dänemark. Außerdem waren die ohnehin staatlich subventionierten Beiträge zur Versicherung von Arbeitslosigkeit von der Steuer absetzbar. Diese Mitgliedschaftsanreize wurden in den 1960ern und 1970ern noch ausgebaut – in dem Maß, in dem auch die Arbeitslosenversicherung ausgebaut und damit attraktiver wurde (Klitgaard und Nørgaard 2014). Besonders hervorzuheben ist hier die Einführung einer Frühverrentung ab dem 60. Lebensjahr mittels Leistungen aus der Arbeitslosenversicherung *(efterløn)*, für die sich nur Mitglieder der Gewerkschaften qualifizierten. Außerdem wurde 1968 eine nationale Arbeitsagentur unter Kontrolle der Arbeitgeber und der Gewerkschaften ins Leben gerufen. Ab 1993 waren es dann die regierenden Sozialdemokraten, die im Gegenzug für die Erhaltung und den Ausbau dieser politischen Kontrolle zuließen, dass die Mitgliedschaft in der Gewerkschaft durch Kürzungen bei der Arbeitslosenversicherung unattraktiver wurde. In drei Kürzungsrunden (1993, 1995, 1998) wurde vor dem Hintergrund des Problems struktureller (also auch im konjunkturellen Aufschwung weiter fortbestehender) Arbeitslosigkeit der Umfang der Leistungen eingeschränkt, die Qualifikationsbedingungen verschärft, und die vergleichsweise sehr langen Bezugszeiten gesenkt. Arbeitslose unter 25 Jahren mussten schon nach sechs Monaten Arbeitslosigkeit an Aktivierungsmaßnahmen teilnehmen und erhielten nur noch die Hälfte der Normalbezüge. Diese Änderungen machten die Arbeitslosenversicherung und damit die Gewerkschaften unattraktiver („benefit-cost ratio" nennen Klitgaard und Nørgaard 2014 das), genau wie der Einstieg in den Ausstieg aus dem populären aber eben auch äußerst kostspieligen Frühverrentungsprogramm *(efterløn)*. Allerdings hatte die institutionelle Macht der Gewerkschaften durch die Kontrolle der intensivierten Aktivierungspolitik und der entsprechenden Budgets sogar noch zugenommen. Nach dem Regierungswechsel 2001 wagte die von den Liberalen geführte und von der Dänischen Volkspartei tolerierte neue Mitte-Rechts-Regierung jedoch den Angriff auf das Herz des Gent-Systems: Es wurde ermöglicht, dass private Kassen als Arbeitslosenversicherungen in Konkurrenz zu den Gewerkschaften traten. Um sich gegen Arbeitslosigkeit zu versichern, ist es seit 2002 also nicht mehr nötig, Gewerkschaftsmitglied zu sein. Ursprünglich wurde (von den Liberalen) auch die Einführung einer staatlichen Versicherung angedacht, was jedoch auf den Widerstand der Dänischen Volkspartei stieß (Due und Madsen 2007). Zwischen 2002 und 2009 wurde dann im Zuge der Einrichtung lokaler Arbeitsagenturen die von den Tarifpartnern kontrollierte nationale Arbeitsagentur und somit auch der Einfluss der Gewerkschaften sukzessive geschwächt (Klitgaard und Nørgaard 2014). Im Mai 2009 wurde diese nationale Arbeitsagentur unter Kontrolle der Tarifpartner dann endgültig abgeschafft.

Es herrscht nun Wettbewerb zwischen gewerkschaftsnahen und den gewerkschaftsfernen Kassen um die Versicherten. Die Möglichkeit, Beiträge von der Steuer abzusetzen wurde eingeschränkt. Dennoch sind die Beiträge nach wie zuvor staatlich subventioniert. Um ein unteres Mittelklasseeinkommen zu versichern, bedarf es ca. 70 EUR im Monat und 12 Monate Mitgliedschaft beziehungsweise Einzahlung in eine *A-Kasse (Arbejdsløshedskasse)* genannte Arbeitslosenversicherung. Die Beiträge für diese schwanken nur leicht in Abhängigkeit von den Verwaltungskosten der (Stand 2018) 24 (A)-Kassen, sind aber vom Einkommen der Versicherten unabhängig. Die Hälfte der Kassen steht jedem unabhängig vom Beruf offen, die andere Hälfte ist auf bestimmte Berufsgruppen und Branchen spezialisiert. Wie in Kap. 4 näher erklärt sind wegen der relativ niedrigen Maximalbeträge auch die realen Auszahlungen bei den meisten Arbeitslosen unabhängig vom vorigen Einkommen ähnlich. Ein Mittelklasseeinkommen lässt sich über die normale Arbeitslosenversicherung kaum mehr versichern – da Dänemark für mittlere Einkommen wegen der nur teilweise an die Lohnentwicklung angepassten Maximalbeträge eher geringe effektive Lohnersatzraten aufweist. Für niedrigere Einkommen bietet Dänemark nach wie vor die höchsten Ersatzraten der OECD (Jahn 2017). Zudem gibt es gerade politische Diskussionen darüber, die 12 Monatsfrist zur Qualifikation für Leistungen zu verlängern beziehungsweise an die Aufenthaltsdauer in Dänemark und der EU zu koppeln. So wird erwogen, dass man sieben der letzten acht Jahre in Dänemark, der EU beziehungsweise dem Europäischen Wirtschaftsraum (der im Gegensatz zur EU auch Norwegen, Island und Lichtenstein inkludiert) gelebt haben muss, wenn man für Leistungen aus der Arbeitslosenversicherung infrage kommen will.

Zentrales Instrument im dänischen Arbeitsmarktkorporatismus sind firmen- und sektorenspezifische Tarifverträge, die zwischen Arbeitgebern und Arbeitnehmervertretern ausgehandelt werden. Abb. 3.11 dokumentiert die Entwicklung des (Ab)deckungsgrades dieser Tarifabschlüsse; zeigt also, wie viel Prozent der Arbeitnehmer tariflich organisiert sind und damit unter die tariflichen Lohn- und Arbeitsregeln fallen. Das ist auch deshalb relevant, weil man einen Zusammenhang zwischen Lohnspreizung und der Verbreitung von Tarifverträgen annehmen könnte. Schaut man auf die Entwicklung der (in Abschn. 4.4 dokumentierten) Ungleichheit und gleicht diese mit Abb. 3.11 ab, scheint eine solche Vermutung zumindest mit Blick auf Großbritannien, Deutschland und Dänemark plausibel (auch wenn sich in Dänemark weder die Ungleichheit vor Steuern und Transfers noch die Tarifbindung stark verändert haben). Die Abdeckung liegt in Dänemark stabil bei etwas über 80 %. In Schweden liegt sie seit den 1980ern sogar noch

3.2 Interessenvermittlung: Arbeitsmarktkorporatismus im Wandel 77

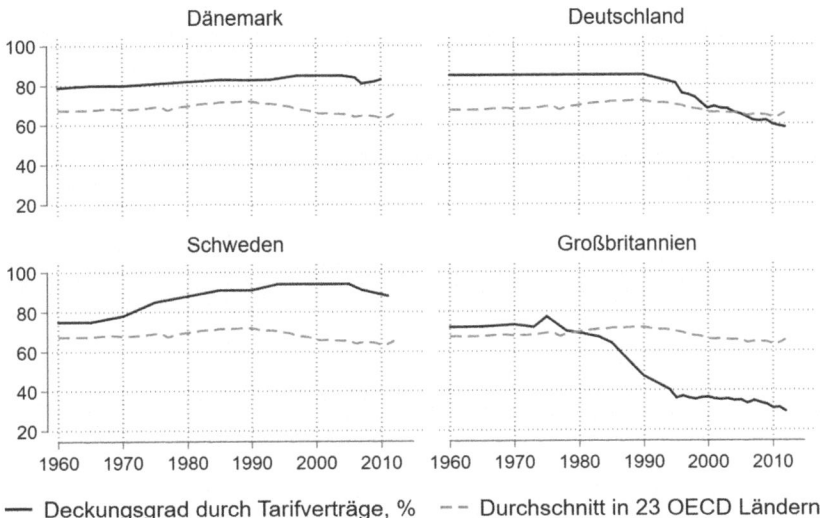

Abb. 3.11 Reichweite von Tarifverträgen. (Quelle: Visser 2016, Variable adjcov)

etwas höher, wohingegen der Deckungsgrad in Großbritannien gerade in der Regierungszeit von Premierministerin Margaret Thatcher (1979–1990) und in Deutschland seit der Wiedervereinigung (1990) deutlich gefallen ist. Wegen der geringeren Tarifbindung in Ostdeutschland und der von SPD und Grünen betriebenen (1998–2005) Flexibilisierung des Arbeitsmarktes fiel der Anteil in Deutschland unter 60 %. In Großbritannien führte die politisch gewollte Schwächung von Gewerkschaften und Tarifabkommen zu einem Deckungsgrad von nur noch 30 %. Eine dänische Besonderheit ist, dass die Tarifpartner neben Lohnerhöhungen auch stark auf Weiterbildungs- und Qualifikationsmaßnahmen achten (Schulze 2011). Dies ist auch notwendig, da im dänischen Hire and Fire Arbeitsmarkt ansonsten relativ wenig Anreize für einzelne Arbeitgeber bestehen, freiwillig in die Kompetenzen ihrer häufig und schnell wechselnden Angestellten zu investieren.

Auch wenn viele bei dänischer Politik und dänischen Arbeitsbeziehungen an Konsens denken, wurden die bestehenden Bedingungen immer wieder auch mittels Streiks erkämpft. Das zeigt Abb. 3.12, in der die jährlich durch Streiks verlorenen Arbeitstage (je 1000 Arbeiter) zwischen 1960 und 2015 zu sehen sind. In jeder der fünf Dekaden seit 1960 gab es ein Jahr mit umfassender Streikaktivität

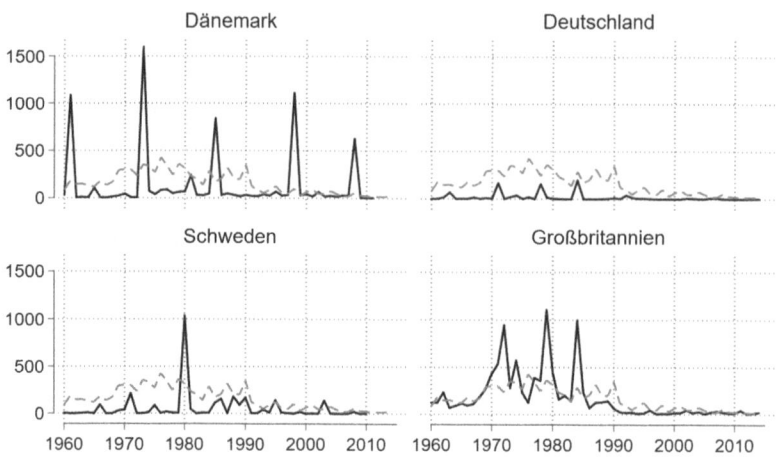

Abb. 3.12 Durch Streiks verlorene Arbeitstage pro Jahr. (Quelle: Armingeon et al. 2017, Variable strike)

(>500 verlorene Tage). Die Arbeitsbeziehungen in den drei Vergleichsländern waren demnach weniger konflikthaft, sieht man einmal von den Auseinandersetzungen der britischen Gewerkschaftsbewegung mit britischen Regierungen in den 1970ern und 1980ern ab. Auch in Dänemark richteten sich vergangene Streiks nicht zwangsläufig gegen die Spitzenverbände der Wirtschaft und Industrie. So war der Arbeitskampf von 1985 nicht nur gegen den Arbeitgeberverband (Hoffmann 1985), sondern auch gegen die konservative Regierung von Poul Schlüter (die die Arbeitgeber unterstützte) und ihre Ambitionen einer „bürgerlichen Revolution" gerichtet. Dagegen ging es 1998 um klassischen Arbeitskampf – genauer gesagt drei Sechsen: sechs Wochen bezahlter Urlaub, sechs Prozent mehr Lohn und ein Sechsstundentag für Arbeiter. Bemerkenswert war 1998 aber, dass die Gewerkschaftsverbände für Lohnzurückhaltung und die Annahme des Angebots der Arbeitgeber eintraten, die Arbeitnehmer in einer Abstimmung aber den Gewerkschaftsdachverband LO durch Ablehnung des von den Arbeitgebern vorgeschlagenen Abschlusses dazu zwangen, den Streik auszurufen. Dies war auch ein Zeichen der Unzufriedenheit mit der Arbeit der Gewerkschaften, die zuvor bereits den 1988 einsetzenden Paradigmenwechsel von welfare zu work(fare) und stärker aktivierender Sozialpolitik mitgetragen hatten (Schulze

3.2 Interessenvermittlung: Arbeitsmarktkorporatismus im Wandel

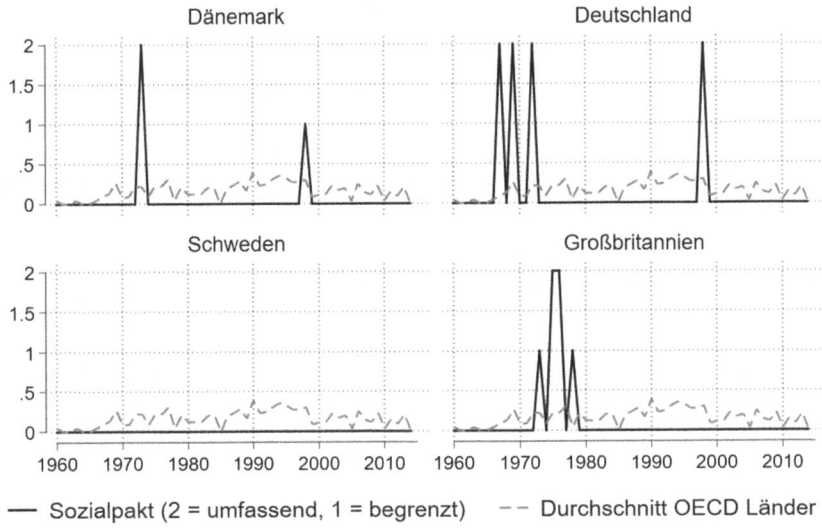

Abb. 3.13 Sozialpakte. (Quelle: Visser 2016, Variable pactscope)

2011; Abschn. 4.3). Bis zu 500.000 Menschen nahmen an den Streiks teil – ein Fünftel der dänischen Arbeitnehmer. Arbeitskämpfe sind also in Dänemark nicht so selten wie man angesichts der dänischen Konsenskultur vermuten könnte, aber auch nicht zwangsläufig Ausdruck dauerhaft konflikthafter Beziehungen zwischen den Tarifpartnern. Vielmehr sprechen qualitative Studien von einem System des Interessenausgleichs, in dem beide Seiten explizit die Bedeutung von Geben und Nehmen anerkennen, was sich teilweise in gesichtswahrenden Ausgleichszahlungen („side payments") äußert (Kaspersen und Schmidt-Hansen 2008, S. 359; Mailand 2009; Christensen 2017). Tendenziell hat aber die Bereitschaft zur Einbeziehung und Berücksichtigung der Tarifpartner bei der Vorbereitung neuer Gesetze und Reformen seitens der Regierung abgenommen; auch, weil besagte Ausgleichszahlungen reduziert werden sollten; zumal die LO geschwächt ist und es daher zunehmend weniger wichtig ist, sie zu berücksichtigen und einzubinden (Jensen 2014, S. 111). Das Spannungsverhältnis zwischen Konsens und Kosten der korporatistischen Einbeziehung der Tarifpartner wird auch im nächsten Abschnitt, in dem es um die von Gewerkschaften und Arbeitgebern mitgetragenen Arbeitsmarktreformen der 1990er und die Funktionsweise des dänischen *Flexicurity* Modells geht, deutlich (Abb. 3.13).

3.3 Flexicurity: Flexibler Arbeitsmarkt, Aktivierung und Absicherung

> Denmark has become a role model not just for the European Union, but also on the global arena. Numerous delegations have come to visit this little country which seems to have found an exceptionally successful combination of a dynamic economy and social security. On the one hand Denmark shares a range of features with the other Nordic welfare states consisting of a high degree of economic equality and security for its citizens. However, on the other hand Denmark has a dynamic labour market and a great adaptability for changing external conditions, which is traditionally associated with more liberal market economies. The interest shown in the Danish model gathered speed when Denmark in the early 1990's stood out from the remaining EU and in a few years reached an unemployment level far below the European average. As a result many foreigners also believe that Denmark at the time invented a unique societal model, which we later began to market – often headlined as "flexicurity" (Madsen 2009, S. 4).

Das obige Zitat ist gleichermaßen Vorwort und Zusammenfassung für die Sicht von Mogens Lykketoft. Lykketoft war seit 1993 als Finanzminister in der neuen sozialdemokratischen Regierung unter Poul Nyrup Rasmussen maßgeblich an der Konzeption und Gestaltung von Flexicurity beteiligt. Er betont dabei, dass die langen Linien der dänischen Politik und die kurzfristige Krisenreaktion erst in ihrem Zusammenwirken das (so genannte) dänische Beschäftigungswunder ermöglicht haben und der Erfolg daher nicht schlicht exportiert werden könne. Flexicurity wird in Dänemark über Parteigrenzen hinweg als klarer Erfolg gewertet und die meisten Forscher teilen diese Ansicht. Schwarz schreibt: „On the labor market side, a fortuitous shift to an active labor market policy first eased tight and potentially inflationary labor markets in the early 1990s and then firmed up softening demand for labor in the mid- to late 1990s." (2001, S. 134).

Kurz gesagt ist Flexicurity die Kombination aus einem flexiblen Arbeitsmarkt mit geringem (gesetzlichen) Kündigungsschutz, einem hohen Maß an finanzieller Absicherung beim Arbeitsplatzverlust, und aktiver Sozialpolitik mit starkem Fokus auf staatlich geförderter Weiterbildung und aktiver Arbeitsplatzsuche[3]. Obwohl der Begriff Flexicurity vordergründig auf eine Kombination aus Flexibilität und Sicherheit (eben Flexibility und Security) verweist, sind es also drei Kernelemente, die das Flexicurity Konzept ausmachen. Man spricht auch von

---

[3]Das Flexicurity Konzept stammt ursprünglich aus den ebenfalls stark exportorientierten Niederlanden. In Dänemark wurden aber gemessen am BIP viel mehr Mittel auf dessen konsequente Umsetzung verwendet.

einem *Goldenen Dreieck*. Im Folgenden werde ich die drei Aspekte beziehungsweise Eckpunkte dieses Goldenen Dreiecks näher erläutern und dabei auch deutlich machen, inwiefern sich Dänemark wirklich von anderen Ländern unterscheidet. Die Motivation hinter Flexicurity war und ist, die Anpassungsfähigkeit der dänischen Wirtschaft zu verbessern, indem man eine flexible Reaktion auf Marktveränderungen ermöglicht. Es sollen daher Arbeitsplätze und Einkommen geschützt werden statt konkrete (unproduktive) Arbeitsverhältnisse. Oft wird in diesem Zusammenhang darauf hingewiesen, dass Flexicurity einer „win-win-win" Logik folge: Aus Arbeitgebersicht ist erfreulich, dass sie ihr Kapital leicht aus unproduktiven Bereichen abziehen können – indem sie Fabriken und Firmen schließen oder einzelne Mitarbeiter und Abteilungen wegrationalisieren. Für Steuerzahler ist es erfreulich, dass sie nicht unrentable Jobs subventionieren, in einem Land, das die höchste – und bis 2001 immer weiter steigende – Steuerlast der Welt aufweist. Und natürlich profitieren die Steuerzahler trotz der relativ moderaten dänischen Unternehmenssteuer (2016: 22 %) direkt und indirekt von einer wettbewerbsfähigen Wirtschaft. Etwas schwieriger ist es, die Vorteile von Flexicurity aus Arbeitnehmersicht auszubuchstabieren. Tendenziell erreichen Dänen durch umfassendes Training und Weiterbildung schneller als in anderen Ländern neue Stellen und die strukturelle Arbeitslosigkeit ist vergleichsweise gering (siehe Abb. 3.20). Gibt es jedoch einen Konjunktureinbruch wie 2007 (die Arbeitslosenrate verdoppelte sich bis 2011), sind Arbeitslose auf nachfragestützende Maßnahmen der Regierung angewiesen, da auch die qualifizierteste Weiterbildung und Aktivierung nur funktioniert, wenn es offene Stellen gibt. Wie in Kap. 4 eingehend dargestellt und hier unter Punkt 3 (Sicherheit) dokumentiert, ist es auch mit der finanziellen Sicherheit nicht mehr so weit her: Im internationalen Vergleich sind die Ersatzraten für Durchschnittsverdiener unterdurchschnittlich. Ersatzraten von 90 %, von denen immer noch zu lesen ist (Lakey 2016, S. 16), entsprechen nicht mehr der Realität beziehungsweise betreffen wegen der niedrigen Maximalbeträge nur (ehemalige) Geringverdiener.

3.3.1 Flexibilität

Beschäftigung im dänischen Privatsektor kann ohne größere Übertreibung auf die Formel „Hire and Fire" gebracht werden (Lundvall 2002, S. 198). Laut Regierung wechseln ca. 25 % der Dänen im Privatsektor jährlich ihren Arbeitgeber (Denmark.Dk 2018). Wie die Debattenbeiträge von sozialdemokratischen und liberalen Spitzenpolitikern zeigen, ist dies politisch gewollt (siehe die erwähnte Abhandlung von Lykketoft oder eine Rede des Statsministers Løkke Rasmussen in Harvard 2015). Unabhängig von Sozialkriterien wie Alter und Betriebszugehörigkeit kann jeder Arbeitnehmer in Dänemark mit einer Frist von zwei Wochen bis drei Monaten entlassen werden (eine gewisse Variation gibt es je nach Branche; und langjährige Arbeitnehmer haben im Gegensatz zu neuen Mitarbeitern eine Karenz von 3 Monaten nach der Kündigung). Es gibt zwar eine Übereinkunft zwischen den Tarifpartnern (LO und DA) darüber, dass es einen in der Firma oder beim Angestellten liegenden Grund für die Entlassung geben sollte, allerdings gibt es keinen verbindlichen Kriterienkatalog oder gar eine formale Begründungspflicht (Svalund et al. 2013)[4]. Dies führte im Zuge der Wirtschaftskrise 2007–2011 dazu, dass, anders als in Schweden und Deutschland, unabhängig von Senioritätskriterien (also der Dauer des Arbeitsverhältnisses) entlassen wurde (Svalund et al. 2013). Vielmehr wurde es als legitim angesehen, den zukünftigen Bedarf des Unternehmens als Kriterium zur Auswahl zu verwenden. Es ist insofern nicht überraschend, dass Menschen mit gesundheitlichen Problemen in Dänemark eher von Entlassungen betroffen sind als dies sonst in Skandinavien der Fall ist (Heggebø 2016; Svalund et al. 2013). Ausgleichszahlungen und Abfindungen im Falle von Kündigungen sind Ausnahmen von der dänischen Regel und spielen meist nur eine Rolle, wenn es gilt, die Gewerkschaften und die Belegschaft milde zu stimmen (Svalund et al. 2013).

Abb. 3.14 zeigt unter Rückgriff auf den Kündigungsschutzindex der OECD („Employment Protection Index") auf, wie einfach oder schwierig es für Arbeitgeber ist, Arbeitnehmer in regulären (also nicht befristeten) Arbeitsverhältnissen zu entlassen. Je höher der Wert, desto ausgeprägter der gesetzliche Kündigungsschutz. Deutlich wird einerseits, dass Entlassungen in Dänemark gesetzlich einfacher sind als in Schweden und Deutschland – zwei Länder, in denen der Kündigungsschutz auch im Vergleich zum OECD-Durchschnitt stark ausgeprägt ist. Andererseits ist aber auch zu erkennen, dass Dänemark nicht so liberale Arbeitsbeziehungen hat wie Großbritannien. Erstaunlich ist also weniger das Niveau der Liberalisierung per se, sondern, dass die Regeln in einem sozialdemokratischen Staat wie Dänemark nicht restriktiver sind als im OECD-Durchschnitt. Allerdings muss die Fähigkeit des Indexes, Variation adäquat abzubilden,

---

[4]Ein interessantes Detail ist, dass ab 12-monatiger Firmenzugehörigkeit im privaten Sektor eine Regel greift, nachdem die exakt gleiche Stelle nicht direkt wieder ausgeschrieben werden soll. Auch wenn diese Regel in der Praxis mit etwas Kreativität umgangen werden kann und in Einzelfällen dazu führen kann, dass Arbeitnehmer kurz vor Ablauf der 12 Monate entlassen werden, macht sie doch deutlich, dass es bei Flexicurity primär darum geht, Umstrukturierungen in Firmen zu erleichtern – und nicht darum, schnell einzelne missliebige Angestellte zu schassen (Den Faglige Hus 2018).

3.3 Flexicurity: Flexibler Arbeitsmarkt, Aktivierung und Absicherung

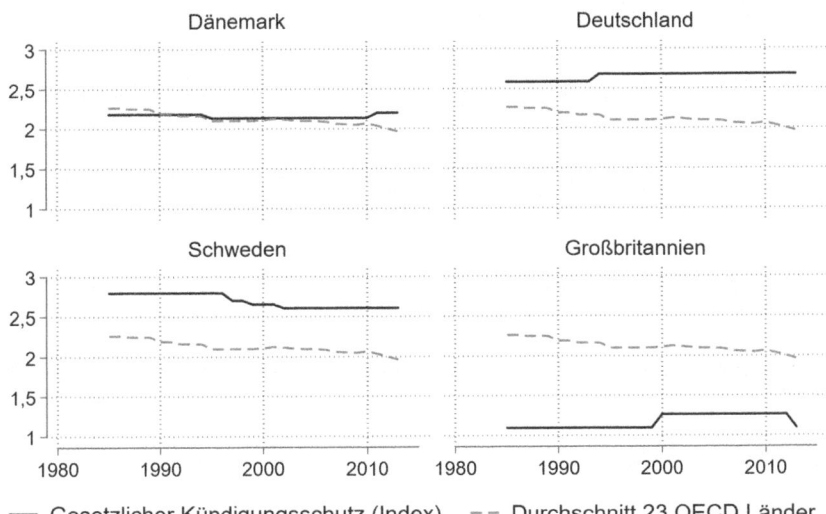

Abb. 3.14 Gesetzlicher Kündigungsschutz. (Quelle: Armingeon et al. 2017, Variable emprot_reg)

zumindest hinterfragt werden. Zwar ist es unstrittig, dass Dänemark auch vor den 1990ern schon auf einen für skandinavische Verhältnisse relativ flexiblen Arbeitsmarkt setzte und Pfadabhängigkeit eine wichtige Rolle bei der Anpassung in den 1990ern spielte (Schwartz 2001; Andersen und Svarer 2007; Lykketoft 2009; Schulze 2011), jedoch würden die meisten Experten Dänemark näher an den „Hire and Fire"-Ländern wie Großbritannien und den USA als an regulierten Arbeitsmärkten wie Deutschland und Schweden verorten (Madsen 2004). Eine mögliche Erklärung ist, dass die OECD besser geschützte Gruppen herangezogen hat – in Dänemark also besonders hoch qualifizierte Arbeiter, die etwas besser geschützt sind (Heggebø 2016). In den Indizes der Weltbank ist Dänemark weiter von Schweden und Deutschland entfernt und näher am „Hire and Fire"-Ende des Kontinuums (Brandahl et al. 2013, S. 79), jedoch liegen keine vergleichbar langen Zeitreihen vor.

Überhaupt erfolgten die entscheidenden Änderungen und Reformen in den 1990ern nicht auf dem Gebiet des gesetzlichen Kündigungsschutzes. Der relativ laxe Kündigungsschutz ist eine Konstante im dänischen Arbeitsmarkt. Wichtig für die erfolgreiche Bekämpfung der strukturellen Arbeitslosigkeit war eher die Stärkung des Förderns und Forderns, beziehungsweise der Rechte und Pflichten der

Arbeitssuchenden (Andersen und Svarer 2007). Es kam zu einer massiven Stärkung der bestehenden Aktivierungspolitik. Zum einen wurde mittels verschärfter Zumutbarkeitsregeln und Sanktionen sowie starker Leistungskürzungen sichergestellt, dass es unattraktiver wurde, nicht zu arbeiten. Andererseits wurde – wie im nächsten Abschnitt dargelegt wird – viel stärker als in allen anderen OECD-Ländern in Vermittlung, Weiterbildung und Qualifikation von Arbeitssuchenden investiert. Das ist in Dänemark umso wichtiger, da die Arbeitgeber wegen des flexibleren Arbeitsmarktes weniger Anreize als in Schweden oder Deutschland haben, in die Weiterbildung ihrer Mitarbeiter zu investieren. Überspitzt gesagt können dänische Arbeitgeber sich durch Kündigungen und Neueinstellungen nachhaltiger an veränderte Marktlagen anpassen als durch interne Weiterbildung – wodurch hohe Weiterbildungskosten tendenziell sozialisiert (also verstaatlicht) werden.

3.3.2 Aktivierung

Dänemark gehört zu den Ländern der OECD, die am stärksten auf eine aktive Arbeitsmarktpolitik setzten. Unter passiver Arbeitsmarktpolitik versteht man gemeinhin die Absicherung gegen Arbeitslosigkeit mittels Ersatzleistungen, um so die negativen Folgen des Einkommensverlustes abzufedern, beziehungsweise zu mindern. Im Gegensatz dazu geht es bei aktiver Arbeitsmarktpolitik darum, Arbeitssuchende in Arbeit zu bringen, statt lediglich Transfers zu leisten, in der Hoffnung, Arbeitslose würden mit der Zeit schon etwas finden. Neben aktiver Vermittlung und Unterstützung bei der Arbeitssuche sind berufliche Weiterbildung und Umschulung Elemente *fördernder* aktiver Arbeitsmarktpolitik. Aber es gibt auch eine *fordernde* aktive Arbeitsmarktpolitik. Dazu gehören Sanktionen (also Leistungskürzungen), falls Weiterbildungs- und Umschulungsoptionen nicht wahrgenommen werden, falls nicht ausreichend Bewerbungen erfolgen, oder falls ein Angebot für eine Arbeit (grundlos) ausgeschlagen wird. Bindeglied zwischen beiden Dimensionen – dem Fördern und dem Fordern beziehungsweise den (sozialen) Rechten und den Pflichten – ist oftmals ein so genannter „Aktivierungsplan", in dem festgelegt wird, welche Maßnahmen der Arbeitssuchende zu ergreifen hat und ob und wie er dabei staatlich unterstützt wird. Auch wenn die Namen und Begriffe sehr verschieden sein mögen (Horn 2017, S. 50–51; Horn et al. 2018), derlei Aktivierungspläne gibt es mittlerweile in sehr vielen europäischen Ländern. In Dänemark setzt die Aktivierungsphase derzeit sechs Monate nach Beginn der Arbeitslosigkeit ein. Ist die Dimension des Forderns besonders aufgeprägt, beziehungsweise neigt die Balance aus Rechten und Pflichten des Arbeitssuchenden verstärkt in Richtung Pflichten – etwa weil bestehende Arbeitsanreize als unzureichend angesehen

3.3 Flexicurity: Flexibler Arbeitsmarkt, Aktivierung und Absicherung

werden – spricht man auch von *workfare*. Einen Wandel vom Fokus von welfare zu workfare kann man in Dänemark Ende der 1980 und Anfang der 1990er ausmachen. Schulze (2011) spricht von einem Welfare-to-Workfare Paradigmenwechsel zwischen 1988 und 1993, da Arbeitslosigkeit zusehends als Problem von (vor allem finanziellen) Fehlanreizen für Individuen statt als konjunkturelles Problem betrachtet wurde. Mit anderen Worten, der Grund für Arbeitslosigkeit wurde zunehmend bei den Arbeitslosen gesucht. Arbeitslosigkeit wurde als Problem von mangelhaften Anreizen und mangelnder Qualifikation aufgefasst (Torfing 1999; Goul Andersen 2001; Schulze 2011). Zu diesem Umdenken – auch in den Reihen der Gewerkschaften und der Sozialdemokraten – trugen auch von der Regierung eingesetzte Kommissionen Anfang der 1990er bei, die zu dem Ergebnis kamen, dass man der hohen strukturellen Arbeitslosigkeit nur durch strukturelle Reformen Herr werden könne. Wichtigster Eckpunkt für die politische Diskussion war die Zeuthen Kommission, die die Einführung von Aktivierungsplänen empfahl. Eine andere Kommission setzte sich mit der hohen Jugendarbeitslosigkeit auseinander. Konsens in Parteien und bei den Tarifpartnern war, dass Aktivierung gestärkt werden müsse – auch wenn es über das *wie* der Aktivierung Differenzen gab (so hielten z. B. die Arbeitgeber lange Laufzeiten von Arbeitslosenversicherungsleistungen für problematisch und bei gelungener Aktivierung für überflüssig).

Aktivierende Arbeitsmarktpolitik hat in Dänemark wie bereits angemerkt eine lange Tradition und wurde nicht plötzlich entdeckt oder gar erfunden. Vielmehr sah man sich vor dem Hintergrund der gravierenden Beschäftigungskrise, die mit einer Arbeitslosenquote von zeitweise über 12 % 1993 ihren Höhepunkt erreichte, genötigt, bereits bestehende Aktivierungselemente weiter zu stärken (Schwartz 2001; Lykketoft 2009; Schulze 2011). Diese bereits Anfang der 1990er Jahre bestehenden Elemente sind fast ausschließlich der fördernden aktiven Arbeitsmarktpolitik zuzurechnen. Ihren Anfang nahm die Aktivierungspolitik *vor* den 1990ern – genauer gesagt in den 1950ern. 1949 bis 1959 erarbeitete eine Arbeitsmarktkommission Reformvorschläge für eine modernere Arbeitsmarktpolitik. Es wurden berufliche Bildungsprogramme für ungelernte (1960) und gelernte Arbeiter (1965) eingeführt. (Jørgensen 2002, S. 172; Schulze 2011, S. 70). Nachdem sich die Hoffnung auf Vollbeschäftigung spätestens seit den späten 1970ern als zu optimistisch erwies, gab es in den 1980ern darüber hinaus auch staatliche Programme zur Arbeitsplatzbeschaffung, die von den Gewerkschaften begrüßt und sogar mitverwaltet wurden (Jørgensen 2002, S. 172; Schulze 2011, S. 70).

Fordernde Elemente gab es dagegen vor 1990 noch kaum. Bis in den frühen 1990ern die Daumenschrauben angezogen wurden, konnte man in kaum einem anderen Land so lange so weitgehend unbehelligt von jedwedem staatlichem Zwang Arbeitslosengeld beziehen. Auf dem Höhepunkt waren es 8,5 Jahre, und

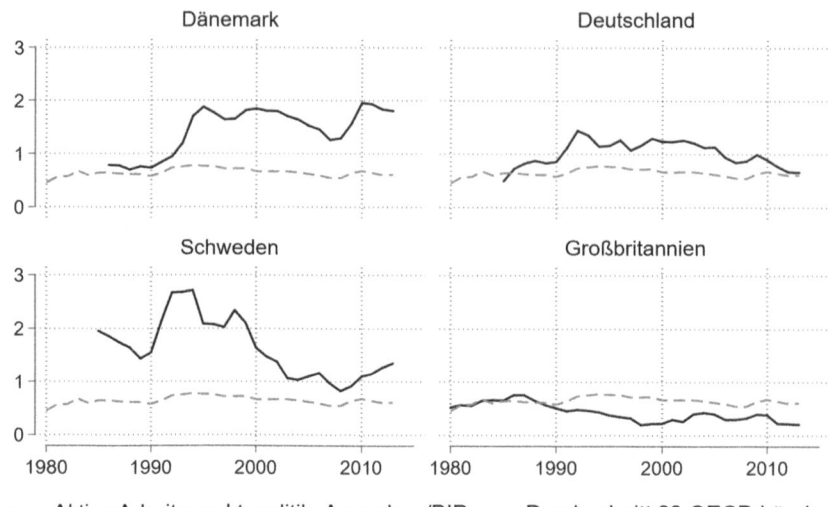

Abb. 3.15 Ausgaben für aktive Arbeitsmarktspolitik. (Quelle: Armingeon et al. 2017, Variable almp_pmp)

das bei deutlich höheren Lohnersatzraten. Da eine Erneuerung des Anspruchs auf Arbeitslosengeld *(Requalifikation)* möglich war, kann man von einer (wenn auch politisch nicht intendierten) Annäherung an ein bedingungsloses Grundeinkommen sprechen. Diesen Ausgangspunkt – also eine sehr weitgehende Dekommodifizierung in einem Wohlfahrtsstaat, der nur mit hoher Erwerbsquote finanzierbar ist – muss man im Hinterkopf haben, wenn man von einem Paradigmenwechsel in den frühen 1990ern spricht.

In den 1990ern hat Aktivierung – also Qualifikation und Integration in den Arbeitsmarkt – durch einen sehr hohen finanziellen und personellen Aufwand für Beratung und Weiterbildung eine neue Qualität erreicht[5]. Diese fördernde Aktivierung wurde von Leistungskürzungen und strengeren Zumutbarkeitsregeln flankiert.

Schauen wir uns zuerst die Ausgaben für Aktivierung an. Abb. 3.15 zeigt, welchen Anteil des BIPs unsere vier Vergleichsländer und die OECD als Ganzes

---

[5]Wie in Deutschland und vielen anderen kontinentaleuropäischen Ländern gab es außerdem auch in den 1990ern in Dänemark eine Deaktivierung: Ältere Arbeitnehmer und Arbeitssuchende wurden ermutigt, in Frührente zu gehen – und mittels Arbeitslosenversicherung die Zeit bis zur (Früh-)Rente zu überbrücken.

3.3 Flexicurity: Flexibler Arbeitsmarkt, Aktivierung und Absicherung

seit 1980 für aktive Arbeitsmarktpolitik ausgegeben haben. Für diesen Indikator hat sich das Kürzel ALMP *(Active Labor Market Policy)* durchgesetzt. ALMP-Ausgaben in Dänemark lagen in den 1980ern noch unter 1 % des BIPs und damit in etwa auf deutschem und britischem Niveau und nur knapp über dem OECD-Durchschnitt. Seit der Verdopplung der Anstrengungen auf 2 % des BIP Anfang und Mitte der 1990er gibt Dänemark einen doppelt so hohen Anteil des BIPs für ALMP aus wie der OECD-Durchschnitt. Deutlich wird auch, dass Schweden ursprünglich Vorreiter hinsichtlich ALMP war (2 % schon in den 1980ern), seit den 1990ern aber weniger stark auf ALMP setzt. Der Blick auf die schwedischen Ausgaben macht auch deutlich, dass der gezeigte ALMP Indikator (ALMP Ausgaben geteilt durch das BIP) in schweren wirtschaftlichen Krisen, wie in Schweden Anfang der 1990er, nicht nur politische Entscheidungen widerspiegelt. Vielmehr wird der Anteil der ALMP am BIP größer, wenn die Wirtschaftsleistung (das BIP) schrumpft oder in Krisen die Nachfrage nach Vermittlung und beruflicher Weiterbildung stark steigt. Das wird auch klar, wenn man sich nur die Ausgabenanteile für berufliche Bildung statt für ALMP insgesamt anschaut (Abb. 3.16). Zwar gibt es auch gemäß diesem Indikator einen Zusammenhang mit der wirtschaftlichen Entwicklung, aber auch hier wendet Dänemark ungeachtet dieser Fluktuationen durchweg ein Vielfaches der drei Vergleichsländer und des

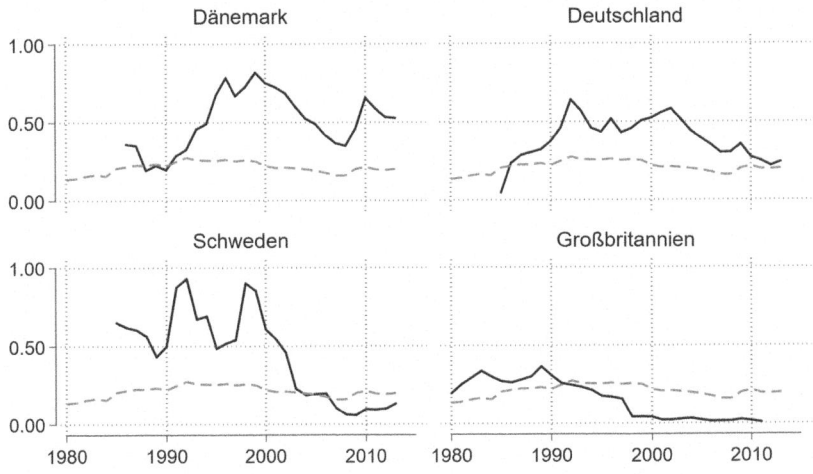

Abb. 3.16 Ausgaben für Qualifikation von Arbeitslosen. (Quelle: Armingeon et al. 2017, Variable training_pmp)

OECD-Durchschnitts dafür auf, Arbeitssuchende beruflich zu qualifizieren. Es fällt auf, dass die Mitte-Rechts-Regierung unter Führung der Liberalen (Venstre) seit 2001 temporär die hohen Aufwendungen für Aktivierung etwas zurückgefahren hat (Förster et al. 2014, S. 53). Insgesamt zeigen die abgebildeten Ausgaben und der Aufwärtstrend nach dem krisenbedingten Zwischentief 2008 aber, dass Dänemark weiter einen vergleichsweise sehr hohen personellen und finanziellen Aufwand für die möglichst erfolgreiche Aktivierung arbeitsloser Menschen betreibt; im Einklang mit den Grundideen hinter Flexicurity.

Die Stärkung des fördernden Elements aktiver Arbeitsmarktpolitik wurde seit 1993 durch Maßnahmen und Änderungen flankiert, die sich in zwei Kategorien einteilen lassen. Erstens Kürzungen der Leistungen, der Leistungsbezugsdauer und eine Verlängerung der zum Leistungsbezug nötigen Versicherungszeit. Dieser Aspekt wird ausführlicher unter Abschn. 4.4 und im nächsten Abschnitt dargestellt. Die sozialdemokratisch geführte Regierung unter Nyroup Rasmussen von 1993 bis 2001 nahm erste Kürzungen vor, insgesamt vier Welfare to Work Reformen. Die Mitte-Rechts-Regierung der Liberalen von 2001 bis 2011 initiierte nach der oben geschilderten erfolgreichen Schwächung der Gewerkschaften (insbesondere des Dachverbandes LO) weitergehende Kürzungen der Arbeitslosensicherung. Zweitens wurden verschieden Sanktionen bei Nichtkooperation mit den Arbeitsvermittlern eingeführt und die Zumutbarkeitsregeln verschärft. Zum Bsp. zählt Dänemark Stand 2017 zu den Ländern mit den höchsten Mobilitätserwartungen an Arbeitslose. Eine Pendeldauer von zwei Stunden pro Strecke (also vier Stunden je Tag) wird nun als zumutbar betrachtet.

Die wichtigsten Änderungen können wie folgt zusammengefasst werden (für Details zu den Änderungen siehe Green-Pedersen 2002, S. 71–73; Schulze 2011, S. 184–187; Jensen 2014, S. 102–111):

- 1994: Arbeitslosengeldbezugsdauer auf sieben Jahre gesenkt, vier davon passiv, dann folgt Aktivierungsphase.
- 1996: Fünft statt sieben Jahre Bezugsdauer, passive Periode vor Aktivierung nur noch drei Jahre, junge Arbeitslose müssen schon nach sechs Monaten an Weiterbildungen und Qualifikation teilnehmen, nach 6 Monaten müssen Arbeitslose jede Stelle annehmen, die eine Pendelzeit von vier Stunden nicht überschreitet.
- 1998: Recht und Pflicht zur Teilnahme an Aktivierung wird auf Sozialhilfeempfänger ausgeweitet
- 1999: Vier Jahre Bezugsdauer, Aktivierung schon nach einem Jahr, nach drei Monaten müssen angemessene Angebote angenommen werden, Frühverrentung ist mit 62 Jahren und 91 % Lohnersatzleistung möglich.

- 2002: Unter der Überschrift „Mehr Menschen in Arbeit" werden die Kontrollen und Sanktionen für Arbeitslose und Sozialhilfeempfänger verschärft (zum Beispiel bei Nichteinhaltung des job plans), angemessene Arbeit muss vom ersten Tag der Erwerbslosigkeit an angenommen werden.
- 2006: Bislang nicht strikt angewandte Regeln werden nun angewandt, quartalsweise Überprüfung, ob Arbeitslose ihrer Verpflichtung zur Arbeitssuche nachkommen; Aktivierung beginnt nach neun Monaten
- 2009: Arbeitslose sind nun verpflichtet, vier Bewerbungen pro Woche zu verfassen, weiterhin Überprüfung der Ernsthaftigkeit und Motivation der Arbeitslosen, eine neue Stelle zu finden.
- 2010: Zwei Jahre Bezugsdauer von Arbeitslosengeld (2009 war Regierung mit dieser Senkung gescheitert).

3.3.3 Sicherheit

Sicherheit im Falle von Arbeitslosigkeit ist die dritte Säule von Flexicurity. Allerdings wird und wurde dieser (namensgebende) Aspekt der Sicherheit beziehungsweise Security in Flexicurity immer weiter geschwächt. Die Privatisierung von Arbeitsmarktrisiken wird in Abschn. 4.4 noch gesondert und ausführlicher diskutiert. Die sukzessive Kürzung der ursprünglich in vergleichender Perspektive extrem generösen Bezugszeiten für Arbeitslosengeld und der Wandel von fördernder zu fordernder Aktivierung wurde im letzten Abschnitt dargelegt. Da die fortschreitenden Kürzungen der Leistungshöhe im Fall von Arbeitslosigkeit an einem der Grundpfeiler von Flexicurity rütteln und auch eine Aushöhlung des ursprünglichen Kompromisses zwischen Arbeitnehmern und Arbeitgebern darstellt, kann darüber aber auch hier nicht hinweggegangen werden. Abb. 3.17 zeigt die Lohnbeziehungsweise Einkommensersatzraten im Falle von Arbeitslosigkeit für drei unterschiedliche Einkommensgruppen (Basis sind Berechnungen von Jahn 2017; Scruggs et al. 2014): niedrig/unterdurchschnittlich, mittel/durchschnittlich, hoch/überdurchschnittlich. Die ersten drei Spalten zeigen für diese drei Einkommensgruppen an, welcher Anteil des vorigen Lohns bei Arbeitsplatzverlust Stand 2010 ersetzt wird. Leider liegen diese Daten nur bis 2010 in ländervergleichender Form vor. Wohlgemerkt gelten diese Ersatzraten in Dänemark nur, sofern auch eine Versicherung bei einer A-Kasse *(Arbejdsløshedskasse)* für mindestens 12 Monate vorlag. Die letzten drei Spalten in Abb. 3.17 geben Auskunft über die Veränderung der Lohnersatzrate seit dem Jahr 1980. Eine gewisse visuelle und im Hinblick auf die angegebenen Durchschnittswerte auch mathematische Verzerrung ergibt sich aus dem nachholenden Wachstum südeuropäischer Länder wie

	Lohnersatzrate Arbeitslosigkeit im Jahr 2010			Veränderung Lohnersatzrate 1980 bis 2010		
Einkommen:	Niedrig	Mittel	Hoch	Niedrig	Mittel	Hoch
Australien	37,8	31,5	31,4	-11,0	-10,2	0,2
Österreich	68,2	64,6	61,6	-7,1	-8,2	9,8
Belgien	90,7	71,3	61,9	15,1	9,2	11,8
Kanada	71,6	63,4	50,2	-0,3	-0,7	-1,6
Dänemark	96,4	62,8	51,2	4,0	-24,2	-22,0
Finnland	77,1	68,4	62,1	4,7	36,8	41,4
Frankreich	75,1	65,4	65,8	30,0	22,6	42,7
Deutschland	72,3	68,4	65,4	-7,6	-4,8	-12,9
Griechenland	63,1	62,4	68,1	1,1	3,0	6,1
Irland	82,1	61,2	46,8	1,2	-13,9	-21,5
Italien	79,6	65,7	51,4	87,5	99,6	26,6
Japan	82,3	60,6	51,3	4,6	-4,1	-13,9
Niederlande	84,0	85,6	67,9	-5,0	-2,7	-18,8
Neuseeland	62,3	44,1	36,6	-16,4	-23,3	-11,1
Norwegen	80,0	76,3	70,4	-1,7	0,2	-16,1
Portugal	112,6	82,7	89,8	13,5	20,9	68,3
Spanien	81,8	77,6	66,1	-11,6	-16,3	-30,0
Schweden	87,6	68,1	54,2	-6,4	-18,4	-24,2
Schweiz	88,0	83,2	78,6	14,0	8,0	21,7
Großbritannien	51,7	40,7	34,0	-30,6	-30,2	-25,6
USA	73,7	66,0	52,5	-1,3	-9,0	-17,1
Durchschnitt	77,0	65,2	58,0	2,0	-1,9	-2,8

Abb. 3.17 Lohnersatzraten nach Einkommen, 1980 und 2010. (Quelle: Jahn 2017)

Italien, die später als andere OECD-Länder formale Arbeitslosenversicherungen auf nationaler Ebene institutionalisiert und ausgebaut haben. Ließe man Italien und Portugal außen vor, ergäbe sich eine deutlich negativere Entwicklung seit 1980. Betrachtet man nun die Daten für Dänemark vor dem Hintergrund unserer drei Vergleichsländer (Schweden, Deutschland, Großbritannien) und der OECD als Ganzes, lässt sich im Hinblick auf den Lohnersatz Folgendes konstatieren:

- Für Geringverdiener ergibt sich in 2010 netto ein Einkommensersatz von über 90 % des Lohns. Damit nimmt Dänemark für diese Einkommensgruppe unter den etablierten Wohlfahrtsstaaten eine Spitzenposition ein und liegt deutlich über dem Durchschnitt von 21 OECD-Ländern (77 %) und über den Werten unserer Vergleichsländer (77,3 % Deutschland, 87,6 % Schweden, 51,7 % Großbritannien).
- Mit 63 % für Durchschnittsverdiener und 51 % für Vielverdiener fallen die Nettoersatzraten für diese Gruppen weitaus bescheidener aus, was sich aus den bereits angesprochenen Maximalbeträgen ergibt. Beide Werte liegen noch unter den OECD-Durchschnittswerten (65 % und 58 %), in die z. B. auch die sehr niedrigen Werte Großbritanniens eingehen. Das Dänemark bei den mittleren und hohen Einkommen mittlerweile unter dem OECD-Durchschnitt liegt,

ist umso bemerkenswerter, wenn man bedenkt, dass es in einigen der für den Durchschnitt berücksichtigten Länder (Neuseeland, Australien) keine Trennung von Arbeitslosenversicherung und Sozialhilfe gibt und die Ersatzraten dementsprechend niedrig ausfallen.

- Wie im OECD-Trend hat sich in Dänemark seit 1980 die Ersatzrate der unteren Einkommensgruppen erhöht (+4 Prozentpunkte), während die Ersatzraten für mittlere und höhere Einkommen gesunken sind. In Dänemark ist das Folge von Kürzungen und nicht erfolgten Anpassungen der Maximalbeträge an steigende Löhne und Preise. Allerdings sind diese Verschiebungen mit einem Minus von 24 und 22 Prozentpunkten in Dänemark viel dramatischer als in der OECD als Ganzes. Nur in Großbritannien sind im Zuge des Thatcherismus die Ersatzraten noch stärker abgesenkt worden; dort allerdings über alle Einkommensgruppen hinweg. Auch hier waren ausbleibende Indizierungen eine wichtige Triebfeder.
- Niedrigere Einkommensgruppen sind in Dänemark also tatsächlich gut abgesichert, mittlere und höhere Einkommen eher nicht mehr. Es geht also in Dänemark nicht um die Erhaltung von Statusdifferenzen; wie z. B. in Deutschland. Die Arbeitslosenversicherung trägt insofern auch zur egalitären Ausrichtung des Wohlfahrtsstaates bei (Jahn 2017). Allerdings sollte man auch bedenken, dass kaum jemand in der sehr stark komprimierten beziehungsweise nivellierten Einkommensverteilung in Dänemark überhaupt in diese untere Einkommensgruppe fällt. Die (bei Jahn 2017) der Modellierung zugrunde liegenden 50 % des Durchschnittslohns betreffen in vielen Ländern weite Teile der Bevölkerung. In Dänemark aber entsprechen 50 % auf Grundlage der OECD-Zahlen von 2017 (Monatslohn: 4382 US$, 3561 €, 26.522 DKK) umgerechnet 1780 € *vor* Steuern und Abgaben – eine Bruttosumme, für die in Dänemark nur wenige Menschen arbeiten beziehungsweise arbeiten gehen würden. Die maximalen Versicherungsleistungen betragen 2017 ca. 19.000 DKK brutto. Will man mehr, gibt es wie dies auch in Schweden mittlerweile verbreitet ist die Möglichkeit, sich zusätzlich privat zu versichern. Diese Option wird von den A-Kassen beworben.

Diese Zahlen dokumentieren, dass die aus Arbeitnehmersicht vielleicht wichtigste Säule von Flexicurity, die gute finanzielle Absicherung bei Arbeitslosigkeit, zusehends ins Wanken geraten ist. Die Absicherung ist zwar nicht dramatisch schlechter als in den Vergleichsländern oder niedriger als in der OECD als Ganzes. Auch könnte man argumentieren, dass sich die Sicherheit aus den schnelleren Vermittlungszeiten in neue Jobs ergibt (siehe nächster Abschnitt). Die Absicherung im engeren Sinne (Lohnersatz) kann aber weder im Vergleich mit früheren dänischen Werten, noch im Vergleich mit der OECD als besonders gut oder generös bezeichnet werden. Dafür fehlt schlicht die empirische Basis. Führt man sich dann noch vor Augen, dass die Lebenshaltungskosten in Dänemark deutlich über den deutschen liegen und in Dänemark viele Mitglieder der sehr breiten Mittelschicht sehr langfristige Kredite für Immobilien bedienen müssen/wollen (daher die rekordverdächtige Privatverschuldung), ist auch die verbleibende Bezugszeit von zwei Jahren fast sekundär. Eine Absicherung eines Mittelklasselebensstandards erscheint so nur noch bedingt möglich. Das ist auch deshalb wichtig, weil die Theoretiker des universalen Wohlfahrtsstaates seit jeher glaub(t)en, dass dieser ohne ein Minimum an Stigmatisierung und ein Maximum an Generosität und Qualität an Zuspruch und Unterstützung verliert, weil die Mittelschicht sich sonst dem Markt und privaten Lösungen zuwendet. Zum jetzigen Zeitpunkt kann noch nicht seriös bewertet werden kann, inwiefern es tatsächlich zu solchen opt-outs, Entsolidarisierung und einem Rückgang der wohlfahrtsstaatlichen Unterstützung gekommen ist. Ungeachtet dieser möglichen langfristigen Auswirkungen der Schwächung des Sicherheitsaspektes in Flexicurity (auf den dänischen Universalismus) wurden die mit den Arbeitsmarktreformen verfolgten Ziele jedoch erreicht. Dies wird im nächsten Abschnitt zur Kontinuität des kompetitiven Egalitarismus deutlich.

3.4 Outcomes: Kontinuität des kompetitiven dänischen Egalitarismus

Der Abschnitt zeigt auf, inwiefern die für das dänische Selbstverständnis so prägende Verbindung von ökonomischer Performanz und Egalität Bestand hat. Zunächst geht der Blick auf die Entwicklung einer Reihe von Ungleichheits- und Gleichheitsmaßen, die ländervergleichend diskutiert werden. Dabei wird deutlich, dass es nicht nur in puncto Einkommensungleichheit vor und nach Steuern und Transfers, sondern auch im Hinblick auf Chancengleichheit und die soziale Mobilität kaum ein egalitäreres Land gibt als Dänemark. Für Nichtdänen, Dänen mit Migrationshintergrund und einige junge Dänen ist der dänische Egalitarismus aber auch ein zweischneidiges Schwert. Der Verzicht auf einen Ungleichheit-verstärkenden Niedriglohnsektor und ein wenig dualisierter Arbeitsmarkt wirken zwar egalisierend, erhöhen aber auch die Eintrittshürden in den Arbeitsmarkt für diese Gruppen. Mit Blick auf die Langzeitarbeitslosigkeit zeigt sich klar, dass das ursprüngliche beschäftigungspolitische Hauptziel von Flexicurity erreicht wurde. Aber wie ist es um die Anpassungsfähigkeit, Dynamik und Wettbewerbsfähigkeit der dänischen Wirtschaft bestellt? Trotz der bereits dargestellten hohen Steuer- und Abgabenlast deutet alles darauf hin, dass der vielfach befürchtete Kollaps des Dänischen Modells mit seinem immer noch enorm

3.4 Outcomes: Kontinuität des kompetitiven dänischen Egalitarismus

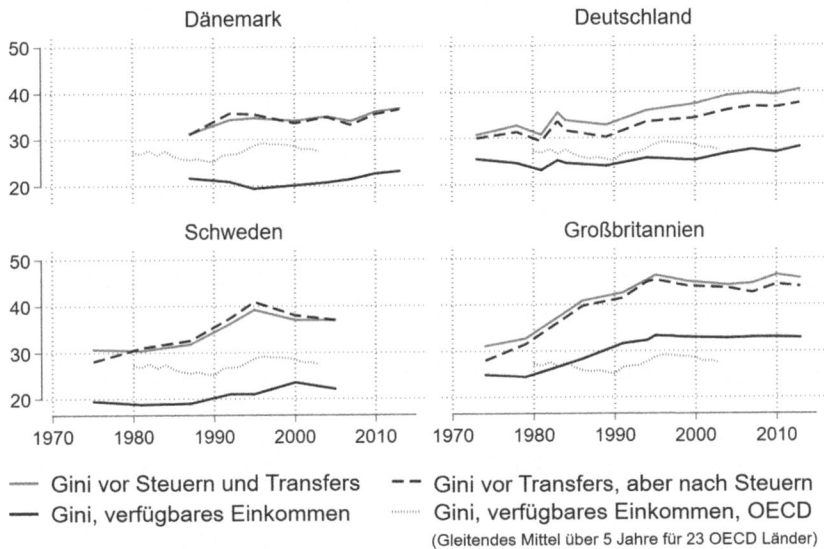

Abb. 3.18 Ungleichheit, Markt- und Haushaltseinkommen. (Quelle: Armingeon et al. 2017, Variablen prefisc_gini, pretran_gini, postfisc_gini)

großen öffentlichen Sektor ausbleiben wird. Anknüpfend an die bereits erfolgte Darstellung der Entwicklung der Arbeitslosigkeit und des Wachstums geht es vor allem um die Innovations- und Wettbewerbsfähigkeit Dänemarks im 21. Jahrhundert. Insgesamt kann trotz einiger Herausforderungen und Probleme vor dem Hintergrund der hier dargestellten Entwicklungen von einer Kontinuität des kompetitiven Egalitarismus gesprochen werden.

Betrachten wir zunächst die Entwicklung der ökonomischen Ungleichheit. Dies geschieht wie üblich anhand der Einkommensverteilung auf Grundlage der Luxemburg Income Studies. Leider liegen für die Verteilung von Wohlstand nur sehr krude Daten vor, die nur bedingt über Zeit und Länder hinweg vergleichbar sind. Die in Abb. 3.18 (auf Basis von Armingeon et al. 2017) dargestellten Gini-Koeffizienten sind neben Verhältniszahlen für bestimmte Einkommensgruppen[6] der gängige Indikator für Einkommensungleichheit. Ein Wert von 1 zeigt höchstmögliche Ungleichheit an – das gesamte Einkommen würde auf eine

---

[6]Man denke an das durch *Occupy Wall Street* popularisierte „eine Prozent" der höchsten Einkommen im Gegensatz zu den verbleibenden 99 %; oder das Verhältnis zwischen Mediangehalt und anderen Gruppen.

Person entfallen. Ein Wert von 0 zeigt eine Gleichverteilung der Einkommen an – alle haben gleich viel Einkommen. Je höher also der Gini-Koeffizient, desto höher die Ungleichheit der Einkommen. Vorsicht bei der Interpretation ist jedoch insofern geboten, als dass der gleiche Gini-Koeffizient unterschiedliche Strukturen von Ungleichheit widerspiegeln kann (für Darstellung und Kritik des Ginis als Konzentrationsmaß: Wagschal 1999, S. 130–135).

Bei der Betrachtung des Gini-Koeffizienten gilt es zu unterscheiden, ob es sich um die Ungleichheit der Markteinkommen, also Ungleichheit vor Steuern und Transfers, oder die Ungleichheit des verfügbaren Einkommens nach Steuern und Transfers handelt[7]. Wenn in der Literatur nicht qualifiziert wird, was gemeint ist, dann ist zumeist der Gini gemeint, der vorliegt, nachdem der Staat durch Besteuerung und Transfers die Ungleichheit der Markteinkommen etwas abgemildert hat. Diese Einkommensungleichheit nach Steuern und Transfers ist in Abb. 3.18 als durchgezogene schwarze Linie dargestellt. Die Ungleichheit der Markteinkommen ist als graue Linie dargestellt. Sowohl die Marktlöhne als auch die Posttransfereinkommen sind in Dänemark nach wie vor deutlich gleicher verteilt als in Deutschland und besonders Großbritannien. Sind es im Vergleich zu Großbritannien vor allem die gleicheren Markteinkommen, die den Unterschied machen, ergeben sich die Unterschiede im Vergleich zu Deutschland aus gleicheren Marktlöhnen und stärkerer Nivellierung durch staatliche Transfers. Seit den 1990ern lässt sich ein leichter Anstieg der Ungleichheit in Dänemark beobachten. Interessant ist auch der Vergleich mit Schweden, das für viele nach wie vor der Inbegriff eines egalitären Landes ist. Ähnlichkeiten sind insofern nicht überraschend, als dass eine deutliche Beschränkung von materieller Ungleichheit immer ein Ziel aller skandinavischen Arbeiterbewegungen war (Brandahl et al. 2013, S. 79). Diese war in Schweden noch etwas stärker als in Dänemark und geriet erst Ende der 1980er unter starken makroökonomischen und politischen Anpassungsdruck (Horn 2017, S. 229–237). Entsprechend war Schweden bis Anfang der 1990er sogar noch ein bisschen egalitärer als Dänemark (wenn man die Konzentration von Vermögen, die in Schweden mit seinen alten Industriefamilien höher ist, einmal außen vorlässt). Im Zuge der schweren Wirtschafts- und Finanzkrise Anfang der 1990er und in Folge der legislativen Krisenreaktion rechter und sozialdemokratischer Regierungen stieg die Einkommensungleichheit in Schweden an. Da dies nur partiell rückgängig gemacht

---

[7]Auch das Bruttomarkteinkommen ist durch staatliche Regulierung zumindest beeinflusst. Man denke an Mindestlöhne oder Obergrenzen für Managergehälter. Man spricht hier daher auch von „Pre-distribution".

3.4 Outcomes: Kontinuität des kompetitiven dänischen Egalitarismus

werden konnte, ist Dänemark mittlerweile (2015) das Land mit dem niedrigsten Gini-Koeffizienten (Abb. 3.19). Da die Berechnung von Armut relativ ist und sich am Medianeinkommen (Standardkriterium für relative Armut ist weniger als 50 % des Medianeinkommens zur Verfügung zu haben) bemisst, ist es angesichts der komprimierten Lohnverteilung nicht überraschend, dass Dänemark gemäß der OECD (OECD Online Datenbank 2017 und Pensions at a Glance 2017) gleich nach Island die niedrigsten (relativen) Armutsquoten aufweist (Stand 2014: 6 % der Bevölkerung, Deutschland 10 %, Schweden 9 %, Großbritannien 10 %, OECD 12 %). Kinderarmut und Altersarmut sind mit etwas über 3 % in Dänemark besonders selten. Im OECD-Durchschnitt gibt es dagegen 14 % Kinderarmut und 12,5 % Altersarmut.

Besonders interessant ist nun angesichts dieser egalitären Ausrichtung, wie sich die materielle Ungleichheit beziehungsweise Gleichheit zur sozialen Mobilität verhält. Man könnte auch von Chancengleichheit oder Chancengerechtigkeit sprechen. Schließlich würden es viele Menschen wenig plausibel oder zumindest problematisch finden, von einem dänischen Egalitarismus zu sprechen in gänzlicher Abwesenheit von Chancengleichheit und sozialer Mobilität. Auch ist gerade in liberalen Wohlfahrtsstaaten wie den USA die Idee populär, dass materielle

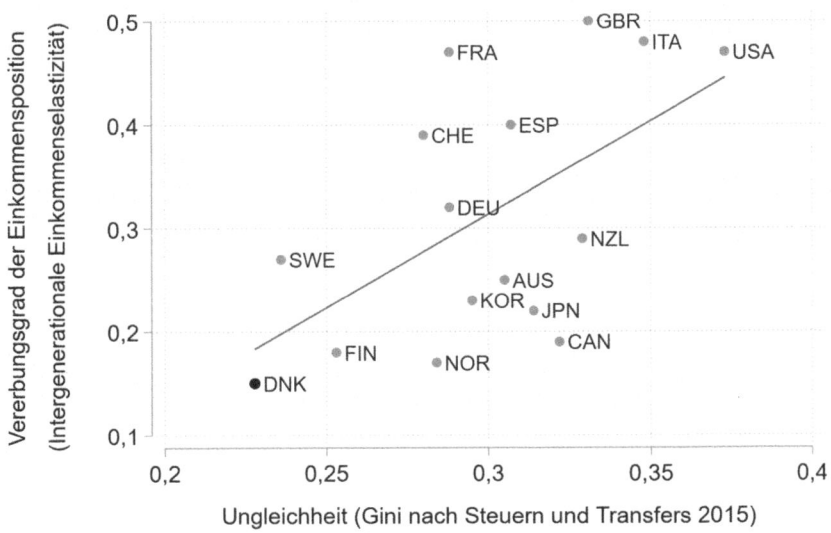

Abb. 3.19 Great Gatsby Kurve (soziale Mobilität und Ungleichheit). (Quelle: OECD 2015)

Ungleichheit eine wichtige Triebfeder für Unternehmertum und den Willen zum sozialen Aufstieg ist. Abb. 3.19 zeigt die nach dem Roman von F.S. Fitzgerald benannte *Great Gatsby Kurve* (Jensen und van Kersbergen 2017). Damit meint man den positiven Zusammenhang zwischen Einkommensungleichheit (in der Abbildung konkret den Gini-Koeffizienten nach Steuern und Transfers) einerseits und dem Vererbungsgrad der Einkommensposition der Eltern (beziehungsweise der intergenerationalen Einkommenselastizität) andererseits. Vereinfacht gesagt geht es bei der Great Gatsby Kurve darum, darzustellen, wie realistisch der oft als solcher apostrophierte amerikanische Traum vom sozialen Aufstieg tatsächlich ist und ob und wie dies mit der materiellen Ungleichheit zusammenhängt. Ironischerweise ist es kaum irgendwo so schwer, es vom Tellerwäscher zum Millionär zu bringen wie in den äußerst ungleichen USA, da dort der Vererbungsgrad des elterlichen Einkommens hoch ist. Im Gegensatz dazu ist die soziale Mobilität nirgends in der OECD so ausgeprägt wie im auch gemäß den Einkommen sehr egalitären Dänemark. Auch in unseren drei Vergleichsländern Schweden, Deutschland, und besonders in Großbritannien ist der Vererbungsgrad der Einkommensposition viel höher; soziale Mobilität also geringer.

Allerdings hat die politisch gewollte starke Einkommenskompression neben der egalisierenden auch einen exkludierenden Effekt. Schon Daten aus den 1990ern deuteten darauf hin, dass es Geringqualifizierte und Menschen mit anderem ethnischen Hintergrund schwerer haben einen Arbeitsplatz zu finden, als dies in der OECD als Ganzes der Fall ist (Lundvall 2002, S. 198). 20 Jahre später moniert die OECD in ihren *Economic Surveys* dieses Problem immer noch und sieht die Begründung in den Einstritts- und Anstellungshürden durch hohe sektorale Mindestlöhne. Das zeigen auch die vergleichenden OECD (*Indicators*) Daten in Abb. 3.20 Während die Arbeitslosenquote mit 5,4 % in Dänemark unter dem OECD-Durchschnitt liegt, ist die Quote für Arbeitsuchende unter 25 Jahre und nicht in Dänemark geborene Menschen mehr als doppelt so hoch. Besonders die

	Arbeitslosenquote	Anteil derer, die mindestens ein Jahr arbeitslos	Jugendarbeitslosigkeit/Arbeitslosenquote 15-24 Jahre	Arbeitslosenquote unter den nicht im Land Geborenen	Anteil mit max. drei Monaten Arbeitslosigkeit
Dänemark	5,4	22,5	11,2	11,4	44,5
Deutschland	3,8	41,2	7	6,8	29,3
Schweden	6,6	16,8	17,9	15,9	48
Großbritannien	4,2	27,2	12,1	5,5	44,3
OECD Durchschnitt	5,7	30,5	13	10,7	39,3
OECD Indikator Jahr	2017	2016	2016	2016	2016

Abb. 3.20 Arbeitslosigkeit nach Gruppen und Dauer

3.4 Outcomes: Kontinuität des kompetitiven dänischen Egalitarismus

nicht in Dänemark Geborenen sind häufiger arbeitslos als im OECD Durchschnitt und doppelt so häufig wie in Deutschland oder Großbritannien. Dass Schweden ganz ähnliche Problem aufweist, spricht für die Interpretation der OECD, dass die durch das Lohnniveau definierten Eintrittshürden eine Ursache sind. Es ist zu vermuten, dass diese systemimmanenten Hürden in Zukunft Bestand haben werden. Dänemark und Schweden konkurrieren traditionell stark über Qualität statt über den Preis auf dem Weltmarkt und eine Fragmentierung und Dualisierung des Arbeitsmarktes (wie in Deutschland erfolgt) ist weder von den großen Parteien noch von den Gewerkschaften gewollt (Brandahl et al. 2013, S. 79).

Andererseits zeigt der Blick auf Abb. 3.20 aber auch, dass das Hauptziel von Flexicurity erreicht wurde: der Abbau der strukturellen Arbeitslosigkeit beziehungsweise die Bekämpfung von Langzeitarbeitslosigkeit (von der OECD definiert als Arbeitslosigkeit über einen Zeitraum von mindestens 12 Monaten). Seit den 1990ern ist die dänische Langzeitarbeitslosigkeit deutlich zurückgegangen und lag 2016 bei 22,5 % der Arbeitssuchenden. In Deutschland war im gleichen Jahr der Anteil der Langzeitarbeitslosen mit 41,2 % fast doppelt so hoch. Auch der Blick auf die konkrete Dauer der Arbeitssuche spricht dafür, dass das Ziel der schnellen Vermittlung in Arbeit erreicht wird. Fast die Hälfte der Suchenden schaffte es in 2016 innerhalb von drei Monaten einen neuen Job zu finden (siehe letzte Spalte, Abb. 3.20. Das ist ein höherer Anteil als im OECD-Schnitt und deutlich höher als in Deutschland, wo dies 2016 nur einem knappen Drittel der Arbeitssuchenden gelang. Allerdings ist in Schweden und Großbritannien die Quote ähnlich hoch wie in Dänemark. Kausale Schlussfolgerungen und allzu forsche Interpretationen über den Zusammenhang von Kündigungsschutz, Aktivierung, und Langzeitarbeitslosigkeit sollten also hier besser vermieden werden. Dennoch kann man konstatieren, dass das dänische Flexicurity-Modell dem eigenen Anspruch der schnellen und aktiven Vermittlung in neue Arbeitsverhältnisse durchaus gerecht wird und insofern ein Erfolg ist.

Dänemark ist also weiter ein vergleichsweise sehr egalitäres Land und das Flexicurity-Modell scheint trotz gewisser Aushöhlungserscheinungen seinen Teil dazu beizutragen, dass möglichst wenige zurückgelassen werden. Aber ist der dänische Egalitarismus und der starke dänische Staat weiterhin ökonomisch tragfähig? Der spätere Staatsminister Anders Fogh Rasmussen hatte schon 1993 in seinem programmatischen Buch „Vom Sozialstaat zum Minimalstaat" (Fra socialstat til minimalstat) die Gefahren eines Nanny-Staates aus Sicht der neoklassischen Ökonomie umrissen und radikale Steuersenkungen angemahnt, wolle Dänemark wettbewerbsfähig bleiben. Inspiriert war er von der Auseinandersetzung mit der Chicago School und der (empirisch kontroversen) Lafferkurve, der zufolge höhere Steuerquoten zu niedrigeren Steuereinnahmen führen können beziehungsweise gemäß der Steuersenkungen zu mehr Steuereinnahmen führen können. Ökonomische Ungleichheit, so Rasmussen weiter, sei eine entscheidende Quelle menschlicher Motivation und anders als Armut nicht negativ. Zwar ist die unter Anders Fogh Rasmussen ab 2001 implementierte *Steuerbremse* im Einklang mit diesen klassisch liberalen Positionen. Insgesamt waren seine Positionen in puncto Sozial- und Wirtschaftspolitik ab 2001 aber deutlich gemäßigter als in dem Buch beschrieben. Auch nach Fogh Rasmussen gab und gibt es immer wieder Zweifel daran, ob die dicke Hummel *(bumble bee)* Dänischer Wohlfahrtsstaat (so eine von dänischen Politikern wie Lars Løkke Rasmussen und Dänischen Sozialwissenschaftlern gern und oft bemühte Metapher) auch weiterhin fliegt – also fiskalisch tragfähig und ökonomisch wettbewerbsfähig bleibt. Die schon diskutierten hohen Erwerbsquoten sind diesbezüglich nicht zwingend ein guter Indikator – da der öffentliche Sektor einen fast doppelt so hohen Anteil der Arbeitskräfte bindet wie in anderen OECD-Ländern und weil wegen der sehr hohen Steuern auf Einkommen zwei Einkommen je Familie alternativloser als in anderen Ländern sind; zumindest, wenn man einen Mittelklasselebensstandard anstrebt. Wenden wir unseren Blick also spezifischeren Parametern für Innovationskraft und wirtschaftliche Wettbewerbsfähigkeit zu und schauen wie Dänemark abschneidet:

- Im sehr einflussreichen *Ease of Doing Business* Ranking der Weltbank ist Dänemark durchgängig an der Spitze. In dem Ranking geht es um die regulativen (also die behördlichen und ordnungspolitischen) Rahmenbedingungen für das Gründen und Betreiben von Firmen in dem jeweiligen Land (Weltbank 2017). Im aktuellsten Ranking (von 2017) nimmt Dänemark weltweit den dritten Platz ein und in Europa sogar Platz eins. Nur in Singapur und Neuseeland gibt es demnach ein wirtschaftsfreundlicheres Klima. Kategorien, in denen Dänemark besonders gut abschneidet sind der grenzüberschreitende Handel und Baugenehmigungen. Deutschland liegt auf Platz 20, Schweden auf Platz zehn und Großbritannien auf Platz sieben. Auch der konservative amerikanische Think Tank *Heritage Foundation* und das Magazin *Forbes* kamen in ihren jüngsten Untersuchungen zu ähnlichen Ergebnissen. Forbes führt Dänemark trotz eines Platz 12 in der Kategorie *Tax Burden* aktuell (01.02.2018) auf Platz eins der *Best Countries for Business*.
- Laut Weltbank (2013) kann man in kaum einem Land so unbürokratisch und schnell eine Firma gründen wie in Dänemark. Im Schnitt dauert dies in Dänemark sechs Tage, wohingegen sich die Gründung in den drei Vergleichsländern deutlich länger hinzieht (Deutschland 15, Schweden 16 und Großbritannien 13 Tage).

3.4 Outcomes: Kontinuität des kompetitiven dänischen Egalitarismus

- Die ebenfalls von der Weltbank (2013) erhobene sogenannte Firmenneugründungsdichte (in der Weltbank Entrepreneurship Datenbank als „business entry density" bezeichnet) ist mit 4,55 auf 1000 Einwohner höher als in Deutschland (1,35), aber geringer als in Schweden (7,17) und Großbritannien (10,41) und weist auf eine nur moderate wirtschaftliche Dynamik und unternehmerische Aktivität hin.
- Die üblichen Verdächtigen unter den makroökonomischen Parametern wie das Wirtschaftswachstum und die die Schuldenquote wurden zu Beginn dieses Kapitels bereits grafisch dargestellt und diskutiert und sollen deshalb hier nur kurz Erwähnung finden. Der dänische Staatshaushalt ist seit den 1990ern konsolidiert und Dänemark hat mit 54 % der Wirtschaftsleistung (Stand 2015) eine der niedrigsten Staatsverschuldungsquoten der Welt. Das Wirtschaftswachstum liegt im Mittel der OECD-Länder, auch wenn sich Dänemark etwas langsamer von der Krise 2007/2008 erholt als die Vergleichsländer. Die Arbeitslosigkeit liegt unter dem OECD Mittel, besonders Langzeitarbeitslosigkeit ist wenig verbreitet.
- Einzig die ungewöhnlich hohe Privatverschuldung könnte – zumindest im Falle einer neuerlichen auch durch Flexicurity nicht aufzufangenden Nachfragekrise – Anlass zur Sorge geben (laut OECD 2014 waren es 305 % des verfügbaren Einkommens). Diese ist mit den verbreiteten sehr langfristigen Krediten für Immobilien und privater Altersvorsorge verbunden und insofern nicht im engeren Sinne Konsum (Danske Bank 2017). Eine mögliche Erklärung dafür, dass die Privatverschuldung hoch ist, ist, dass die subjektive Sicherheit für Arbeiter weiter hoch ist (Danske Bank 2017). Zugespitzt könnte man sagen: Wenn also die Skeptiker Recht damit behalten, dass Flexicurity nur ein Schritt Richtung Neoliberalisierung ist (Mailand 2011), also Flexicurity ohne Security langsam zur Norm wird, haben es die Dänen entweder (noch) nicht gemerkt; beziehen dieses Sicherheitsgefühl aus familiärer Unterstützung oder der (tatsächlich) recht geringen Wahrscheinlichkeit, länger oder gar dauerhaft vom Arbeitsmarkt ausgeschlossen zu werden.
- Trotz großer finanzieller Anstrengungen im Bereich Forschung und Entwicklung *(R&D)* war Dänemark unter unseren vier Vergleichsländern lange (1991–2000) das Land mit der niedrigsten technologischen Wettbewerbsfähigkeit und lag diesbezüglich bestenfalls im Durchschnitt der reichsten OECD-Länder (Yoon et al. 2017). Zuletzt (2001–2010 und insbesondere 2005–2010) erfolgte aber eine Annäherung an Deutschland und Großbritannien (Yoon et al. 2017), sodass die Zukunftsfähigkeit der dänischen Wirtschaft, die ohnehin eine Low-bis-Mid-Tech Wirtschaft ist/war (Lundvall 2002), nicht gefährdet erscheint (mit lowtech sind z. B. Möbel oder Bekleidung gemeint). Gerade im oft als *Clean-Tech*

bezeichneten Bereich der Umwelttechnologie und der erneuerbaren Energie versucht Dänemark allerdings neuerdings Pionier zu sein beziehungsweise zu werden. Daher werden die Gewinne aus dem Verkauf von Öl und Gas sowie ehemals dänischen Öl- und Gas-Firmen in diese Bereiche reinvestiert. Der Vorwurf, dass Dänemark kein innovatives Land ist, lässt sich auch mit Blick auf die Patentstatistiken des Europäischen Patentamtes nicht aufrecht halten. Mit 377 Patenten je eine Million Einwohner lag Dänemark in Europa 2017 auf Platz 3 hinter der Schweiz und den Niederlanden. Der Biotechnologiekonzern Novozymes (193 eingereichten Patente) und das Pharmaunternehmen Novo Nordisk (144) waren 2017 die innovativsten dänischen Firmen. Mit 13,1 % Wachstum im Vergleich zum Vorjahr wies Dänemark in 2017 auch die höchste Wachstumsrate bei der Anmeldung neuer Patente in Europa auf (anders gewendet: wegen dieses Anstieges sollte man Rang 3 nicht überinterpretieren). Führende Innovatoren sind dänische Firmen z. B. in den Bereichen Biotechnologie und Umwelttechnik. Im Bereich Informationstechnologie und IT-Lösungen liegt Dänemark dagegen deutlich hinter Ländern wie Schweden oder Deutschland.

Insgesamt kann man vor dem Hintergrund dieser Indikatoren wohl kaum von einem bevorstehenden Kollaps des dänischen Wohlfahrtsstaates oder einer mangelnden Wettbewerbsfähigkeit des dänischen Egalitarismus ausgehen. Vielmehr deutet vieles – wenn auch nicht alles – auf eine klare Kontinuität des kompetitiven dänischen Egalitarismus hin. Allerdings gibt es auch Herausforderungen, die hier nicht verschwiegen wurden. Dazu gehört die schwierige Einbindung von ethnischen Nicht-Dänen in die nicht dualisierte dänische Hochlohnökonomie und die ausbaufähige technologische Wettbewerbsfähigkeit der dänischen Wirtschaft. Und das trotz der im nächsten Kapitel dokumentierten immensen Ausgaben für Social Investment im Allgemeinen und Bildung sowie Forschung und Entwicklung *(R&D)* im Besonderen.

Literatur

Andersen, Torben M., und Michael Svarer. 2007. Flexicurity – Labour market performance in Denmark. *CESifo Economic Studies* 53 (3): 389–429.
Armingeon, Klaus, Virginia Wenger, Fiona Wiedemeier, Christian Isler, Laura Knöpfel, David Weisstanner, und Sarah Engler. 2017. *Comparative political data set 1960–2015*. Bern: Institut für Politikwissenschaft, Universität Bern.
Binderkrantz, Anne Skorkjær, Peter Munk Christiansen, und Helene Helboe Petersen. 2015. Interest group access to the bureaucracy, parliament and the media. *Governance* 28 (1): 95–112.

Literatur

Brandahl, Nik, Øivind Bratberg, und Dag Einar Thorsen. 2013. *The Nordic model of social democracy*, 79. London: Palgrave Macmillan.
Christensen, Johan. 2017. *The power of economists within the state*. Stanford: Standford University Press.
Christiansen, Peter Munck, Asbjørn Sonne Nørgaard, und Niels Christian Sidenius. 2001. Dänemark. In *Verbände und Interessengruppen in den Ländern der Europäischen Union*, Hrsg. Werner Reutter, 101–128. Wiesbaden: Springer VS.
Danske Bank (Markets). 2017. Danish households are resilient. 13.02.2017, Kopenhagen.
Den Faglige Hus. 2018. https://www.detfagligehus.dk/spoergsmaal-og-svar/ophoer-af-job/maa-min-arbejdsgiver-ansaette-en-ny-i-min-stilling-naar-jeg-er-opsagt/. Zugegriffen: 8. Febr. 2018.
Jesper, Due, und Jørgen Steen Madsen. 2007. Et danske Gent systems storhed og fald. In *Arbejdsløshedsforsikringsloven 1907–2007*, Hrsg. Jesper Hartvig Pedersen und Aage Huulgaard. Kopenhagen: Arbejdsdirektoratet.
Esping-Andersen, Gøsta. 1990. *The three worlds of welfare capitalism*. Cambridge: Polity Press.
Europäische Kommission. 2017. Assessment of the 2017 convergence programme for Denmark. https://ec.europa.eu/info/sites/info/files/04_dk_cp_assessment.pdf. Zugegriffen: 1. Dez. 2017.
Förster, Christian, Josef Schmid, und Nicolas Trick. 2014. *Die nordischen Länder. Politik in Dänemark, Finnland, Norwegen und Schweden*. Wiesbaden: Springer VS.
Goul Andersen, Jørgen. 2001. From the edge of the abyss to a sustainable third way model? Unemployment and unemployment policies in Denmark 1975–2000. Working Paper, Aalborg.
Green-Pedersen, Christoffer. 2002. The Politics of Justification. Party Competition and Welfare-State Retrenchment in Denmark and the Netherlands from 1982 to 1998. Amsterdam: Amsterdam University Press.
Heggebø, Kristian. 2016. Hiring, employment, and health in Scandinavia: The Danish ‚flexicurity' model in comparative perspective. *European Societies* 18 (5): 460–486.
Hoffmann, Wolfgang. 1985. Das ist keine Tragödie. Den meisten Dänen ist es recht, wenn der Staat ein Machtwort spricht. Die Zeit, 14/1985. http://www.zeit.de/1985/14/das-ist-keine-tragoedie. Zugegriffen: 1. Nov. 2017.
Horn, Alexander. 2017. *Government ideology, economic pressure, and risk privatization. How economic worldviews shape social policy choices in times of crisis*. Amsterdam: Amsterdam University Press.
Horn, Alexander, Anthony Kevins, Carsten Jensen, und Kees van Kerbergen. 2018. How Parties (Do Not) Appeal to Social Groups in Scandinavia. Working paper, vorgestellt unter anderem auf der Jahrestagung der dänischen Vereinigung für Politikwissenschaft 2016.
Horn, Alexander, und Kees van Kersbergen. 2019. The politics of social investment in Scandinavia. In *The world politics of social investment*, Vol. II, Hrsg. Silja Häusermann, Julian Garritzmann, und Bruno Palier. Oxford: Oxford University Press.
Jahn, Detlef. 2016. Changing of the guard: Trends in corporatist arrangements in 42 highly industrialized societies from 1960 to 2010. *Socio-Economic Review* 14 (1): 47–71.
Jahn, Detlef. 2017. Distribution regimes and redistribution effects during retrenchment and crisis: A cui bono analysis of unemployment replacement rates of various income categories in 31 welfare states. *Journal of European Social Policy* (Online first 10.12.2017).

Jensen, Carsten. 2014. *The right and the welfare state*. Oxford: Oxford University Press.
Jensen, Carsten, und Kees van Kersbergen. 2017. *The politics of inequality*. London: Palgrave Macmillan.
Jørgensen, Henning. 2002. *Consensus, cooperation and conflict: The policy making process in Denmark*. Cheltenham: Elgar.
Kaspersen, Lars Bo und Ulrich Schmidt-Hansen. 2008. The state and corporatism – The role of the state in the development and reproduction fo the "Danish Model". In *Institutions and Politics. Festschrift in Honour of Ove K. Pedersen*, Hrsg. Peter Nedergaard und John L. Campbell, 341–368. Kopenhagen: DJØF.
Klitgaard, Michael Baggesen, und Asbjørn Sonne Nørgaard. 2014. Structural stress or deliberate decision. *European Journal of Political Research* 53 (2): 404–421.
Lakey, George. 2016. *Viking economics: How the Scandinavians got it right – And how we can, too*. New York: Melville House.
Lundvall, Bengt-Åke. 2002. *Innovation, growth and social cohesion. The Danish model*. Cheltenham: Elgar.
Lykketoft, Mogens. 2009. *The Danish model. A European success story*. Kopenhagen: Arbejderbevægelsens Erhvervsråd.
Madsen, Per Kongshøj. 2004. The Danish model of ‚flexicurity': Experiences and lessons. *Transfer* 10 (2): 187–207.
Madsen, Per Kongshøj. 2009. Foreword. In *Mogens Lykketoft: The Danish model. A European success story*. Kopenhagen: Arbejderbevægelsens Erhvervsråd.
Mailand, Mikkel. 2009. Perspektiven des skandinavischen Korporatismus – Dänemark und Norwegen im Vergleich. *WSI Mitteilungen* 62 (1): 17–24 (Übersetzung durch Karin Vitols).
Mailand, Mikkel. 2011. Change and continuity in Danish and Norwegian capitalism: Corporatism and beyond. In *the changing political economies of small West European countries*, Hrsg. Uwe Becker, 73–98. Amsterdam: Amsterdam University Press.
Nannestad, Peter. 2009. Das politische System Dänemarks. In: *Die politischen Systeme Westeuropas*, 4. Aufl. Hrsg. Wolfgang Ismayr, 65–106. Wiesbaden: Springer VS.
OECD. 2015. *In it together: Why less inequality benefits all*. Paris: OECD. https://doi.org/10.1787/888933207806. (19.09.2017).
OECD. 2016. *OECD economic surveys: Denmark*. OECD May 2016, Paris. www.oecd.org/eco/surveys/economic-survey-denmark.htm. Zugegriffen: 1. Febr. 2018.
Pierson, Paul. 1996. The new politics of the welfare state. *World Politics* 48 (2): 143–179.
Pierson, Paul. 1998. Irresistible forces, immovable objects: Post-industrial welfare states confront permanent austerity. *Journal of European Public Policy* 5 (4): 539–560.
Rasmussen, Lars Løkke. 2015. *Nordic solutions and challenges – A Danish perspective*. Rede, Harvard Kennedy School's Institute of Politics.
Schmidt, Manfred G. 2004. *Wörterbuch zur Politik*. Stuttgart: Kröner.
Schulze, Michaela. 2011. *Gewerkschaften im Umbau des Sozialstaates*. Wiesbaden: Springer VS.
Schwartz, Herman. 2001. The Danish miracle: Luck, pluck or stuck? *Comparative Political Studies* 34 (2): 131–155.
Scruggs, Lyle, Detlef Jahn, und Kati Kuitto. 2014. *Comparative Welfare entitlements dataset 2. Version 2017–09*. Greifswald: University of Connecticut und Universität Greifswald.

Literatur

Streeck, Wolfgang. 2014. How will capitalism end? *New Left Review* 87 (5–6).
Svalund, Jørgen, Gunilla Bergström Casinowsky, Jon Erik Dølvik, Kristina Håkansson, Anu Jarvensivu, Heidi Kervinen, Rasmus Juul Møberg, und Tatu Piirainen. 2013. Stress testing the Nordic models: Manufacturing labour adjustments during crisis. *European Journal of Industrial Relations* 19 (3): 183–200.
The Economist. 2014. Bringing home the bacon. Tiny Denmark is an agricultural superpower 04.01.2014. https://www.economist.com/news/business/21592605-tiny-denmark-agricultural-superpower-bringing-home-bacon. Zugegriffen: 1. Juli 2017.
Torfing, Jacob. 1999. Workfare with welfare: Recent reforms of the Danish welfare state. *Journal of European Social Policy* 9 (1): 5–28.
Visser, Jelle. 2016. *ICTWSS Data base. Version 5.1*. Amsterdam: Amsterdam Institute for Advanced Labour Studies (AIAS) & University of Amsterdam (September 2016).
Wagschal, Uwe. 1999. *Statistik für Politikwissenschaftler*. München: Oldenbourg.
Weishaupt, Timo J. 2011. *From the manpower revolution to the activation paradigm. Explaining institutional continuity and change in an integrating Europe*. Amsterdam: Amsterdam University Press.
Yoon, Jungsub, Yoonhwan Oh und Jeong-Dong Lee. 2017. The impact of policy consistency on technological competitiveness: A study on OECD countries. *Energy Policy* 108 (C): 425–434.

4 Der Universale Wohlfahrtsstaat unter Druck

Die Unterstützung des universalen Wohlfahrtsstaates in der Bevölkerung und den Parteien basiert darauf, dass alle – besonders die breite Mittelschicht – von guter Gesundheitsvorsorge, Bildung, Kinderbetreuung, auskömmlichen Renten und finanzieller Absicherung bei Jobverlust profitieren. Da es wenig oder kaum Bedarfsprüfung gibt, geht mit dem Bezug von Leistungen auch weniger Stigmatisierung oder Entwürdigung einher. Außerdem müssen die Leistungen so gut sein, dass sie den Ansprüchen der Mittelschicht gerecht werden. Sonst besteht die Gefahr, dass diese von staatlichen Lösungen abrückt und im Markt nach Alternativen sucht. Das Kapitel zeigt zunächst, dass Dänemark Spitzenreiter auf dem Gebiet der sozialen Investitionen ist und aller Voraussicht nach bleiben wird. Es wird aber auch deutlich, dass es bei den alten sozialen Risiken – besonders Krankheit und Arbeitslosigkeit – kein Rundum-Sorglos-Paket mehr von der Wiege bis zur Bahre gibt, sondern Risikoprivatisierung, Aktivierung, und Deuniversalisierung. Dies gilt besonders aus Sicht der breiten Mittelschicht, für die die Generosität von Ersatzleistungen deutlich gesunken ist.

4.1 Weiterhin Social Investment Pionier? Die Familien- und Bildungspolitik

Was kann denn heute die große, zentrale Forderung der Linken sein? Bewahrung des Erreichten begeistert keine Wähler. Aus meiner Sicht ist die einzige realistische Forderung, die Ausdruck einer großen, einenden linken Vision sein kann, eine massive soziale Investitionspolitik. Aber dann kommt ein Teil der Linken und sagt: Das ist neoliberal! Dort reibt sich die Linke zum Teil auch selber auf. Ein Teil der Linken denkt, dass Menschen nicht als Humankapital behandelt werden dürfen. […] In der Tat weicht dieses (Investment) Programm in zwei

Bereichen ab vom alten linken Diskurs. Einerseits setzt man nicht mehr bei der Verteilung an, sondern bei der Produktion. Zweitens handelt es sich nicht um eine Befreiung vom Arbeitsmarkt, was früher das Rezept der Linken war. Man wollte den Arbeiter befreien vom Zwang, sich zu kommodifizieren, sich zu verkaufen. Soziale Investitionspolitik unterstützt hingegen die Kommodifizierung. Das ist eine Abweichung vom kontinentalen sozialdemokratischen Modell, das ein Versicherungsmodell war. Aber das ist nicht die Sozialdemokratie an sich! Die nordische Sozialdemokratie hat immer auf Vollbeschäftigung von Männern und Frauen und auf Arbeitsmarktbeteiligung gesetzt. Es gibt keinen Widerspruch zwischen dem Wert der Arbeit und der Erwerbstätigkeit und einer sozialdemokratischen Ideologie. (Häusermann 2018).

4.1.1 Was macht Dänemark zum Sozialinvestitionsstaat?

Dänemark gilt – zu Recht – als Sozialinvestionsstaat beziehungsweise als Social Investment Policy Pionier. Wie in dem obigen Zitat angerissen, meint man mit Social Investment – auch Sozialinvestitionspolitiken oder produktive Sozialpolitik genannt – eine Sozialpolitik, die statt der Abmilderung von, oder Kompensation für, Härten wie Erwerbslosigkeit vor allem den Charakter einer Investition in die Zukunft hat. Die klassischen Beispiele dafür sind Kinderbetreuung, frühkindliche Erziehung und Bildung. Oft wird auch die (in Kap. 3 bereits diskutierte) aktive Arbeitsmarktpolitik mit einem Schwerpunkt auf Qualifikation und Vermittlung im Gegensatz zu passiven Transfers als integraler Bestandteil des dänischen Sozialinvestitionsstaates mit aufgeführt. Wesensmerkmal von Investitionen in Abgrenzung zu Konsum ist schlicht, dass man sich einen Ertrag erhofft. In diesem Fall einen Ertrag für die Gesellschaft. Der Leitgedanke von Social Investment ist – vereinfacht – Präparieren statt Reparieren (Hemerijck 2013, 2017; Garritzmann et al. 2017). Statt also auf Probleme der Postindustrialisierung nur zu reagieren und die Verlierer von Tertiarisierung, Globalisierung, Rationalisierung und Digitalisierung vor allem zu kompensieren, sollen alle Menschen auf die kognitiven und kreativen Herausforderungen der Wissensgesellschaft vorbereitet werden, wie etwa lebenslanges Lernen und Weiterbildung. Dazu gehört auch, dass Menschen befähigt werden, Arbeit und Familie gut zu vereinen.

Dem Bereich soziale Investitionen wird in der Politik und der Politikwissenschaft in den letzten Jahren immer mehr Bedeutung beigemessen. Zahlreiche internationale Organisationen und Denkfabriken wie die OECD haben sich die Popularisierung und den Ausbau von Sozialinvestitionspolitiken auf die Fahne geschrieben (Hemerijck 2013, 2017). Der Grund dafür ist, dass sozialen

Investitionen positive wirtschaftliche und gesellschaftliche Effekte zugesprochen werden. Zum Beispiel, weil gute Betreuung für Kinder und Weiterbildungsmöglichkeiten es Eltern erleichtern, gute Arbeit zu finden und in Vollzeit zu arbeiten. Das wiederum wirkt sich positiv auf die Erwerbsquote und die Steuereinnahmen aus. Oder, weil mittels guter Betreuung und frühkindlicher Bildung spätere Probleme (wie Kriminalität oder zu geringe Qualifikationen) minimiert und Chancen (Innovation) maximiert werden. Darüber hinaus gibt es teils auch die Hoffnung, dass Sozialinvestitionspolitiken den gesellschaftlichen Zusammenhalt stärken und eventuell mit zur Bekämpfung von Politikverdrossenheit und Populismus beitragen können (vgl. Häusermann 2018).

Dänemark gilt wie Skandinavien insgesamt als Vorreiter in puncto soziale Investitionen (Kuitto 2016)[1]. Betrachtet man die Ausgaben für kompensierende („compensating") sowie befähigende („capacitating") Sozialpolitik, ergibt sich in Skandinavien im Allgemeinen, und Dänemark im Besonderen, ein Verhältnis von 1:1, wohingegen dieses Sozialinvestitionsverhältnis in den liberalen Wohlfahrtsstaaten wie Großbritannien und den konservativen kontinentaleuropäischen Staaten wie Deutschland deutlich niedriger ist (Kuitto 2016). Wie in den folgenden Vergleichen für die Bereiche Familie, Kinderbetreuung und Bildung deutlich wird, haben beide Länder zwar auf einigen Politikgebieten aufgeschlossen, insgesamt besteht aber nach wie vor ein großer Vorsprung Dänemarks und Schwedens. Abschließend diskutiere ich, wie es um die politischen Überlebenschancen des Sozialinvestitionsstaates Dänemark bestellt ist und beschreibe drei Gefahren.

4.1.2 Soziale Investitionen in Familie und Betreuung

Investitionen in Familien sowie frühkindliche Betreuung und Bildung kommt in der Diskussion um soziale Investitionen eine besondere Bedeutung zu. Das hat zwei Gründe: Zum einen hat dies mit dem bereits benannten und wenig kontroversen Argument zu tun, dass durch solche Kinderbetreuungs- und Erziehungsleistungen

---

[1]Man könnte hinzufügen, dass Social Investment aus Sicht skandinavischer Politiker eher ein alter Hut als ein neues Paradigma der Sozialpolitik ist, auch, wenn die Bezeichnung und das genaue Konzept neu sind. Auch die im Folgenden präsentierten Zeitreihen zu Ausgaben für Familie, Elternzeit, Kinderbetreuung und frühkindlicher Bildung und Bildung insgesamt zeigen, dass soziale Investitionen in Dänemark schon lange Priorität genießen. Wie aus dem einleitenden Fragment aus dem empfehlenswerten Interview von Häusermann (2018) hervorgeht, wird dieses Social Investment *avant la lettre* auch von jenen anerkannt, die die Popularisierung des Konzeptes aktuell maßgeblich mit vorantreiben.

das Humankapital der Eltern besser zum Tragen kommt, da man sich statt um die Betreuung der Kinder um die Arbeit kümmern kann. Gute Betreuung wirkt sich also positiv auf die Arbeitsmarktbeteiligung, besonders von Frauen, aus. Es ließe sich natürlich darüber streiten, wie in diesem Zusammenhang Elterngeld oder Kindergeld zu kategorisieren sind. Einige Autoren halten solche Aspekte nicht für sozial investierend, sondern schlicht für Transfers (Bonoli 2013; De Deken 2014; Kuitto 2016). Andere heben eher die Anreizfunktion hervor, gerade für weniger gut situierte Eltern, und kategorisieren auch Aspekte wie einen auskömmlichen Lohnersatz in der Elternzeit oder Kindergeldtransfers insofern als soziale Investition (Häusermann 2012; Hemerijck 2013). Wieder andere Autoren nehmen die Mittelposition ein, dass man sich mit einer gewissen analytischen Unschärfe zu Frieden geben müsse, da es Sozialpolitik gibt, die kompensiert und trotzdem auch eine soziale Investition darstellt (Horn und van Kersbergen 2019).

Ein zweites Argument für die Bedeutung von (qualitativ hochwertiger) Kinderbetreuung ist, dass es heute einen Konsens darüber gibt, dass in dieser frühkindlichen Phase besonders wichtige Aspekte der kognitiven Entwicklung ablaufen. In dieser Phase ausgelassene Chancen können später daher nicht, oder kaum mehr, kompensiert werden. Die positiven ökonomischen, sozialen, und gesundheitlichen Folgen (oder eben *Returns on Investment*) von Investitionen in die frühkindliche Entwicklung und Erziehung hat vor allem der Nobelpreisträger James Heckman mit einem interdisziplinären Team von Kollegen aufgezeigt. In höherem Alter getätigte (soziale) Investitionen sind demnach im Hinblick auf die langfristigen Bildungsergebnisse weniger effizient/ertragreich, da sich das kognitive Entwicklungsfenster der Kinder schließe. Die beiden Hauptargumente sind also die Vereinbarkeit von Familie und Beruf sowie die kognitive Entwicklung.

Schauen wir also im Folgenden in ländervergleichender Perspektive auf die Entwicklung der Ausgaben für Familien insgesamt, die Ausgaben für Elternzeit (also Mütter- und Vätermonate), und die Ausgaben, die gesondert für Kinderbetreuung und frühkindliche Bildung aufgewendet werden. Natürlich gilt auch hier, dass die Ausgabenverhältnisse von den Schwankungen des BIP abhängen (wenn der Zähler stabil ist, aber der Nenner/das Bruttoinlandsprodukt wegen einer Krise schrumpft, gibt es einen Ausschlag nach oben im Ausgabenverhältnis). Auch ungeachtet dieser (ohnehin vor allem kurzfristigen) Schwankungen zeigen die ausgeprägten und langfristigen Unterschiede in den Ausgaben, dass sich die politischen Prioritäten im Sozialinvestitionsstaat Dänemark von denen der OECD-Länder und der Vergleichsländer unterscheiden:

Abb. 4.1 gibt die Ausgaben für Familien insgesamt wieder (relativ zum BIP). Dänemark wendet bereits seit den 1990er Jahren knapp 4 % der Wirtschaftsleistung für Familien und familienbezogene Leistungen auf. Damit liegt Dänemark deutlich über dem OECD-Durchschnitt, der seit 1980 von etwas unter 2 % auf

4.1 Weiterhin Social Investment Pionier? Die Familien- und Bildungspolitik

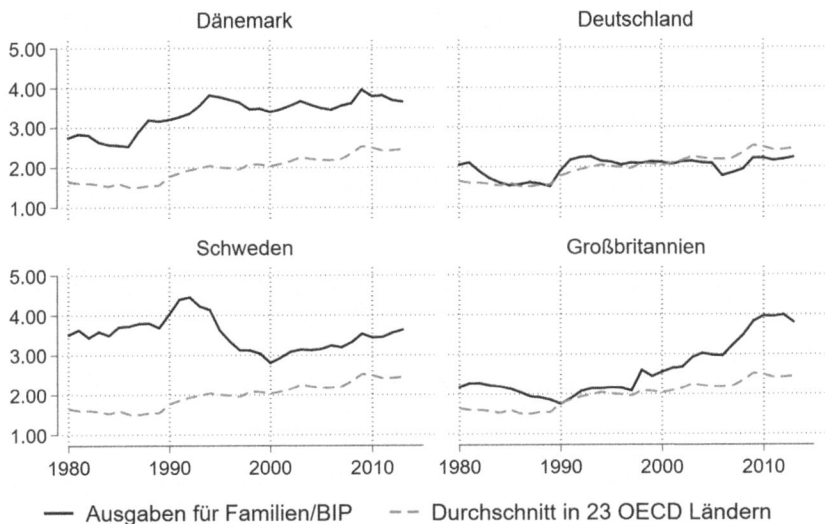

Abb. 4.1 Staatliche Ausgaben für Familien. (Quelle: Armingeon et al. 2017, Variable family_pmp)

etwas über 2 % gestiegen ist. Am Ende der Zeitreihe 2015 liegt Dänemark mit Nachbar Schweden und Großbritannien gleich auf (bei besagten 4 %). In Großbritannien hat sich nach der Regierungsübernahme von Tony Blair und New Labor 1997 der Ausgabenanteil für Familien stark erhöht. Nachzügler in Bezug auf Ausgaben für Familien ist Deutschland. Trotz eines sichtbaren Anstiegs seit dem Beginn der Kanzlerschaft von Angela Merkel 2005 und verstärkten Anstrengungen, die Betreuungs- und Familienleistungen zu verbessern[2], vor allem mittels der Einführung eines Rechtsanspruchs auf Kinderbetreuung 2013, rangiert Deutschland Stand 2015 mit etwas mehr als 2 % Ausgabenquote noch immer unterhalb des OECD-Durchschnitts. In Dänemark umfassen die Leistungen für Familien mit Kindern neben einem Anspruch auf Kinderbetreuung – dem in Dänemark jedoch anders als in Deutschland auch mit ausreichend Plätzen entsprochen wird – eine Familienbeihilfe beziehungsweise ein Kindergeld bis zur Volljährigkeit. Das reguläre Kindergeld betrug 2017 für ein Quartal 4491 DKK (602 €) und sinkt dann mit fortschreitendem Kindesalter (Missoc 2017).

---

[2]Eine Reaktion auf die sich wandelnden Einstellungen des Elektorats (siehe Morgan 2013; Blome 2016).

Abb. 4.2 listet die Erwerbsquoten von Frauen und Müttern, die Betreuungskosten und den Anteil der betreuten Kinder. Für manch deutsche Leser mag es überraschend sein, dass die Kinderbetreuung in der Kinderkrippe (Vuggestue, 6. Monat bis drei Jahre) und im Kindergarten (Børnehave, drei bis sechs Jahre) kostenpflichtig ist und die Kosten in der Regel die Kindergeldhöhe deutlich übersteigen. Jedoch sind diese Kosten (die Höhe ist je nach Kommune unterschiedlich) staatlich subventioniert und können bei niedrigem Einkommen auch ganz staatlich, beziehungsweise von der Kommune, getragen werden. Wie in der vorletzten Spalte von Abb. 4.2 dargelegt, sind die Kosten minimal höher als in Schweden und Deutschland und halb so hoch wie im OECD-Durchschnitt. Mit zwei Dritteln der 0–2-Jährigen ist der Anteil der Kinder in Betreuung nirgends in der OECD so hoch wie in Dänemark und wiederum fast doppelt so hoch wie im OECD-Durchschnitt. Es wird auch Nicht-Soziologen wenig überraschen, dass viele Forscher glauben, dass Verfügbarkeit und private Kosten von Kinderbetreuung entscheidende Parameter für die Arbeitsmarktbeteiligung von Müttern sind (Flynn 2017). Der einfachere Zugang zu Betreuung (im Vergleich zu Deutschland) und die moderaten Kosten (im Vergleich zu Großbritannien) in Dänemark dürften also ein wichtiger Grund dafür sein, dass Mütter vergleichsweise oft arbeiten. Abb. 4.2 zeigt, dass die Erwerbsquoten von Müttern nicht niedriger als die von Frauen generell sind und dass auch die Erwerbsquote unter Müttern mit jungen Kindern nur wenig abfällt – im deutlichen Gegensatz zu den Zahlen in Deutschland und Großbritannien. Hier fällt die ohnehin schon niedrigere Frauenerwerbsquote stark ab, wenn man statt Frauen generell Mütter mit jungem Kind betrachtet. Eine (Langzeit-) Folge niedrigerer Erwerbsquoten und höherer Teilzeitquoten unter Müttern zeigt sich in den Zahlen der OECD zur Zusammensetzung des Familieneinkommens. Während Frauen insgesamt in Deutschland 22,4 % zum Familieneinkommen beitragen, ist Dänemark mit 42 % Spitzenreiter. Zur guten Vereinbarkeit von Familie und Beruf tragen natürlich auch viele kulturelle Aspekte bei, die hier leider nicht

	Arbeitend in % Frauen	Arbeitend in % Mütter	Arbeitend in % Mütter mit Kind unter 3 Jahren	Private Kosten für Kinderbetreuung, 2 Kinder, Alter 2 und 3, % des "APWW" (Durchschnittslohn)	Anteil Kinder in Betreuung (Alter von 0 bis 2 Jahre)
Dänemark	82	83	76	13	65
Deutschland	72	65	34	10	32
Schweden	82	82	78	7	47
Großbritannien	71	65	50	64	34
OECD Durchschnitt	59	72	52	27	34
Basis:	Flyn 2017/Lis Daten	Flyn 2017/Lis Daten	Flyn 2017/Lis Daten	OECD Indicators 2015	OECD Indicators 2014

Abb. 4.2 Erwerbstätigkeit von Frauen und Kinderbetreuung

4.1 Weiterhin Social Investment Pionier? Die Familien- und Bildungspolitik

systematisch beleuchtet werden können; deren Relevanz aber auf der Hand liegt. Man denke zum Beispiel an die tief in der Arbeits- und Firmenkultur verankerten Normen. Wer etwa in Dänemark ein Meeting nach 16 Uhr ansetzt, ob in der Wirtschaft oder im öffentlichen Sektor, macht sich sehr unbeliebt.

Abb. 4.3 macht deutlich, dass Dänemark auch hinsichtlich der Elternzeit große Anstrengungen unternimmt, um familienfreundlich zu sein. Mit 0,5 % der Wirtschaftsleistung wendet es einen doppelt so großen Anteil für Mütter- und Vätermonate auf wie Deutschland und Großbritannien. Allerdings deutet die Abbildung auch an, dass Dauer und Umfang der Leistungen in Schweden ausgeprägter ist, was vor allem mit der (seit 2002) relativ kurzen Dauer der Elternzeit in Dänemark zu erklären ist (Abrahamson 2008). Neben 14 Wochen Mutterschutz können auch arbeitende Väter in Dänemark zwei Wochen mit dem Kind verbringen, was sie in aller Regel direkt nach der Geburt tatsächlich tun. Danach stehen beiden Elternteilen jeweils noch einmal 16 Wochen Elternzeit zu. Diese können zeitgleich, nacheinander, oder zusammen (32 Wochen) von nur einem Elternteil in Anspruch genommen werden. Die bezahlte Elternzeit (*barselsdagpenge*, kurz *barsel* genannt) kann bei geringerem Lohnersatz auch über diesen Zeitraum hinaus um weitere 14 Wochen verlängert werden.

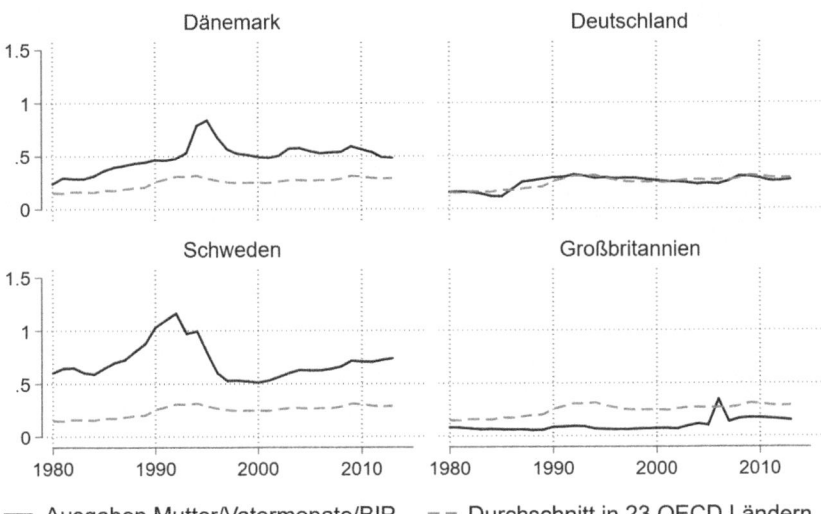

Abb. 4.3 Ausgaben für Mutter-/Vatermonate. (Quelle: Armingeon et al. 2017, Variable mpleave_pmp)

Abb. 4.4 zeigt abschließend, welcher Anteil der Ausgaben (relativ zum Bruttoinlandsprodukt) für die Kinderbetreuung und frühkindliche Bildung aufgewendet wird und wie sich dieser seit 1980 entwickelt hat. Es zeigt sich ein bereits bekanntes Bild. Während Schweden und Dänemark 1,5 % ihrer Ausgaben (relativ zur Wirtschaftsleistung) aufwenden, fallen die Anstrengungen in Deutschland (mit 0,6 %) und Großbritannien (mit 0,8 %) deutlich bescheidener aus. Abermals liegen Dänemark und Schweden deutlich über dem OECD-Durchschnitt, während Großbritannien und Deutschland am Ende der Zeitreihe im, respektive leicht unter, dem OECD-Mittelwert rangieren. Dieses starke finanzielle Engagement schlägt sich in vergleichsweise hoher Kinderzufriedenheit, guten numerischen Betreuungsverhältnissen und einem unkomplizierten Zugang zu Betreuungsangeboten nieder. Angesichts der traditionellen dänischen Sichtweise, Kindern bis zu ihrer Einschulung primär Zeit zur Entfaltung und zum Spielen zu geben, statt sie zum Lernen anzuhalten, ist aber fraglich, inwiefern besagte 1,5 % wirklich frühkindlicher Bildung im engeren Sinne zugute kommen.

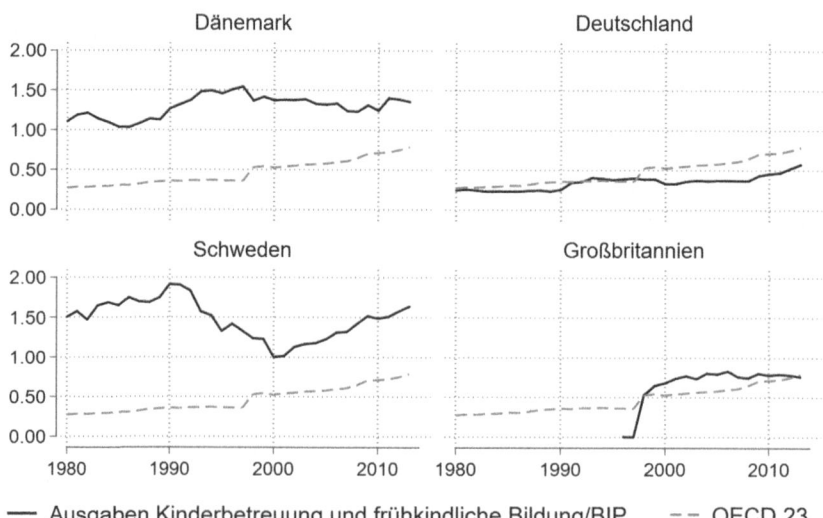

Abb. 4.4 Ausgaben für Kinderbetreuung und frühkindliche Bildung. (Quelle: Armingeon et al. 2017, Variable childcare_pmp)

4.1.3 Soziale Investitionen in Bildung und Forschung

Auch Bildung über das frühkindliche Stadium hinaus ist ein Teil von Sozialinvestitionsstrategien. Mit Blick auf die in Abb. 4.5 dargestellten finanziellen Anstrengungen für Bildung insgesamt, gemessen an der Wirtschaftsleistung, zeigt sich, wie hartnäckig sich Länderunterschiede in den Politikschwerpunkten trotz beträchtlicher Fluktuation über die Zeit halten. Dänemark gibt über 8 % für Bildung aus, Schweden etwa 7 %. Damit liegen beide Länder klar über dem OECD-Mittel von 6 % und weit vor Großbritannien und dem weit abgeschlagenen Deutschland, dass trotz jüngst gesteigerter Anstrengungen kaum über 5 % hinauskommt. In die hohen Ausgaben geht auch die SU *(statens uddannelsesstøtte)* genannte Förderung von dänischen Studenten (und, sofern sie arbeiten, EU-Studenten) ein. Laut SU.dk macht diese Art der Unterstützung 1 % des BIP aus. Da sie für alle Studenten unabhängig vom Einkommen der Eltern – also nicht bedarfsgeprüft – gezahlt wird, wird SU oft als Flaggschiff des universalen Wohlfahrtsstaates gesehen (Ausnahmen betreffen die seltenen Fälle, in denen Studenten weiter bei ihren Eltern leben, dann erfolgt eine Absenkung der SU). So können Studenten unabhängig von elterlicher Unterstützung das Groß ihrer Kosten mittels SU bezahlen. Allerdings gibt es vermehrt Stimmen, die in Abrede stellen, dass man bei den deutlich gestiegenen Mietpreisen in dänischen Uni-Städten von SU allein (6000 DKK brutto) leben könne.

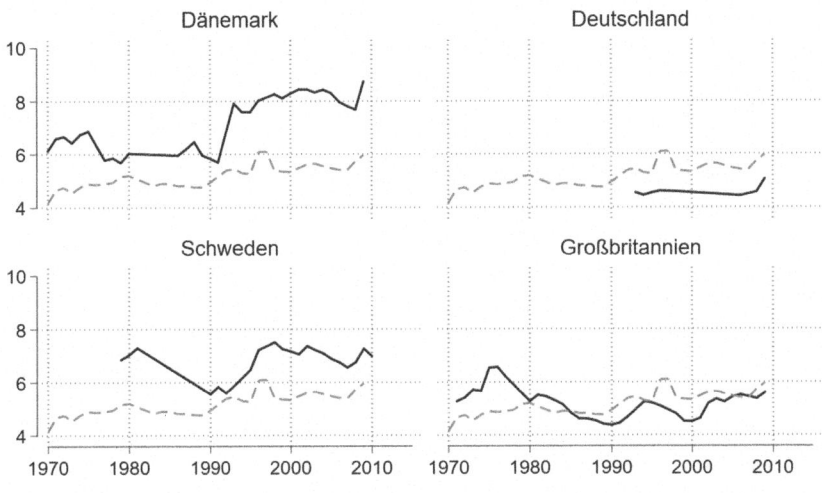

Abb. 4.5 Ausgaben für Bildung. (Quelle: World Bank 2017. World Development Indicators)

Ebenfalls gut schneidet Dänemark ab, wenn man sich gesondert die Ausgabendaten für Forschung und Entwicklung anschaut *(R&D,* für *Research and Development).* Auch nach der Krise 2007 näherte man sich weiter schrittweise der 3 % Ausgabenquote für Forschung und Entwicklung an, die in der Europa 2020 Strategie der Europäischen Kommission als Ziel ausgegeben wurde (Zahlen für 2016 laut der Datenbank OECD Indicators: Dänemark 2,9 %, Deutschland 2,9 %, Schweden 3,3, Großbritannien 1,7 %, OECD 2,3 %).

Aber natürlich sind hohe Ausgaben nicht zwangsläufig ein Indiz für gelungene Bildungspolitik. Ohnehin hat die bürgerliche Regierung seit 2015 immer wieder klargemacht, dass sie auch vor Kürzungen im Bereich der Bildung nicht zurückschreckt. In Dänemark gibt es eine Reihe von Aspekten, die auf der Tagesordnung stehen. In den Pisa-Bildungsstudien hat Dänemark früher nur mittelmäßig bis unterdurchschnittlich abgeschnitten. Auch dank einer Schulreform 2014 gab es erste Fortschritte und 2016 (Zahlen für Pisa 2015) lag Dänemark auf Platz 21, obwohl Schüler mit Migrationshintergrund schlechter abschneiden als ihre Mitschüler. Ein weiterer Punkt auf der Agenda ist die Fülle von unterschiedlichen Master und Bachelorprogrammen, die von Bildungsminister Søren Pind als zu hoch kritisiert wurde. Hintergrund solcher Aussagen ist auch, dass eine stärkere Konzentration auf MINT- (Mathematik, Informatik, Naturwissenschaft und Technik) beziehungsweise STEM- (Science, Technology, Engineering and Mathematics) Fächer angedacht ist. Dies scheint angesichts der OECD-Indikatoren nicht abwegig, da der Anteil der MINT Studenten unter dem EU Durchschnitt und weit hinter Deutschland und Schweden liegt (die in diesem Bereich besonders gut sind).

4.1.4 Die Zukunft des Sozialinvestitionsstaates Dänemark

Hinweise oder Anhaltspunkte dafür, dass der Sozialinvestitionsfokus in Zukunft weniger stark sein könnte, gibt es nur wenige. Es wird sich kaum eine dänische Partei finden, die explizit gegen sehr gut ausgebaute Betreuungs- und Bildungsangebote ins Feld zieht. Unter den linken und Mitte-Rechtsparteien gibt es einen politischen Konsens über die hohe Bedeutung von Sozialinvestitionen, insbesondere Kinderbetreuung und Bildung (Horn und van Kersbergen 2019). Nur die Dänische Volkspartei schert etwas aus diesem Konsens aus und hat sich wie andere nativistische rechte Parteien in Skandinavien etwas stärker auf die Absicherung klassischer Risiken wie Alter und Krankheit verlegt.

4.1 Weiterhin Social Investment Pionier? Die Familien- und Bildungspolitik

Zum Beispiel gewichtet die Partei ein auskömmliches Altern („in Würde") stärker als eine verlängerte Teilhabe am Arbeitsleben und betont gute Pflege eher als Selbstzweck und nicht als Mittel, junge Familienmitglieder (auch in Dänemark meistens Frauen) für den Arbeitsmarkt verfügbar zu halten (Horn und van Kersbergen 2019). Außerdem ist die dänische Volkspartei in ihrer Rhetorik und in ihren Positionen weniger universalistisch als die anderen Parteien im Folketing, was Möglichkeiten für selektive Sozialinvestitionen schafft (Horn und van Kersbergen 2019). Es ergeben sich vor diesem Hintergrund drei mit einander zusammenhängende politische Gefahren für den führenden Sozialinvestitionsstaat Dänemark:

- Erstens könnte es bald zu Koalitionen kommen, in denen eine Fokussierung auf passive Transfers die Oberhand gegenüber Sozialinvestitionen gewinnt. Konkret ist damit eine potenzielle Koalition aus Sozialdemokraten und der Dänischen Volkspartei gemeint. Hintergrund ist, dass die Sozialdemokraten zuletzt zwar ihren Zuspruch in Wahlen und Umfragen wieder steigern konnten, sie dies in Anbetracht der Schwäche der Partner im linken beziehungsweise roten Block allerdings nicht in eine neuerliche Regierungsbeteiligung ummünzen konnten. Da die Sozialdemokraten besagte Konsolidierung auch mit einer Annäherung und Anpassung an die nativistischen Positionen der Volkspartei erreicht hat, und diese wiederum sich seit ihrer Gründung 1995 sukzessive den wohlfahrtsstaatlichen und ökonomischen Positionen der Sozialdemokraten angenähert hat und immer wieder mit den wirtschaftspolitisch liberaleren Kräften im blauen Block streitet, scheint so eine Koalition in Zukunft durchaus möglich.
- Zweitens kann es schon jetzt im Rahmen von Kompromissen mit der Dänischen Volkspartei zu einer deutlich selektiveren sozialen Investitionspolitik kommen. Wie im zweiten Kapitel dargestellt, war die Mitte-Rechts-Regierung unter Führung der Liberalen (Venstre) zwischen 2001 und 2011 und abermals ab 2015 auf die parlamentarische Tolerierung der Dänischen Volkspartei angewiesen. Mit selektiver Investitionspolitik ist nun gemeint, dass vor allem bestimmte Gruppen von investiver Sozialpolitik profitieren beziehungsweise andere ausgeschlossen werden könnten. Zwei konkrete Beispiele machen deutlich, dass dabei wohl gerade die Gruppen ausgeschlossen werden dürften, die am stärksten auf Aktivierung und Befähigung angewiesen sind: Erstens die Einführung von Kostenplänen und Gebühren für staatliche Sprachkurse von Migranten 2018. Zweitens die von der Dänischen Volkspartei im Rahmen der Budgetverhandlungen 2018 (vergeblich) geforderte Beschränkung der

einkommensunabhängigen Studentenunterstützung (genannt SU) auf jene, die 7 der letzten 8 Jahre in Dänemark verbracht haben.
- Eine dritte Gefahr ist, dass der universale Wohlfahrtsstaat mit seinen „one-size-fits-all"-Angeboten bei Kindererziehung und Bildung nicht mehr den immer differenzierteren Wünschen einer sich stärker individualisierenden Mittelschicht entspricht. Jensen und van Kersbergen (2018) nennen das *Wagners Law 2.0* (haben aber keine Daten als Beleg – es handelt sich insofern um, wenn auch spannende und plausible, Spekulation). Damit ist vereinfacht gesagt gemeint, dass der universale Sozialinvestitionsstaat eine breite, gut ausgebildete und anspruchsvolle Mittelschicht hervorbringt, die dann die Institutionen, deren Produkt sie ist, wegen eines Mangels an (Aus)Wahl, Qualität und Individualität als unzureichend empfinden könnte. Dies könnte – wie im Bereich der Gesundheitspolitik in Dänemark bereits erfolgt – zu einer Privatisierungstendenz führen. Dies war von den Mitte-Rechts-Parteien ab 2001 im Bereich Gesundheit so auch intendiert („Layering" nennt Jensen 2014 diese Strategie, bei der man auf Effizienz- und Qualitätsprobleme im System hinweist, die dann mit Privatisierung gelöst werden). Noch gibt es Privatisierung und De-investment aber nur in recht geringem Umfang (van Kersbergen und Kraft 2017). Noch funktioniert also das Prinzip „crowding out the market" in der Kinderbetreuung und der Bildung.

Wohlgemerkt handelt es sich eher um drei politische Gefahren für die *Zukunft* des Sozialinvestitionsstaates Dänemark, nicht um bereits in Politiken („Policies") messbare Verschiebungen weg von Social Investment. Die Policy-basierten Indikatoren deuten darauf hin, dass Dänemark weiter ein Vorreiter in Sachen sozialer Investitionspolitik ist und bleibt. Ob sich diese optimistische Prognose bewahrheitet, wird letztlich von der Stabilität der überparteilichen Koalition für den universalen Sozialinvestitionsstaat Dänemark abhängen.

4.2 Arbeiten bis zum Umfallen für gute Renten? Das dreisäulige Rentensystem

4.2.1 Grundzüge des Rentensystems

Das dänische Rentensystem wird in vielen Publikationen als Annäherung an das seit den 1994 von der Weltbank präferierte Dreisäulensystem bezeichnet, auch wenn diese Nähe eher Pfadabhängigkeit und Zufall, als dem Einfluss der Weltbank zu verdanken ist (Andersen 2004; Green-Pedersen 2006; Stöger 2011).

Weder wurde in den 1950ern und 1960ern wie in Deutschland und in vielen anderen Ländern eine starke einkommensabhängige Komponente in die staatliche Rente eingeführt, noch war die Arbeiterbewegung stark genug, um ein (ATP)-System nach schwedischem Vorbild zu installieren (Andersen 2004; Green-Pedersen 2006; Stöger 2011). Das heutige System verbindet eine schwache steuerfinanzierte staatliche Säule, eine starke sektorale beziehungsweise betriebliche Säule, und eine wachsende private Säule. Ein Gegenbeispiel ist Deutschland, das trotz Privatisierungstendenzen, die besonders unter der rot-grünen Regierung 1998–2005 forciert wurden, noch immer dem Typ des Sozialversicherungssystems entspricht (Stöger 2011) und in dem die zweite Säule weniger zentral ist. Historisch war auch in Dänemark die erste Säule dominant. Es wurde allerdings in den 1980ern immer klarer, dass diese staatliche Säule der Rente den Lebensstandard der Mittelschicht im Alter nicht zu schützen vermag (das war auch nie das Ziel – vielmehr ging es primär um die Vermeidung von Altersarmut). Heute – nach der Versäulung des Systems – macht diese Volkspension *(Folkepension)* nur noch den kleineren Teil der Rentenansprüche der Dänen aus. Sie besteht aus einem Flatrate-Anteil, für deren vollständigen Erhalt man 40 Jahre in Dänemark gemeldet gewesen sein muss (mindestens 3 Jahre für den Mindestanteil), und einem bedarfsgeprüften Teil, der nur jenen mit wenig anderweitigen Rentenansprüchen zukommt. Das heißt, dass Rentner mit Ansprüchen aus der zweiten und dritten Säule oder Kapitaleinkünften einen Teil (bis zu 50 %) der Volkspension angerechnet bekommen und einbüßen können. Diese Bedarfsprüfung betone ich hier deshalb, weil der weitgehende Verzicht auf Bedarfsprüfung meist als ein Grundpfeiler des universalen Wohlfahrtsstaates angesehen wird. Die zweite Säule der betrieblichen Vorsorge (beziehungsweise Berufsrenten) ist in Dänemark mittlerweile so weit verbreitet (ca. 95 %), dass sie, ähnlich wie in Schweden, als „quasi-verpflichtend" eingestuft werden kann (Green-Pedersen 2006; OECD 2017a, S. 86). Die dritte Säule, also die individuelle private Altersvorsorge über die betriebliche Vorsorge hinaus, wird in Dänemark ebenfalls wichtiger; auch wenn sie nicht unbedingt nötig erscheint.

Wichtig ist, dass in der Literatur weitgehend Einigkeit darüber besteht, dass der Versäulungsprozess keinem *Grand Design* oder einer weitsichtigen langfristigen Gesamtstrategie folgte. Eigentlich wollte der dänische Gewerkschaftsverband (LO) in den 1980ern als Reaktion auf die Defizite in der ersten Säule *(Folkepension)* eine Sozialversicherungslösung nach schwedischem Vorbild installieren, konnte sich damit aber nicht durchsetzen. Nicht zuletzt, weil die konservative Schlüter-Regierung dagegen war (Green-Pedersen 2006; Stöger 2011). Dies wiederum hatte auch mit Pfadabhängigkeiten zu tun, da es bereits einige betriebliche Rentenprogramme im öffentlichen Sektor und bei Großunternehmen gab.

Entscheidend war jedoch letztlich, dass sich die mächtige Metallergewerkschaft 1991 mit dem Arbeitgeberverband auf eine sektorale betriebliche Lösung einigte; einen branchenweiten Rentenfonds. Diese sektorenspezifische Lösung in der Metallbranche hatte dann – obwohl sie vom Gewerkschaftsdachverband (LO) zunächst kritisch gesehen wurde – „Lokomotivfunktion für weitere sektorale Vereinbarungen" (Stöger 2011, S. 11; Andersen 2004).

Bevor die Leistungen und Bestimmungen ländervergleichend betrachtet werden, lohnt sich ein Blick auf die wichtigsten Charakteristika des dänischen Rentensystems. Schließlich wird es in verschiedenen Berichten immer wieder als modellhaft und vorbildlich bewertet. In den einflussreichen Berichten der Beratungsfirma *Mercer* z. B. werden die breite Finanzierungsbasis, die hohen Lohnersatzleistungen, die Nachhaltigkeit und Zukunftsfestigkeit des Systems, und der der Abbau übermäßiger Privilegien einzelner Gruppen gelobt. Auch die OECD macht immer wieder deutlich, dass es gerade für niedrigere Einkommensbezieher in Dänemark besonders hohe Lohnersatzraten im Alter gibt. Diese Raten können bei bis zu 100 % liegen. Ein weiterer Vorteil ist, dass das System den Bürgern schwierige Entscheidungen abnimmt. Wer eine reguläre Arbeit hat, zahlt in der Regel in die staatliche und die betriebliche Säule ein, kann eine auskömmliche Ersatzrate erwarten, und ist so nicht zwingend auf zusätzliche private Vorsorge angewiesen.

Bevor man nun aber aus dem, oft wegen seiner vergleichsweise niedrigen Ersatzraten und absehbaren Finanzierungsprobleme kritisierten, deutschen System nach Dänemark emigriert, oder gar das dänische Rentensystem importieren will, sollte man zwei Aspekte zumindest mit in Betracht ziehen. Erstens, dass das dänische System trotz der auskömmlichen Ersatzraten als stabil gilt, hat seinen Preis. Nicht nur in puncto Besteuerung. So steigt in Dänemark in den nächsten Jahrzehnten das gesetzliche Rentenalter dramatisch. Schätzungen der OECD (2017a) zufolge auf 74 Jahre für Menschen, die 2016 in den Arbeitsmarkt eintreten. Bis 2030 wird das dänische Rentenalter auf 68 angehoben. Danach wird es jedoch automatisch so an die statistische Lebenserwartung gekoppelt, dass der Durchschnittsrentner 14,5 Jahre vor seinem Ableben in Rente geht. Basis für die Indizierung ist also: Lebensalter – 14,5 = gesetzliches Renteneintrittsalter. Für einen im Jahr 2016 in den Arbeitsmarkt eingetretenen 20-Jährigen bedeutet das nach OECD-Berechnungen ein Renteneintrittsalter von 74 Jahren (OECD 2017a, S. 18, 21, 51). Selbst die Frühverrentung würde dann gemäß den jetzigen Regeln erst mit 69 Jahren erfolgen (OECD 2017a, S. 18, 21, 51); und nach der neuerlichen Absenkung auf drei Jahre vor dem regulären Renteneintrittsalter sogar erst mit 71 Jahren. Zweitens, und wahrscheinlich noch fundamentaler: Die relativ auskömmlichen Ersatzraten und die im letzten Kapitel bereits erwähnten vergleichsweise niedrigen Altersarmutsraten sind auch Ergebnis der Einkommensverteilung und der Arbeitsmarktsituation *vor* Eintritt in das Rentenalter. Die außergewöhnlich stark komprimierte dänische Einkommensverteilung, die hohe Arbeitsmarktbeteiligung von Frauen, der politisch bewusste Verzicht auf einen Niedriglohnsektor und die relativ geringe Anzahl prekär Beschäftigter sind diesbezüglich weit folgenreicher als die Lohnersatzraten per se. Auch wenn die Ersatzraten wichtig für die Frage sind, ob und inwiefern der eigene Lebensstandard im Alter gehalten werden kann. Will man die unterschiedliche Situation von Rentnern diskutieren, sollte man die Einkommenssituation, auf die sich die Ersatzraten beziehen, auch mit in diese Diskussion einbeziehen.

Auch in politischer Hinsicht ist das dänische Rentensystem sehr interessant – gerade weil es in zweifacher Hinsicht weitgehend dem politischen Wettbewerb entzogen ist. Dänemark gehört wie gesagt zu den wenigen Ländern, in denen man sich auf eine automatische Indexierung des Renteneintrittsalters in Abhängigkeit von der Lebenserwartung geeinigt hat (OECD 2017a). Damit ist die politisch brisante Frage nach der Anpassung des Renteneintrittsalters zunächst einmal vom Tisch. Rentenreformen gelten in der Politikwissenschaft als beim Wähler unbeliebt oder gar als elektorales Harakiri – und werden deshalb gerne entweder in Gänze vermieden oder mittels extrem langfristiger und möglichst komplexer Übergangsregeln verschleiert (Pierson 1994; Zohlnhöfer et al. 2012 für eine Zusammenfassung). Im Gegensatz zu komplexen Rentenformelanpassungen versteht aber fast jeder Wähler, dass eine Erhöhung des Rentenalters eine längere Lebensarbeitszeit oder eine Rentenkürzung bedeutet (falls man nicht so lange erwerbsfähig sein wird). Die Rentenreformen von 2006, 2011, und 2015 (OECD 2016) heben nun das Rentenalter zunächst auf 67 bis zum Jahr 2022 an, worauf eine weitere Steigerung auf 68 bis 2030 beschlossen ist. Es folgt die bereits beschriebene Lebenszeitindexierung mit dem Ziel, die Rentenbezugszeit im Schnitt auf 14,5 Jahre zu begrenzen. Wichtig ist in diesem Zusammenhang, dass seit 2015 auch die Frühverrentung an diese Indexierung gekoppelt ist und die Möglichkeit der Frühverrentung weiter eingeschränkt wurde (OECD 2016). Statt fünf Jahre vor dem gesetzlichen Rentenalter ist jetzt nur noch eine vorzeitiges Ausscheiden drei Jahre vor dem gesetzlichen Rentenalter möglich. Bemerkenswert ist in diesem Zusammenhang auch, dass seit 2016 kein Renteneintrittsalter mehr in neuen Arbeitsverträgen festgeschrieben wird (OECD 2016) – ein Beispiel für die stärker werdenden Bemühungen, mehr Möglichkeiten und Anreize zu schaffen, über das gesetzliche Rentenalter hinaus erwerbstätig zu sein. Ein zweiter Aspekt, der neben der Indexierung des Rentenalters zur Entpolitisierung der Rentenpolitik beiträgt, ist, dass die Entwicklung der Betriebsbeziehungsweise Berufsrenten zwischen den Tarifpartnern ausgehandelt und von den Tarifpartnern verwaltet wird und insofern ebenfalls nur indirekt in den Verantwortungsbereich von Regierung und Folketing gehört. Wie es für die zweite Säule der Altersvorsorge auch in anderen Ländern der Fall ist, sind nur einige gesetzliche Rahmenbedingungen (z. B. Besteuerung der Auszahlungen) von staatlicher Seite vorgegeben (Stöger 2011).

4.2.2 Generosität des Rentensystems

Bei den Kosten für das Rentensystem liegt Dänemark nach OECD-Daten trotz günstiger demografischer Struktur mit einem Anteil von über 10 % der Wirtschaftsleistung über dem OECD-Durchschnitt (von 8–9 %). Ein besserer Standardindikator für die vergleichende Beurteilung der Generosität von Rentensystemen ist der Rentengenerositätsindex (Scruggs et al. 2014), der Aspekte wie die Lohnersatzrate im Alter und das Renteneintrittsalter zusammenfasst. Je höher der Indexwert, desto generöser ist das Rentensystem. Dieser Generositätsindex wird in Abb. 4.6 für die vier Vergleichsländer zwischen 1970 und 2010 dargestellt. In Einklang mit früheren Analysen ist zunächst zu sehen, dass es – außer in Schweden – nur moderate Kürzungen gegeben hat (Zohlnhöfer et al. 2012, S. 39).

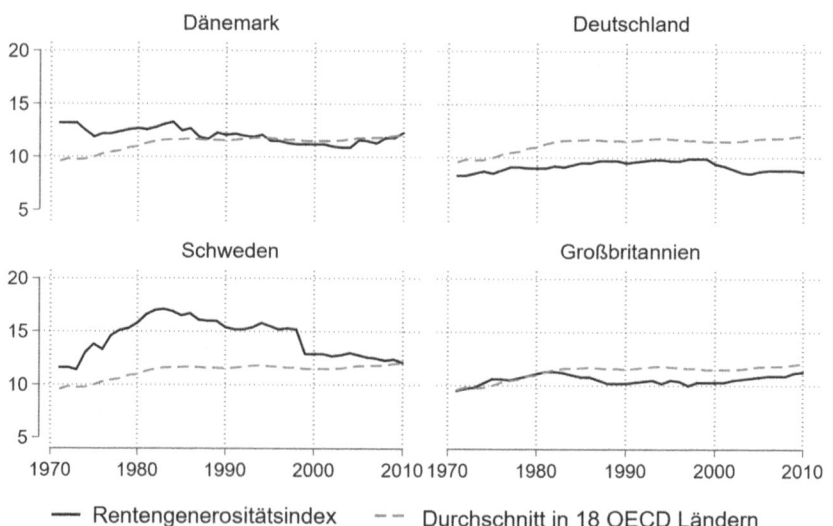

Abb. 4.6 Rentengenerosität. (Quelle: Scruggs et al. 2014, Variable pgen)

Dies wird auch deutlich, vergleicht man mit den Entwicklungen der Generosität in den Bereichen Arbeitslosigkeit und Krankheit (Abschn. 4.3 und 4.4). In Dänemark liegt die Generosität nach moderaten Anpassungen in den 1980ern nun im OECD-Durchschnitt. In den 1970ern und 1980ern lagen Dänemark und Schweden noch deutlich über der durchschnittlichen Generosität der OECD Rentensysteme. Im Vergleich zu Deutschland und Großbritannien (beide liegen unter dem OECD-Durchschnitt) ist das dänische Rentensystem aber weiterhin deutlich generöser, was sich vor allem in deutlich höheren Lohnersatzraten äußert. Jedoch muss einschränkend hinzugefügt werden, dass diese Unterschiede in Zukunft wegen der Steigerung des Renteneintrittsalters kleiner ausfallen dürften, da in anderen Ländern keine vergleichbar radikalen Steigerungen absehbar sind; oder das Renteneintrittsalter wie in Deutschland für einige Gruppen („Rente mit 63" bei 45 Beitragsjahren) sogar deutlich unter das gesetzliche Standardalter sinkt. Andererseits blieben Absenkungen der Lohnersatzraten, wie in Schweden (von hohem Ausgangsniveau aus) und in Deutschland (von einem mittleren Niveau), in Dänemark aus.

Natürlich lässt dieser Index einige Fragen offen (Scruggs et al. 2014: Horn 2017: Kap. 2). Deshalb sind in Abb. 4.7 einige spezifischere und aktuellere Daten aus dem OECD-Bericht *Pensions at a Glance* 2017 zusammengefasst (OECD 2017a). Drei Aspekte sind bei der Betrachtung besonders zu beachten:

- Das gesetzliche Renteneintrittsalter in den vier Vergleichsländern lag 2016 noch bei ca. 65 Jahren und damit ein Jahr höher als der OECD-Durchschnitt. Die Projektionen für den Fall eines 20-jährigen, der in 2016 erst mal auf dem Arbeitsmarkt tätig wird, zeigen aber, dass Dänemark mit der Indizierung – also der Kopplung des Renteneintrittsalters an die Lebenserwartung – mit 74 Jahren zum Ausreißer wird. Die ca. 65 Jahre für eine abschlagsfreie Rente für Deutschland ergeben sich aus den angesprochenen neuen Regeln für Menschen, die früh auf dem Arbeitsmarkt tätig wurden und 45 Beitragsjahre haben.

	Rentensystemtyp	Rentenalter für Rentner in 2016 (gesetzlich)	Rentenalter für Rentner in 2016 (effektiv)	Renteneintrittsalter bei Arbeitsbeginn 2016 mit 20 Jahren	Lohnersatzrate für Durchschnittslohn für Rentner in 2016
Dänemark	Mehrsäulensystem	65	64	74	80
Deutschland	Sozialversicherung	65	63	65	51
Schweden	Sozialversicherung	65	66	65	55
Großbritannien	Mehrsäulensystem	65	65	68	29
OECD-Durchschnitt		64	65	66	63
Basis:	Stöger 2011	OECD 2017	OECD 2017	OECD 2017	OECD 2017

Abb. 4.7 Rentensysteme, Rentenalter, Lohnersatz

- Das tatsächliche Rentenalter liegt in Dänemark und Deutschland Stand 2016 jedoch mit 64 Jahren, respektive 63 Jahren, unter 65 Jahren. Die Diskrepanz erklärt sich auch aus nach wie vor bestehenden Frühverrentungsoptionen. Die Hochzeit der politisch gewollten Deaktivierung älterer Menschen (also eine Frühverrentung statt beziehungsweise bei Arbeitslosigkeit) war in beiden Ländern in den 1990ern. Mittlerweile ist die Frühverrentung jedoch unattraktiver geworden. In Dänemark war die Frühverrentung *(efterløn)* wie bereits erwähnt gar Bestandteil der Arbeitslosenversicherung. Mit geringen zusätzlichen Zahlungen konnte man das Anrecht auf eine um sieben Jahre (sic!) vorgezogene Rente erwerben. Seit den 90ern haben sozialdemokratische und später liberal geführte Regierungen mit einer Absenkung auf fünf und schließlich drei Jahre sowie Reduzierungen der Leistungen die hohen Kosten für das *efterløn*-Programm gesenkt.
- Auch gemäß den Modellrechnungen der OECD für Nettoersatzraten ergeben sich für Menschen mit durchschnittlichem Einkommen in Dänemark gemessen am vormaligen Einkommen besonders hohe Ersatzraten von ca. 80 %. Es folgen Schweden mit 55 %, Deutschland mit 51 % und Großbritannien mit nur 29 %. Noch klarer setzt sich Dänemark in puncto Lohnersatz von anderen Ländern ab, wenn es um den Ersatz von Einkommen unter dem Durchschnittseinkommen *(Average Production Worker Wage)* geht. Hier können Ersatzraten bis zu 100 % des vormaligen Verdienstes erreicht werden (OECD 2017a).

Ob ein Sozialversicherungssystem nach österreichischem Vorbild mit sehr starker erster Säule, ein teilweise privatisiertes Sozialversicherungssystem wie in Deutschland, oder ein klassisches dreisäuliges System wie das dänische besser ist, kann hier aus mehreren Gründen nicht beantwortet werden. Zum einen hängt die Herausbildung dieser Systeme immer auch von historischen Zufällen und Kompromissen ab. Außerdem ist die Bewertung der Ergebnisse nicht nur vom persönlichen politischen Standpunkt, sondern auch der schwer zu prognostizierenden zukünftigen Rendite in der zweiten und dritten Säule der Altersvorsorge abhängig.

Eine neue Altersarmut, wie sie zuletzt für deutsche Rentner diskutiert wurde, durch ein Absinken der Ersatzraten auf 50 % und weniger, ist vor dem Hintergrund dieser Zahlen in Zukunft in Dänemark jedoch nicht zu erwarten. Zumindest für all jene Menschen, deren Gesundheit es zulassen wird beziehungsweise zulässt, dem hohen zukünftigen Renteneintrittsalter gemäß mit über 70 Jahren noch aktiv am Erwerbsleben teilzuhaben. Zusammenfassend kann man das dänische Rentensystem also als auskömmlich und stabil bezeichnen, auch wenn die Dänen zukünftig das höchste Renteneintrittsalter in Europa haben werden.

4.3 Mehr Flexibilität, weniger Sicherheit? Die Privatisierung von Arbeitsmarktrisiken

4.3.1 Einleitung und Historischer Hintergrund

In der Literatur zur Absicherung gegen Arbeitsmarktrisiken wird Dänemark als Land charakterisiert, das traditionell ein Höchstmaß an materieller Sicherheit bei Jobverlust bietet (Jensen 2014, S. 102,103; Esping-Andersen 1990, S. 47–54). Dieses Unterkapitel argumentiert und zeigt, dass diese traditionelle Sichtweise aus ländervergleichender Perspektive und vor dem Hintergrund der neuesten Daten modifiziert werden muss, da die Generosität von Lohnersatzleistungen in Dänemark für den Großteil der Arbeitnehmer und gerade für die Mittelschicht in den letzten Dekaden deutlich abgesenkt wurde und nur noch für Geringverdiener überdurchschnittlich generös ist. Ausgehend von einer kurz gehaltenen historischen Einordnung werden die wesentlichen Reformen rekapituliert (ohne dabei in Gänze die in Abschn. 3.3 besprochene Genese von Flexicurity und der Aktivierungspolitik noch einmal zu wiederholen). Anschließend erfolgt die vergleichende Analyse und Einordnung der Generosität des dänischen Wohlfahrtsstaates im Hinblick auf das Risiko, seinen Arbeitsplatz zu verlieren. Dabei wird auch der familiäre Status und die Einkommenssituation berücksichtigt.

Der Ausbau der seit 1907 bestehenden, zunächst rudimentären, dänischen Arbeitslosenversicherung hat seinen Ursprung einerseits in den partei- und lagerübergreifenden politischen Krisenpaketen von 1932 und 1933 und andererseits in der 1929 beginnenden Dominanz der Sozialdemokraten (Jensen 2014, S. 104). Ab Mitte der 1930er trieben diese mit Unterstützung der Sozialliberalen den Ausbau des Systems voran (Jensen 2014, S. 104). In den 1960ern und 1970ern kam es dann nochmals zu einer Expansionsphase, an deren Ende das System in seiner modernen Form konsolidiert war. Das System war sehr generös, sowohl im Hinblick auf die Dauer und den Umfang der Arbeitslosengeldbezüge. Wie im Flexicurity-Kapitel diskutiert, kann das System sogar als Annäherung an ein bedingungsloses Grundeinkommen gesehen werden, da es leicht möglich war, die sehr langen Bezugszeiten immer wieder zu verlängern (auch wenn selbst niedrige Re-Qualifikationskriterien zugegebenermaßen eine Bedingung darstellen)[3]. 1993 erfolgte eine Beschränkung auf ein Maximum von sieben Jahren (Jensen 2014, S. 106) – im Ländervergleich (auch damals) immer noch eine sehr lange Dauer.

---

[3]Dementsprechend wird die Bezugsdauer für Arbeitslosengeld im Comparative Welfare Entitlement Dataset auch für einige Jahre (1976 und 1977) mit/als unbeschränkt angegeben (Scruggs et al. 2014).

Auf die Krise, die nach 1973 einsetzte (siehe Kap. 3), reagierte man zunächst statt mit Rückbau mit einem Ausbau der Generosität und der institutionellen Privilegien der Tarifpartner. Die vielleicht wichtigste und fiskalisch und politisch folgenschwerste Maßnahme war die Einführung der Frühverrentung mit 60 Jahren mittels der Arbeitslosenkassen *(A-Kasse)*. Da die Mitgliedschaft in einer Arbeitslosenversicherung *(A-Kasse)* Qualifikationskriterium für die stark steuerlich subventioniert und daher äußerst attraktive Frühverrentung war und in der Regel mit einer Mitgliedschaft in der Gewerkschaft einherging, wurde damit ein zusätzlicher selektiver Anreiz zur Mitgliedschaft geschaffen (Due und Madsen 2007, S. 234–236). In den 1980er gab es in Anbetracht der (in Kap. 3 ausführlicher geschilderten) wirtschaftlichen und budgetären Probleme erste Anpassungsmaßnahmen seitens der von den Konservativen geführten Regierung unter Poul Schlüter. Dazu gehörte ein temporäres Einfrieren der Maximalbeträge sowie eine Verkürzung der Leistungsbezugsdauer (Green-Pedersen 2002, S. 72). Jedoch wurden diese Schritte vor der Wahl 1987 partiell wieder rückgängig gemacht (Green-Pedersen 2002, S. 72). Ohnehin setzten die ernsthafteren Reformen erst ab 1993 unter Schirmherrschaft der Sozialdemokraten ein und wurden ab 2001 unter Führung der Liberalen Partei *(Venstre)* weitergeführt.

Die Tarifpartner (Gewerkschaften und Arbeitgeber) hatten bis in die Nullerjahre weitgehende Kontrolle über die Arbeitslosenversicherung und die Arbeitslosenvermittlung (Kap. 3). Eine Mitgliedschaft in der Arbeitslosenversicherung war und ist freiwillig, genau wie die Mitgliedschaft in der Gewerkschaft. Ist man nicht versichert, fällt man auf die deutlich niedrigere Sozialhilfe zurück – genau wie beim Auslaufen der Arbeitslosengeldbezugsdauer. Die geringen quartalsweisen Beiträge waren steuerlich subventioniert. Bis zur Liberalisierung der Arbeitslosenversicherung und der Einführung eines echten Wettbewerbs unter Anders Fogh Rassmussen ab 2002 waren die sektoralen Arbeitslosenversicherungen aber eng mit den Gewerkschaften assoziiert. Die von den Liberalen geführte und von der Dänischen Volkspartei tolerierte neue Mitte-Rechts-Regierung ab 2001 wagte dann den Angriff auf das Herz des Ghent-Systems. Wie von Jensen (2014, S. 107) dokumentiert, wurde diese Absicht, die Machtbasis der Gewerkschaften anzugreifen, unter dem Banner der „Wahlfreiheit" der Kunden seit 1994 offen in Parteiprogrammen und anderweitig kommuniziert. Es wurde nun (2002) ermöglicht, dass private Arbeitslosenversicherungen in Konkurrenz zu den gewerkschaftsnahen Kassen traten. Um sich gegen das Risiko der Arbeitslosigkeit zu versichern, ist es seit 2002 also nicht mehr nötig, Gewerkschaftsmitglied zu sein. Ursprünglich wurde (von den Liberalen) auch die Einführung einer großen staatlichen Versicherung angedacht, was jedoch auf den Widerstand der Dänischen Volkspartei stieß (Due und Madsen 2007). Zwischen 2002 und 2009 wurde dann im Zuge der Einrichtung lokaler Arbeitsagenturen die von den Tarifpartnern kontrollierte nationale Arbeitsagentur und somit auch der Einfluss der Gewerkschaften sukzessive geschwächt (Klitgaard und Nørgaard 2014). Im Mai 2009 wurde diese nationale Arbeitsagentur unter Kontrolle der Tarifpartner dann endgültig abgeschafft.

Es herrscht nun Wettbewerb zwischen gewerkschaftsnahen und den gewerkschaftsfernen Kassen um die Versicherten. Die Möglichkeit, Beiträge von der Steuer abzusetzen wurde eingeschränkt. Dennoch sind die Beiträge nach wie zuvor staatlich subventioniert. Um ein unteres Mittelklasseeinkommen zu versichern, bedarf es ca. 70 EUR im Monat und 12 Monate Mitgliedschaft beziehungsweise die Einzahlung in eine *A-Kasse (Arbejdsløshedskasse)* genannte Arbeitslosenversicherung. Die Beiträge für diese schwanken nur leicht in Abhängigkeit der Verwaltungskosten der (Stand 2018) 24 (A)-Kassen, sind aber vom Einkommen der Versicherten unabhängig. Die Hälfte der Kassen steht jedem unabhängig vom Beruf offen, die andere Hälfte ist auf bestimmte Berufsgruppen und Branchen spezialisiert. Wegen der relativ niedrigen Maximalbeträge sind die realen Auszahlungen bei den meisten Arbeitslosen unabhängig vom vorigen Einkommen ähnlich niedrig. De facto handelt es sich wegen der Deckelung der Beträge um ein Flatrate-System (Goul-Andersen 2007, S. 12). Ein oberes Mittelklasseeinkommen lässt sich so nicht versichern – da Dänemark für mittlere und hohe Einkommen wegen der Maxima nur noch recht geringe faktische/effektive Ersatzraten bietet. Für niedrigere Einkommen bietet Dänemark nach wie vor die höchsten Ersatzraten der OECD (siehe unten). Jüngst bieten die Kassen über die normale Versicherung hinaus (relativ teure) Zusatzversicherungen an. Außerdem gibt es gegenwärtig politische Diskussionen darüber, die 12 Monatsfrist zur Qualifikation für Leistungen zu verlängern beziehungsweise an die Aufenthaltsdauer in Dänemark und der EU zu koppeln.

4.3.2 Rückbau und Aktivierung seit 1993/1994

Wie konsensual der Rückbau der Arbeitslosenversicherung in Dänemark erfolgte, ist in Dänemark durchaus umstritten. Einige Forscher betonen stärker die weitgehende Übereinstimmung (Goul Andersen 2007), andere wiederum akzentuieren stärker den Widerstand der Sozialdemokraten (Jensen 2014). Unstrittig ist, dass wichtige Rückbaumaßnahmen unter die Regierung beider Lager fallen. Von 1993 bis 2001 führten die Sozialdemokraten verschiedene Regierungen an, von 2001 bis 2011 die Liberalen. Ein politischer Unterschied ist, dass die Reformen der Sozialdemokraten auch als Flankierung der Hinwendung zum neuen *Flexicurity*-Konzept und vor dem Hintergrund der hohen strukturellen Arbeitslosigkeit in den frühen 1990ern verstanden werden müssen (im Einklang mit Vis 2009, der zufolge linke im Gegensatz zu rechten Kabinetten Rückbau und Risikoprivatisierung nur forcieren, sofern es starken ökonomischen Druck gibt). Egal, wie man zu Workfare und Aktivierungspolitik steht: Es ist zumindest nicht unplausibel, dass ein geringer Lohnabstand zwischen Versicherungsleistungen und Markteinkommen in Kombination mit einer sehr langen Dauer des Leistungsbezugs eine Politik des Forderns und Förderns konterkarieren könnte. Ein weiterer Unterschied besteht darin, dass die Ausgaben und Reformen der Sozialdemokraten sowohl das fordernde und das fördernde Element aktiver Arbeitsmarktpolitik betonen, während unter den Liberalen das fordernde Moment gegenüber dem Qualifikationsaspekt an Bedeutung gewinnt (Jensen 2014, S. 110). Im Folgenden fasse ich die wichtigsten Reformen zwischen 1993 und 2001 sowie 2001 und 2011 zusammen. Die sozialdemokratische Regierung unter Helle Thorning-Schmidt von 2011 bis 2015 hat sich diesbezüglich zurückgehalten und wird daher an dieser Stelle nicht gesondert besprochen[4].

1993–2001

- 1993: Teilnahme an Aktivierungsprogrammen zählt nicht mehr als Re-Qualifikation für neue Leistungen.
- 1994: Arbeitslosengeldbezugsdauer auf sieben Jahre gesenkt, vier davon passiv, dann folgt Aktivierungsphase.
- 1996: Fünf statt sieben Jahre Bezugsdauer, passive Periode vor Aktivierung nur noch drei Jahre, junge Arbeitslose müssen schon nach sechs Monaten an Weiterbildungen und Qualifikation teilnehmen, nach sechs Monaten müssen Arbeitslose jede Stelle (sic!) annehmen, die eine Pendelzeit von vier Stunden nicht überschreitet.
- 1998: Recht und Pflicht zur Teilnahme an Aktivierung wird auf Sozialhilfeempfänger ausgeweitet.
- 1999: Vier Jahre Bezugsdauer, Aktivierung schon nach einem Jahr, nach drei Monaten müssen angemessene Angebote angenommen werden, Frühverrentung ist mit 62 Jahren und 91 % Lohnersatzleistung möglich.

---

[4]Basierend auf (Green-Pedersen 2002, S. 71–73; Schulze 2011, S. 184–187; Goul-Andersen 2011; Jensen 2014, S. 102–111).

4.3 Mehr Flexibilität, weniger Sicherheit? ...

2001–2011

- 2002: Nicht EU-Ausländer erhalten nur noch die neue Starthilfe *(Starthjælp)* statt Sozialhilfe. Diese liegt 30 % unter der Sozialhilfe und zielt auf Ausländer ab (Goul-Andersen 2011; Jensen 2014), auch wenn prinzipiell auch Dänen betroffen waren, die nicht sieben der letzten acht Jahre in Dänemark und der EU waren.
- 2002: Unter der Überschrift „Mehr Menschen in Arbeit" *(Flere i arbejde)* werden die Kontrollen und Sanktionen für Arbeitslose und Sozialhilfeempfänger deutlich verschärft (z. B. bei Nichteinhaltung des job plans), angemessene Arbeit muss vom ersten Tag der Erwerbslosigkeit an angenommen werden.
- 2005: 300-Stundenregel für Haushalte mit zwei Sozialhilfeempfängern (nicht Arbeitslosenversicherung), der zufolge Bezug in voller Höhe an mindestens 300 h Arbeit in vorigen zwei Jahren gekoppelt wird
- 2006: Bislang nicht strikt angewandte Regeln werden nun angewandt, quartalsweise Überprüfung, ob Arbeitslose ihrer Verpflichtung zur Arbeitssuche nachkommen; Aktivierung beginnt nach neun Monaten.
- 2008: Ausweitung der 300-Stundenregel auf 450 h auf Betreiben der Dänischen Volkspartei
- 2009: Arbeitslose sind nun verpflichtet, vier Bewerbungen pro Woche zu verfassen, weiterhin Überprüfung der Ernsthaftigkeit und Motivation der Arbeitslosen, eine neue Stelle zu finden.
- 2010: 2 Jahre Bezugsdauer von Arbeitslosengeld (2009 war Regierung mit dieser Senkung gescheitert).
- 2011: Frühverrentung *(efterløn)* über Arbeitslosenversicherung erst drei statt fünf Jahre vor dem regulären Renteneintrittsalter, Beiträge und Beitragsjahre wurden bereits 2010 erhöht und die Bezüge gesenkt.

Goul-Andersen (2011) fasst die Reformen dahin gehend zusammen, dass statt Ausbildung und Qualifikation zunehmend ein *Work first* Ansatz bei der Aktivierung galt. Das Ziel der Vollbeschäftigung einte zwar Mitte-Rechts und Linksparteien weitgehend, jedoch stellte die Verkürzung der Bezugszeit auf zwei Jahre 2010 einen dramatischen Einschnitt dar, der von den Sozialdemokraten kritisiert wurde, da er in Zeiten relativ hoher Arbeitslosigkeit erfolgte und somit erstmals dazu führen könnte, dass größere Teile der Bevölkerung von der Arbeitslosenversicherung in die Sozialhilfe rutschen könnten (Goul-Andersen 2011, S. 10–11). Diese hatte bisher in Dänemark gegenüber der Versicherung eine residuale Bedeutung (laut *Statistics Denmark* erhielten bis 2010 90 % der Arbeitslosen Arbeitslosenversicherungszahlungen) und wurde vor allem als Programm zur Hilfe von Menschen mit besonders schweren Arbeitsmarktintegrationshemmnissen aufgefasst (Goul-Andersen 2011, S. 5–6). Interessant ist die Kürzung auf zwei Jahre Bezugszeit nicht nur deshalb, weil sie die große Inklusivität der dänischen Arbeitslosenversicherung und somit letztlich das Flexicurity-Modell unterminieren könnte, sondern auch, weil sie einen Bruch mit der „winning formula" (Goul-Andersen 2011, S. 18–19) des blauen Blockes bis 2010 darstellt, allzu offensichtliche Angriffe auf die Kernprogramme des Sozialstaates zu vermeiden, um den Sozialdemokraten die Möglichkeit zur Profilierung als die wahren Beschützer des universalen Wohlfahrtsstaates zu nehmen.

Wie bereits erwähnt, gehörte die Sozialhilfe nicht zu diesen Kernprogrammen und war relativ randständig. Allerdings sind Ausländer und Menschen mit Migrationshintergrund in Dänemark besonders oft Bezieher von Sozialhilfe. Dies erklärt vor dem Hintergrund des immigrations- und integrationskritischen Wahlkampfs von 2001, wieso die neue Mitte-Rechts-Regierung unter Mitarbeit und auf Druck der Dänischen Volkspartei den Zugang zu Sozialhilfe mit der Starthilfe deutlich einschränkte und 2005 und 2008 die 300- und die 450 Stundenregel für eine volle Sozialhilfe einführte (Goul-Andersen 2007, 2011; Jensen 2014). Für diese Art des Vorgehens hat sich in der Literatur der Begriff des *Targetings* (von Gruppen) eingebürgert.

Die in der Liste zuletzt angeführten Reformen wie die Reduzierung der Bezugsdauer auf zwei Jahre oder die starke Beschränkung der Frühverrentungsoption über die Arbeitslosenkassenleistungen stießen denn auch auf den erbitterten Widerstand der Gewerkschaften und des Gewerkschaftsdachverbandes (LO), die aber infolge der institutionellen Reformen zu Beginn der liberalen Regierungsperiode ab 2001 nicht mehr die Mobilisierungsfähigkeit hatten wie noch in den 1980ern. Damit war die von Jensen so genannte „erode [bezogen auf die alte institutionelle Vormachtstellung der Gewerkschaften] and attack [bezogen auf die Arbeitslosenversicherung]" Taktik der Mitte-Rechts-Regierung voll aufgegangen (Jensen 2014, S. 110–111).

Einigen Lesern wird mit Blick auf die obige Reformliste auffallen, dass Kürzungen der Lohnersatzraten im Falle der Arbeitslosenversicherung nicht vorkamen (dies gilt auch für die Überblicksdarstellungen in Jochem 2012; Jensen 2014; Förster et al. 2014). Tatsächlich werben die dänischen A-Kassen auf ihren Webseiten auch 2018 noch mit einem prozentualen Einkommensersatz von 90 % des vormaligen Einkommens – bis zu einem Maximum von 19.029 DKK vor Steuern. Diese Maximalbeträge nicht oder nur langsam an die Lohnentwicklung anzupassen ist ein klassisches Instrument von Rückbaupolitik und wird von einigen Autoren wegen der Möglichkeit der Verschleierung der politischen Verantwortung auch als eine geeignete *blame avoidance* Strategie betrachtet (Pierson 1994;

Green-Pedersen et al. 2012 bezweifeln allerdings, dass diese Form der Verantwortungsdiffusion in Dänemark funktioniert hat). 1982 erhielten nur 35 % der Leistungsempfänger den Maximalbetrag, 1995 waren es schon 69 % (Green-Pedersen et al. 2012, S. 135). Es handelt sich bei der Arbeitslosenversicherung in Dänemark mittlerweile um ein (quasi) Flatratesystem, auch, wenn das System ursprünglich als einkommensbezogenes System konzipiert war (Goul-Andersen 2011). Die Indexierung, die von den Konservativen nach 1982 für drei Jahre ausgesetzt wurde, erfolgt seit den 1990ern anhand der Lohnerhöhungen. Diese Kopplung an die Lohnentwicklung war unvollständig, lag also etwas unterhalb einer 100 % Anpassung, was langfristig starke kumulative Effekte hatte und zu einer weiteren „Homogenisierung" der Leistungen führte (Goul-Andersen 2011, S. 2–3). Das Resultat der partiellen Anpassung an steigende Löhne und der kurzzeitig ausgesetzten Indexierung seit 1982 lege ich im nächsten Abschnitt genauer dar.

Ebenfalls nicht in allen Details in der Liste aufgeführt ist die schrittweise Formalisierung von Workfare und Aktivierung unter der liberal geführten Regierung seit 2001. Vergleicht man die Regeln, denen Arbeitslose 1990 und 2010 Folge leisten mussten und deren Umsetzung, wird deutlich, dass die Regeln 2010 nicht nur strikter waren, sondern von den Jobcentern nun auch umgesetzt wurden (Goul-Andersen 2011, S. 7–10). Zu den Vorgaben zählt ein aktualisierter Lebenslauf, Responsivität und Verfügbarkeit gegenüber der A-Kasse und dem Job-Center online wie offline sowie (monatlich 4–8) nachgewiesene Bewerbungen. Dass das Recht auf, und die Pflicht zur Aktivierung, mittlerweile schon 9 Monate nach Beginn des Leistungsbezugs einsetzt (Goul-Andersen 2011, S. 8), kann sicher als Schwächung des Versicherungscharakters gesehen werden. Für Arbeitslose unter 30 Jahren beginnen die Aktivierungsmaßnahmen bereits nach 13 Wochen und die Auflagen sind strenger.

4.3.3 Generosität und Lohnersatz im Vergleich

Generosität kann vereinfacht als Kombination aus Leistungshöhe, Laufzeit der Leistung und der Strenge der Qualifikationskriterien aufgefasst werden (im Falle von Renten geht auch das Rentenalter ein, da es als ein Qualifikationskriterium aufgefasst werden kann). Diese Intuition steht hinter den Generositätswerten für die Arbeitslosenversicherung, wie sie im Folgenden dargestellt und diskutiert werden (siehe Scruggs et al. 2014 für Details). Wichtigster Teil dieser Generositätsmaße ist die Lohnersatzrate im Fall des Jobverlusts, die daher hier gesondert für verschiedene Gruppen vergleichend dargestellt wird. Zunächst für niedrige, durchschnittliche und hohe Arbeitseinkommen. Danach getrennt nach Single- und Familienhaushalten. Vorausgeschickt sei, dass die hier dargestellten Zahlen also genauere und gruppenspezifischere Schlüsse zulassen als die allgemeine Nettolohnersatzrate der OECD für Durchschnittsverdiener (den OECD Average Production Worker), diese aber den gleichen Abwärtstrend aufweist (Green-Pedersen et al. 2012, S. 136).

Wenden wir uns zunächst der allgemeinen Entwicklung der Generosität in vergleichender Perspektive zu. Diese ist für die Vergleichsländer und die OECD in Abb. 4.8 on 1970 bis 2011 dargestellt. Wie im letzten Abschnitt erläutert, markieren die Jahre 1993/1994 in Dänemark trotz früherer Anpassungen den Wendepunkt zwischen Expansion und Rückbau. War die Dauer des Leistungsbezugs vormals noch „almost unlimited" (Goul-Andersen 2011, S. 6), wurde sie nun verkürzt und die Hürden für eine erneute Qualifikation für Leistungen wurden erhöht (staatliche Weiterbildung zählte nicht mehr). Dass dieser erschwerte Zugang – obwohl weiterhin relativ generös – nicht unmittelbar die Inklusivität der Arbeitslosenversicherung senkte, hat auch mit der deutlichen wirtschaftlichen Erholung Mitte der 1990er zu tun. Da mit dem wirtschaftlichen Aufschwung auch eine stärkere Steigerung der Löhne und eine weniger vollständige Anpassung der Maximalbeträge der Arbeitslosenversicherungsleistungen einhergeht, schlägt

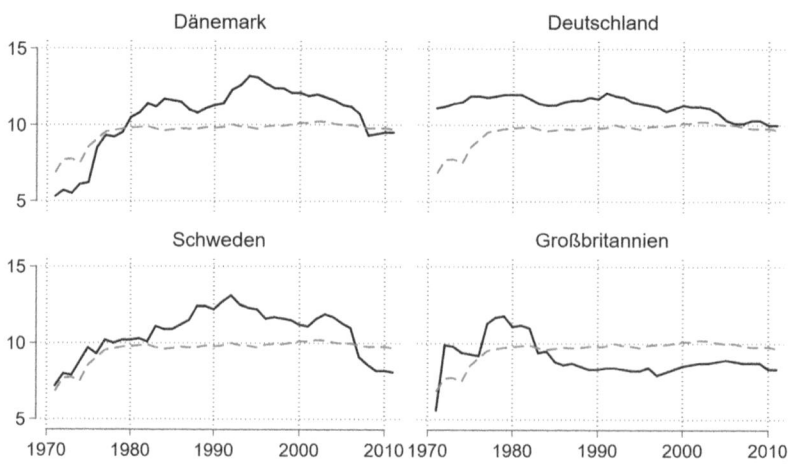

Abb. 4.8 Generosität der Arbeitslosenversicherung. (Quelle: Scruggs et al. 2014, Variable uegen)

sich gerade seit Mitte der 1990er auch die daher sinkende Ersatzrate in den fallenden Generositätswerten für Dänemark nieder (Details siehe unten). Heute liegt Dänemark in puncto Generosität der Arbeitslosenversicherung daher leicht unter dem OECD-Schnitt. Auch in den der Vergleichsländern nahm die Generosität in den letzten Dekaden ab. Die Entwicklung in Schweden ist wegen der schweren Budget- und Finanzkrise Anfang der 1990er weitgehend parallel zur dänischen Entwicklung, auch wenn die wirtschaftliche und sozialpolitische Expansion in den 1980ern im Vergleich zu Dänemark (mit all den geschilderten Problemen) geradliniger verlief. Großbritannien und Deutschland expandierten ihre Systeme nie so stark wie Schweden und Dänemark und hatten folglich auch weniger Spielraum für Rückbau. Die Residualisierung der Arbeitslosenversicherung hin zu einer Flatrate mit extrem niedrigen effektiven Ersatzraten, die lediglich zur Armutsbekämpfung geeignet sind, wurde in Großbritannien bereits in den 1980ern unter der konservativen Premierministerin Margaret Thatcher abgeschlossen. In Deutschland sind die Ersatzraten nahezu stabil und das System ist weiter auf Statuserhalt statt auf Inklusivität ausgelegt, jedoch wurde die Dauer von Leistungen reduziert und die Qualifikation ist erschwert worden, sodass auch hier die Generosität im Vergleich zu den 1970ern und 1980ern gesunken ist. Zwar kann man anhand von Abb. 4.8 sagen, dass das System der Arbeitslosenversicherung in Deutschland mittlerweile etwas generöser ist als in Dänemark. Aber nur für jene Menschen, die auch die Bedingungen hinsichtlich der Qualifikationszeit erfüllen; was im freiwilligen dänischen System weiter einfacher ist, da auch 2018 lediglich 12 Monate Beschäftigung und Mitgliedschaft in der Arbeitslosenkasse notwendig sind. Dazu kommt abermals der Aspekt der viel höheren Einkommensspreizung in Deutschland im Vergleich zu Dänemark, da es für Niedrigverdiener rein *monetär* in Deutschland kaum einen Unterschied macht, ob sie die Arbeitslosenversicherung oder Hartz 4 beziehen.

Womit wir bei den Ersatzraten im Falle der Arbeitslosigkeit für drei unterschiedliche Einkommensszenarien wären. Abb. 4.9 zeigt die Lohn- beziehungsweise Einkommensersatzraten im Falle von Arbeitslosigkeit für drei unterschiedliche Einkommensgruppen (Basis sind Berechnungen von Jahn 2017; Scruggs et al. 2014): niedrig/unterdurchschnittlich, mittel/durchschnittlich, hoch/überdurchschnittlich. Die ersten drei Spalten zeigen für diese drei Einkommensgruppen an, welcher Anteil des zuvor bezogenen Gehalts bei Arbeitsplatzverlust Stand 2010 ersetzt wird. Leider liegen diese Daten nur bis 2010 in ländervergleichender Form vor. Wohlgemerkt gelten diese Ersatzraten in Dänemark nur, sofern auch eine Versicherung bei einer A-Kasse *(Arbejdsløshedskasse)* für mindestens 12 Monate vorlag. Die letzten drei Spalten in Abb. 4.9 geben Auskunft über die Veränderung der Lohnersatzrate seit dem Jahr 1980. Eine gewisse visuelle und im Hinblick auf die

	Lohnersatzrate Arbeitslosigkeit im Jahr 2010			Veränderung Lohnersatzrate 1980 bis 2010		
Einkommen:	Niedrig	Mittel	Hoch	Niedrig	Mittel	Hoch
Australien	37,8	31,5	31,4	-11,0	-10,2	0,2
Österreich	68,2	64,6	61,6	-7,1	-8,2	9,8
Belgien	90,7	71,3	61,9	15,1	9,2	11,8
Kanada	71,6	63,4	50,2	-0,3	-0,7	-1,6
Dänemark	96,4	62,8	51,2	4,0	-24,2	-22,0
Finnland	77,1	68,4	62,1	4,7	36,8	41,4
Frankreich	75,1	65,4	65,8	30,0	22,6	42,7
Deutschland	72,3	68,4	65,4	-7,6	-4,8	-12,9
Griechenland	63,1	62,4	68,1	1,1	3,0	6,1
Irland	82,1	61,2	46,8	1,2	-13,9	-21,5
Italien	79,6	65,7	51,4	87,5	99,6	26,6
Japan	82,3	60,6	51,3	4,6	-4,1	-13,9
Niederlande	84,0	85,6	67,9	-5,0	-2,7	-18,8
Neuseeland	62,3	44,1	36,6	-16,4	-23,3	-11,1
Norwegen	80,0	76,3	70,4	-1,7	0,2	-16,1
Portugal	112,6	82,7	89,8	13,5	20,9	68,3
Spanien	81,8	77,6	66,1	-11,6	-16,3	-30,0
Schweden	87,6	68,1	54,2	-6,4	-18,4	-24,2
Schweiz	88,0	83,2	78,6	14,0	8,0	21,7
Großbritannien	51,7	40,7	34,0	-30,6	-30,2	-25,6
USA	73,7	66,0	52,5	-1,3	-9,0	-17,1
Durchschnitt	77,0	65,2	58,0	2,0	-1,9	-2,8

Abb. 4.9 Lohnersatzraten bei Arbeitslosigkeit nach Einkommen. (Quelle: Jahn 2017)

angegebenen Durchschnittswerte auch mathematische Verzerrung ergibt sich aus dem nachholenden Wachstum südeuropäischer Länder wie Italien, die später als andere OECD-Länder formale Arbeitslosenversicherungen auf nationaler Ebene institutionalisiert und ausgebaut haben. Ließe man Italien und Portugal außen vor, ergäbe sich eine deutlich negativere Entwicklung seit 1980. Betrachtet man nun die Daten für Dänemark vor dem Hintergrund unserer drei Vergleichsländer (Schweden, Deutschland, Großbritannien) und der OECD als Ganzes, lässt sich im Hinblick auf den Lohnersatz Folgendes konstatieren:

- Für Geringverdiener ergibt sich in 2010 netto ein Einkommensersatz von über 90 % des Lohns. Damit nimmt Dänemark für diese Einkommensgruppe unter den etablierten Wohlfahrtsstaaten eine Spitzenposition ein und liegt deutlich über dem Durchschnitt von 21 OECD-Ländern (77 %) und über den Werten unserer Vergleichsländer (77,3 % Deutschland, 87,6 % Schweden, 51,7 % Großbritannien).
- Mit 63 % für Durchschnittsverdiener und 51 % für Vielverdiener fallen die Nettoersatzraten für diese Gruppen weitaus bescheidener aus, was sich aus

den bereits angesprochenen Maximalbeträgen ergibt. Beide Werte liegen noch unter den OECD-Durchschnittswerten (65 % und 58 %), in die z. B. auch die sehr niedrigen Werte Großbritanniens eingehen. Dass Dänemark bei den mittleren und hohen Einkommen mittlerweile unter dem OECD-Durchschnitt liegt, ist umso bemerkenswerter, wenn man bedenkt, dass es in einigen der für den Durchschnitt berücksichtigten Länder (Neuseeland, Australien) keine Trennung von Arbeitslosenversicherung und Sozialhilfe gibt und die Ersatzraten dementsprechend niedrig ausfallen.

- Wie im OECD-Trend hat sich in Dänemark seit 1980 die Ersatzrate der unteren Einkommensgruppen erhöht (+4 Prozentpunkte), während die Ersatzraten für mittlere und höhere Einkommen gesunken sind. In Dänemark ist das Folge von Kürzungen und nicht erfolgten Anpassungen der Maximalbeträge an steigende Löhne und Preise. Allerdings sind diese Verschiebungen mit einem Minus von 24 und 22 Prozentpunkten in Dänemark viel dramatischer als in der OECD als Ganzes. Nur in Großbritannien sind im Zuge des Thatcherismus die Ersatzraten noch stärker abgesenkt worden; dort allerdings über alle Einkommensgruppen hinweg. Auch hier waren ausbleibende Indizierungen eine wichtige Triebfeder.
- Niedrigere Einkommensgruppen sind in Dänemark also tatsächlich gut abgesichert, mittlere und höhere Einkommen eher nicht mehr. Es geht also in Dänemark nicht um die Erhaltung von Statusdifferenzen; wie z. B. in Deutschland. Die Arbeitslosenversicherung trägt insofern auch zur egalitären Ausrichtung des Wohlfahrtsstaates bei (Jahn 2017). Allerdings sollte man auch bedenken, dass kaum jemand in der sehr stark komprimierten beziehungsweise nivellierten Einkommensverteilung in Dänemark überhaupt in diese untere Einkommensgruppe fällt. Die (bei Jahn 2017) der Modellierung zugrunde liegenden 50 % des Durchschnittslohns betreffen in vielen Ländern weite Teile der Bevölkerung. Gerade in stark dualisierten Arbeitsmärten wie dem deutschen. In Dänemark aber entsprechen 50 % des Durchschnitts auf Grundlage der OECD-Zahlen von 2017 (Monatslohn: 4382 $, 3561 €, 26.522 DKK) umgerechnet 1780 € *vor* Steuern und Abgaben – eine Bruttosumme, für die in Dänemark nur wenige Menschen arbeiten beziehungsweise arbeiten gehen würden. Die maximalen Versicherungsleistungen betragen 2017 ca. 19.000 DKK brutto. Will man mehr, gibt es wie dies auch in Schweden mittlerweile verbreitet ist die Möglichkeit, sich zusätzlich privat zu versichern. Diese Option wird auch von den A-Kassen beworben.

Abschließend steht noch die Frage im Raum, ob es Unterschiede im Lohnersatz für Singles und Familien gibt und wie sich diese entwickelt haben. Abb. 4.10 fasst die Entwicklungen seit 1970 zusammen. Sofort wird die enge Kopplung

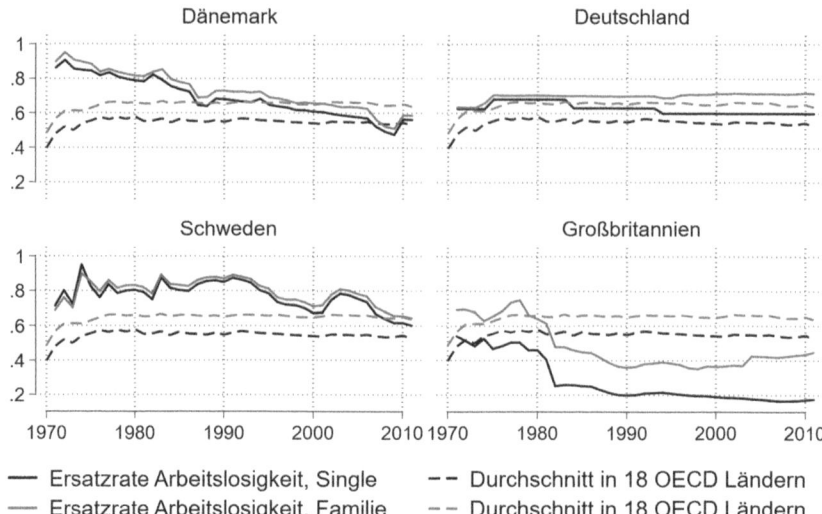

Abb. 4.10 Ersatzraten bei Arbeitslosigkeit nach Familienstand. (Quelle: Scruggs et al. 2014, Variablen us100, uc1000)

beider Haushaltstypen in allen vier Ländern und der OECD deutlich. In der OECD und den vier Vergleichsländern fallen die Ersatzraten für Familien erwartungsgemäß durchweg höher aus. Auffällig ist lediglich, dass diese Unterschiede in Dänemark geringer sind als in den anderen Ländern. Ansonsten fallen die Schlussfolgerungen ähnlich wie bei Abb. 4.9 aus. Für Dänemark gilt, dass beide Konstellationen bei Durchschnittsgehalt bis in die späten 1970er jene 90 % Lohnersatz erhielten, die auch heute noch angesetzt werden, aber durch die Maximalbeträge ausgehebelt werden. Wie auch aus der vorigen Abb. 4.9 ersichtlich ist, liegen die Ersatzraten in Dänemark am Ende der Zeitreihe unter 60 % und damit etwas niedriger als in Schweden und Deutschland. Damit liegen alle drei Länder in etwa im OECD-Durchschnitt – was besonders im Hinblick auf Schweden und Dänemark einige Leser überraschen dürfte.

Von einer guten Absicherung des Lebensstandards der Mittelschicht kann 2018 nicht mehr die Rede sein. Dies wird seit einigen Jahren auch von dänischen Experten eingeräumt (Goul-Andersen 2011). Interessant ist diesbezüglich, dass es mittlerweile wie in Schweden die Option gibt, innerhalb der eigenen privaten Arbeitslosenversicherung (A-Kasse) eine (allerdings recht teure) Zusatzversicherung abzuschließen, um über die niedrige effektive Flatrate-Summe hinaus

4.4 Expansion, Privatisierung und Performanzprobleme ...   135

auch höhere Einkommen zu versichern. Vielleicht noch wichtiger aus Sicht der Puristen des Universalen Wohlfahrtsstaates ist aber, dass die Kombination aus drastisch verkürzten Anspruchs- und Bezugszeiten und immer früherer Aktivierung durch die Case-Worker der Arbeitslosenagenturen/-versicherungen die Attraktivität der Standardversicherung für die Mittelschicht gesenkt hat. Nicht nur, weil sie ihren Mittelklasselebensstandard nicht mehr absichert, sondern auch, weil die immer frühere Aktivierung von Arbeitslosen oder Kranken als stigmatisierend empfunden werden kann[5]. Die weiteren Entwicklungen werden vor allem vom Willen der politischen Parteien im Hinblick auf zwei Fragen abhängen: Erstens, soll und kann eine weitere Abwertung der Lohnersatzraten verhindert werden? Zweitens, wie inklusiv soll das System sein, oder ist eine Dualisierung mit stärkerer Betonung der Sozialhilfe gewollt? Bis 2010 schien es einen Konsens zu geben, eher die Entwertung der Ersatzleistungen zuzulassen als ihre gesellschaftliche Inklusivität – in Abgrenzung zu Sozialhilfe – zu gefährden. Zumindest eine Zusammenlegung beider Programme, obwohl sie diskutiert wurde, ist nicht absehbar (Goul-Andersen 2007, 2011).

4.4 Expansion, Privatisierung und Performanzprobleme im Gesundheitssektor

4.4.1 Einleitung und Hintergründe zum Gesundheitssystem

Das dänische Gesundheitssystem ist ein steuerfinanziertes System, das zumindest grundsätzlich ohne private Kosten oder Praxisgebühren jedem in Dänemark gemeldeten Menschen offensteht. In Dänemark lebende Ausländer sind zugegebenermaßen meist ernüchtert, wenn sie tatsächlich einmal mit dem universalen dänischen Gesundheitssystem in Kontakt kommen. Neben teils langen Wartezeiten, privaten Zuzahlungen für einige Leistungen und verschiedenen quasi-obligatorischen Zusatzversicherungen warten vergleichsweise wenig moderne Kliniken mit Sechsbettzimmern, die, je nach kultureller Prägung, entweder als *hyggelig* oder als sanierungsbedürftig angesehen werden können. Aber auch

---

[5]Natürlich sollte man auch für dieses Kapitel aber im Hinterkopf behalten, dass die Arbeitslosen in Dänemark auch von einer effizienten und Ressourcen-intensiven aktiven Arbeitsmarktpolitik profitieren (siehe Abschn. 3.3). So können sich Firmen etwa bei Einstellung eines Arbeitslosen sechs Monate die Lohnkosten mit dem Staat teilen *(løntilskud)*.

wegen solcher Wahrnehmungsunterschiede gibt es ja Statistiken. Nach einigen einführenden Bemerkungen zum Gesundheitssystem und der Politik in Verbindung mit dem Gesundheitssystem werden die Generosität der Krankenversicherung und die Performanz des Systems in vergleichender Perspektive besprochen, auch wenn es leider nicht für jede relevante Statistik auch wirklich belastbare vergleichbare Daten gibt. Anders als im Fall von Arbeitslosigkeit oder Renten liegt der Fokus bei Krankheit weniger auf dem Einkommensersatzraten und den Qualifikationskriterien per se. Vielmehr dürfte die meisten Menschen im Krankheitsfall doch interessieren, ob und wie gut und schnell das Gesundheitssystem ihnen hilft, gesund zu werden oder noch besser zu bleiben; eine Erkrankung wie Krebs also möglichst frühzeitig zu erkennen oder präventiv tätig zu werden. Das heißt natürlich nicht, dass der Einkommensersatz unwichtig wäre. Jedoch wird die Performanz in diesem Unterkapitel stärker gewichtet als die bloße Generosität.

In der Einleitung habe ich auf ein Buch des Sozialhistorikers Peter Baldwin verwiesen. In seiner Zusammenfassung der vergleichenden Betrachtung von Indikatoren, die dem Gesundheitsbereich zuzurechnen sind, schlussfolgert er, dass die „durchweg schlechtesten Ergebnisse" keineswegs in den USA, sondern Großbritannien und Dänemark zu finden seien (2010, S. 58), auch wenn er ohne Umschweife einräumt, dass die in den USA aufgewendeten Kosten exorbitant hoch sind. Diese Einschätzung muss man zwar nicht unbedingt teilen, da Baldwin nicht zwischen Aspekten unterscheidet, für die das Gesundheitssystem unmittelbar verantwortlich ist (Überlebensraten) und solchen, für die auch Angewohnheiten und Verhaltensweisen der Bevölkerung eine Rolle spielen (Erkrankungsraten). Tatsächlich aber gibt es durchaus ernsthafte Probleme in der dänischen Gesundheitsversorgung, die auch in der dänischen Parteipolitik und den dänischen Medien leidenschaftlich diskutiert werden (DR 2017; TV2 2017; DR 2018). Allen voran geht es hier um die nach wie vor bestehenden und je nach Region stark variierenden Wartezeiten (esundhed.dk 2018) auch bei sensiblen Eingriffen und Tests (wie Mammografien) aufgrund von Ärztemangel, sowie um die vergleichsweise schlechte Performanz Dänemarks bei der Krebshäufigkeit und der Krebsmortalität. Jedoch konnten seit der Jahrtausendwende die einst sehr hohen Wartezeiten in vielen Bereichen und Regionen gesenkt werden und hinsichtlich der schlechten Rankings in den Krebsstatistiken (Abschn. 4.4.3) gibt es erste Anzeichen für Verbesserungen.

In der deutschen Berichterstattung und Diskussion wird das „Erfolgsmodell Dänemark" oft einseitig als leuchtendes Beispiel dafür angeführt, wie man die Kosten im Gesundheitssektor senken könne (Zeit 2016). Tatsächlich sind diese gering, besonders vor dem Hintergrund der höheren dänischen Lohnkosten.

4.4 Expansion, Privatisierung und Performanzprobleme ...

Dass diese Kosteneffizienz auch mit Rationierung, Sechsbettzimmern, wenig Vorsorge und jüngst auch einer sehr rigiden Ausdünnung des Krankenhausnetzes auf ein Drittel, zugunsten einiger weniger, dafür stark spezialisierter und moderner Großkliniken, erkauft wird, wird weniger prominent erwähnt. Auch, dass bei gleicher Diagnose und Operation in Dänemark nur viel kürzere Krankenhausaufenthalte gewährt werden *("fast track")*, gilt es zu bedenken. Bezeichnend ist in Bezug auf Kosteneffizienz und Qualität auch, dass es bei privaten dänischen Firmen mittlerweile zum Standard gehört, ihren Mitarbeitern Zusatzversicherungen anzubieten, mit denen man sich im Ausland, zum Beispiel in Flensburg, operieren lassen kann (ein Drittel der Patienten in Flensburg sind Dänen). Überhaupt ist die Popularität und Wichtigkeit von solchen Zusatzversicherungen und privat zu finanzierenden Leistungen ein wichtiges Merkmal des dänischen Gesundheitssystems geworden (Jensen 2014, S. 80–84). Zwar hat jeder der in Dänemark lebt und eine ID Karte *(yellow card)* besitzt, ein Anrecht auf die aus Steuern finanzierten Grundleistungen, die auch die meisten Behandlungen abdecken. Jedoch wird man kaum noch Dänen im Privatsektor finden, die nicht über eine oder mehrere Zusatzversicherungen verfügen um die Risiken abzudecken, die nicht oder nur teilweise durch Steuern abgedeckt sind. Im am stärksten privatisierten Gesundheitsbereich, Zahngesundheit und zahnärztliche Leistungen, weist Dänemark einen hohen sozialen Gradienten bei der Qualität der Zähne auf[6]. Mit sozialem Gradient ist gemeint, dass die Zahngesundheit in Dänemark stark vom Einkommen abhängt, weil die private *(out of pocket)* Kostenbeteiligung Geringverdiener abschreckt beziehungsweise davon abhält, regelmäßig zum Zahnarzt zu gehen und notwendige Kontrollen der Zähne und/oder Eingriffe durchführen zu lassen (Flyvbjerg 2016).

In vergleichender Perspektive liegt Dänemark bei der Abdeckung durch private Versicherungen im Mittelfeld – jedoch ist diese mittlerweile ausgeprägter als in Deutschland, Großbritannien und Schweden. Die OECD (2017b, S. 89) beziffert den Anteil der Bevölkerung mit komplementärer oder zusätzlicher Versicherung für 2015 auf 37 %. In Deutschland (23 %, wovon gut die Hälfte auf Vollmitglieder privater Krankenkassen entfällt), Großbritannien (11 %) und Schweden (0 %) ist der Anteil geringer. Die Daten der OECD (2017b, S. 89) machen auch deutlich, dass es in keinem OECD-Land seit dem

---

[6]Diese privaten Kostenbeteiligungen über geleistete Sozialbeiträge (Deutschland) und Steuern (Dänemark) hinaus werden auch out-of-pocket payments genannt. Ein deutsches Beispiel ist die wegen Unbeliebtheit und Ineffizienz abgeschaffte Praxisgebühr von 10 EUR je Quartal, die von 2004 bis 2012 zu entrichten war.

Jahrtausendwechsel zu so einem starken Anstieg der Verbreitung von privaten Policen kam wie in Dänemark (noch 2005 lag die Verbreitung privater Policen im einstelligen Prozentbereich).

Aber wie lässt sich die Relevanz privater Versicherungen und Leistungen in einem universalen Wohlfahrtsstaat wie Dänemark historisch und politisch verstehen? Um das zu beleuchten, ist ein kurzer historischer Abriss zur Gesundheitspolitik in Dänemark nötig. Wie auch im Falle anderer Sozialprogramme hatten die Expansion und die Universalisierung des Gesundheitssystems ihren Ursprung einerseits in 1929 beginnenden 13 Jahren Regierungsführung der Sozialdemokraten und andererseits in den Kompromissen zwischen den Sozialdemokraten und den Liberalen 1933. Im Gegenzug für Hilfen für die selbstständigen Bauern (damals die Kernklientel der Liberalen) wurde die Krankenversicherung verpflichtend, auch wenn es weiter eine separate und stärker staatlich subventionierte Versicherung für Bedürftige beziehungsweise Arme gab (Jensen 2014, S. 79). In den 1960ern kam es abermals zur Expansion des Gesundheits- und Krankenversicherungssystems. Eine deutliche Erhöhung der staatlichen Subventionen und die Aussetzung der Bedarfsprüfung für den Beitritt zu den subventionierten Kassen waren entscheidende Faktoren für diese Entwicklung, da sie zu einem Mitgliederschwund bei den nicht subventionierten Kassen führten. Nichtsdestotrotz blieb zunächst – ähnlich wie z. B. im deutschen Kaiserreich bis zur Einführung der gesetzlichen Krankenversicherung 1884 (Horn und Kevins 2018) – ein System von privaten Assoziationen beziehungsweise Kassen intakt, das erst 1973 vollständig verstaatlicht war (Jensen 2014, S. 79).

Erst in den 1990ern wurde das Gesundheitssystem wieder zu einem salienten Thema in Dänemark, vor allem wegen als zu lang wahrgenommener Wartezeiten für Eingriffe und Untersuchungen bei Fachärzten (Stubager et al. 2013, S. 20)[7]. Die Wartelisten wurden von den oppositionellen Liberalen *(Venstre)* als inakzeptabel kritisiert. Einerseits wurde eine massive Expansion der öffentlichen Mittel in Aussicht gestellt, um das Gesundheitssystem zu verbessern. Andererseits wurde aber auch gefordert, den Bürgern mehr Wahlmöglichkeiten einzuräumen. Es sollte möglich werden, auch in Privatkliniken oder im Ausland auf Kosten des dänischen Staates Termine oder Operationen

---

[7]Dazu muss man wissen, dass der Zugang zu einem Facharzt *(speciallæge)* in Dänemark meist über einen Termin im Krankenhaus erfolgt (nach Überweisung vom Hausarzt), wo die Mehrheit der Fachärzte angesiedelt ist.

4.4 Expansion, Privatisierung und Performanzprobleme ...

wahrzunehmen – besonders dort, wo der öffentliche Sektor an seine Kapazitätsgrenzen stößt. Beide Aspekte zogen sich auch nach der liberalen Regierungsübernahme im Jahr 2001 weiter durch die Programme von Venstre (für eine Liste von Zitaten diesbezüglich siehe Jensen 2014, S. 81–82) und wurden auch in Politik umgesetzt. Dies geschah wie oft in Dänemark auf Basis von Verhandlungen, die auch Parteien außerhalb der Regierung berücksichtigten (wie die Sozialdemokraten, oder die Dänische Volkspartei, von deren Tolerierung Venstre abhängig war). Im Kern gab es drei wichtige Neuerungen. Ein zentrales neues Politikinstrument war die steuerliche Absetzbarkeit von zusätzlichen Firmenversicherungen, die allerdings der gesamten Belegschaft zur Verfügung gestellt werden müssen. Sie erlauben zum Beispiel die Nutzung ausländischer Ärzte und Kliniken. Diese Zusatzversicherungen betrafen 2008 bereits den Großteil der im privaten Sektor Beschäftigten (Kjellberg et al. 2010). Arbeitslose und Angestellte im öffentlichen Sektor profitierten aber bestenfalls indirekt von diesen Neuerungen (etwa, weil durch das Ausweichen in den Privatsektor oder ins Ausland Ressourcen frei wurden).

Jedoch gab es eine zweite Neuerung seitens der liberalen Regierung, von der auch besagte Gruppen profitierten. 2002 wurde eine Wartezeit-Garantie eingeführt. Jeder hatte durch diese Garantie nun das Recht, private oder ausländische Kliniken und Ärzte aufzusuchen, sofern nicht innerhalb einer Frist von zwei Monaten im öffentlichen System Abhilfe geschaffen werden konnte. Die Kosten werden in solchen Fällen vom dänischen Staat übernommen. Die Garantiezeit wurde 2007 von zwei Monaten auf einen Monat reduziert. Allerdings gab es zunächst sehr wenige private Anbieter. Dies ist nicht wirklich verwunderlich – war doch die politische Maxime im universalen Wohlfahrtsstaat eigentlich immer *crowding out the market*. Nun aber lautete die Maxime plötzlich *buying out to the market;* und es wurde sogar durch eine „Überkompensation privater Anbieter" versucht, besagten Anbietermangel zu beheben (Jensen 2014, S. 83). Diese Privatisierung durch *Outsourcing* (Jensen 2014, S. 77 spricht diesbezüglich von einer „Vermarktlichung") führte natürlich zu einem Anstieg der Kosten, andererseits half sie, die langen Wartezeiten merklich zu reduzieren.

Drittens einigte man sich darauf, mittels eines Infrastrukturprogramms massiv in Modernisierung zu investieren, und dabei das Krankenhausnetz zugunsten einiger Großkliniken auszudünnen. Ein Prozess, der Stand 2018 jedoch noch nicht abgeschlossen ist. In Aarhus zum Beispiel sollen die teils baufälligen und veralteten Niederlassungen der Universitätsklinik bald mit einem hochmodernen Großkrankenhaus ersetzt werden, das Platz für ca. 4000 Patienten und 9000 Mitarbeiter bietet.

4.4.2 Systemkosten und Generosität der Krankenversicherung

Einerseits wurde das dänische Gesundheitssystem seit dem Antritt der Mitte-Rechts Regierung 2001 mehr auf Kosteneffizienz getrimmt. So wurde die Anzahl der Krankenhäuser und der Krankenhausbetten gesenkt und die Dauer der Krankenhausaufenthalte ist nun vergleichsweise kurz. Außerdem wurde die Generosität der Lohnersatzleistungen im Krankheitsfall deutlich gesenkt. Andererseits wurde auf die seit den 1990ern perzipierten Missstände mit einer deutlichen Expansion des Gesundheitssystems reagiert, vor allem durch die Auslagerung staatlich bezahlter Leistungen an private Dienstleister. Schauen wir zunächst kurz auf die Entwicklung der aufgewendeten finanziellen Mittel in Dänemark und den Vergleichsländern (siehe Abb. 4.11). Abgebildet sind die staatlichen Ausgaben und private Ausgaben, die verpflichtend/unumgänglich sind (also von der OECD als „mandatory private" klassifiziert werden). Bis Ende der 1990er Jahre machten die so definierten Ausgaben für Gesundheit in Dänemark weniger als 5 % der jährlichen Wirtschaftsleistung aus und lagen damit niedriger als in den Vergleichsländern Großbritannien, Schweden und Deutschland sowie

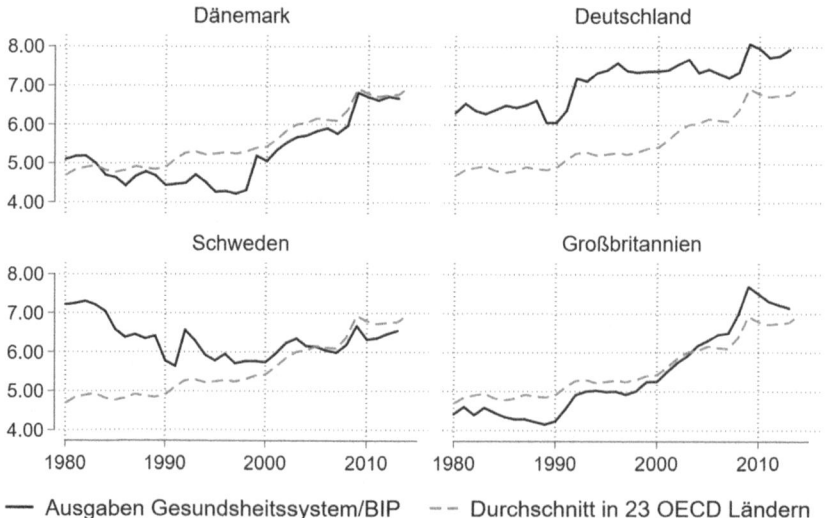

Abb. 4.11 Ausgaben Gesundheitssystem. (Quelle: Armingeon et al. 2017, Variable health_pmp)

4.4 Expansion, Privatisierung und Performanzprobleme ...

der OECD als Ganzes. Mittlerweile (2015) liegt Dänemark aufgrund der intendierten Expansion des Systems mit 7 % des BIP ungefähr im Durchschnitt der OECD-Länder und in etwa gleichauf mit Schweden und Großbritannien, aber hinter Deutschland, in dem die Kosten für Gesundheit im Verhältnis zur Wirtschaftsleistung besonders hoch sind. Auch in den drei Vergleichsländern und der OECD als Ganzem gab es seit den 1990ern einen Trend zu höheren Ausgabeanteilen für das Gesundheitssystem. In Dänemark fällt dieses Wachstum jedoch ganz besonders stark aus. Auch gingen dieser Expansion keine Reduzierungen in den 1980ern voraus, wie dies in Deutschland und vor allem in Schweden der Fall war. Zu den in Abb. 4.12 dargestellten Kosten kommen noch die out-of-pocket payments, die in allen vier Vergleichsländern laut OECD bei knapp 2 % des BIP und somit etwas unter dem OECD-Durchschnitt von 2,5 % liegen (OECD 2017b, S. 135). Auch wenn also die Bedeutung von privaten Krankenversicherungen und out-of-pocket payments in Dänemark seit 2001 zugenommen hat und dies nicht zu unseren tradierten Ideen vom sozialdemokratisch geprägten universalistischen nordischen Wohlfahrtsstaat passen mag, so ist das Land im internationalen Vergleich dennoch keineswegs ein Vorreiter in Sachen Privatisierung und Zuzahlungen; sondern liegt knapp unter dem Durchschnitt der Industriländer.

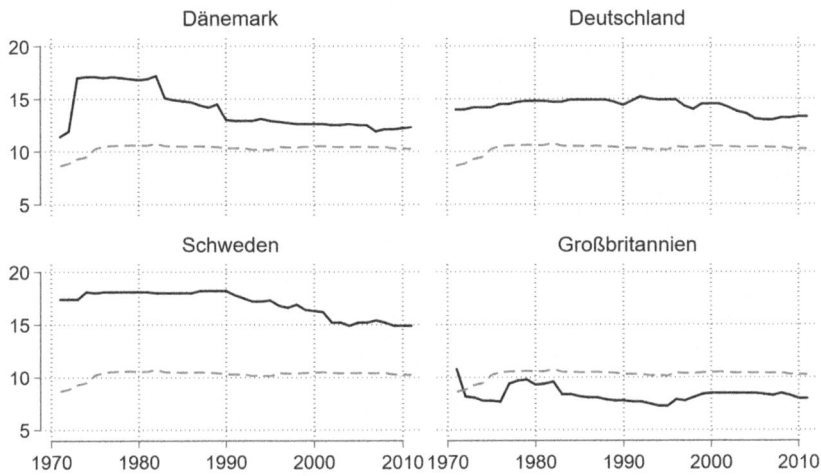

Abb. 4.12 Generosität der Krankenversicherung. (Quelle: Scruggs et al. 2014, Variable skgen)

Vergleicht man in einem nächsten Schritt (Abb. 4.13) die Generosität der Krankenversicherung und deren Entwicklung, zeigt sich, dass es in Dänemark seit den frühen 1980ern zu Kürzungen bei der Generosität kam. Am Ende der Zeitreihe liegt Dänemark daher nur noch recht knapp über dem Durchschnitt der OECD-Länder und weist geringere Werte auf als Schweden und Deutschland. In beiden letztgenannten Ländern gab es ebenfalls Kürzungen bei den Versicherungsleistungen im Krankheitsfall. Diese fielen aber etwas moderater aus (Deutschland) beziehungsweise erfolgten von einem noch etwas höheren Ausgangsniveau aus (Schweden). Wie in vielen der präsentierten Statistiken befindet sich die Generosität in Großbritannien auf einem deutlich niedrigeren Niveau.

Der wohl wichtigste Bestandteil der Generosität von Sozialversicherungen neben den Kriterien zur Qualifikation für den Leistungsbezug und der Bezugsdauer ist die Höhe der Ersatzleistungen relativ zum zu ersetzenden Einkommen. Deshalb lohnt sich ein Blick in Abb. 4.14, die gesondert die Entwicklung der Lohnersatzraten im Krankheitsfall in den vier Ländern und der OECD wiedergibt. Wirklich wichtig sind solche Ersatzraten vor allem für jene, die länger nicht arbeitsfähig sind. Den ersten Monat im Krankenstand bezahlt der Arbeitgeber in Dänemark mit dem normalen Gehalt. Danach greifen Ersatzraten, die sich für Durchschnittsverdiener so entwickelt haben wie die Raten der Arbeitslosenversicherung.

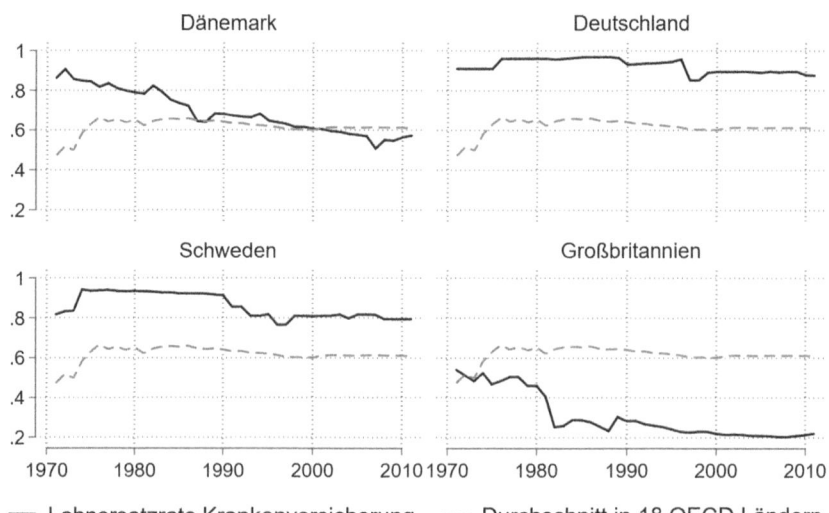

Abb. 4.13 Ersatzraten Krankenversicherung. (Quelle: Scruggs et al. 2014, Variable ss100)

4.4 Expansion, Privatisierung und Performanzprobleme ...

Von über 80 % Lohnersatz im Krankheitsfall in den 1970ern sank die effektive Ersatzrate (also unter Berücksichtigung von Maximalbeträgen) auf unter 60 % und liegt damit 2011 im OECD-Durchschnitt. In Schweden und Deutschland fällt der Einkommensersatz im Krankheitsfall am Ende der Zeitreihe dagegen deutlich generöser aus. In Großbritannien verliert man ohne private Zusatzversicherung den Großteil seines Einkommens. Allerdings gibt es in Dänemark firmen- und sektorenspezifische Vereinbarungen, die zu einer Besserstellung im Vergleich zu den hier präsentierten Zahlen führen können (so etwa im öffentlichen Dienst).

Abschließend zum Komplex der Kosten- und Generositätsentwicklung lässt sich konstatieren, dass das dänische System weder im Hinblick auf rein finanzielle Anstrengungen, noch gemessen an der Generosität der Krankenversicherungsleistungen besonders ambitioniert erscheint, auch wenn es seit den späten 1990ern zu einem nachholenden Wachstum der Ausgaben für Gesundheit kam, um verschiedene Probleme zu lösen. Inwiefern dies gelang, ist Thema des nächsten Abschnitts zu Performanzindikatoren. Interessant ist aus vergleichender Perspektive auch noch, dass es wenige Parallelen und Gemeinsamkeiten zwischen den Entwicklungen in den

Risikofaktoren					
	Tägliche Raucher, %	Alkoholkonsum, in Litern/Person	Fettleibigkeit (BMI > 30), %	Bewegungsmangel, %	Luftverschmutzung (PM2.5, mg/m3)
Dänemark	17,0	9,4	14,9	22,4	11,0
Deutschland	20,9	11,0	23,6	30,2	14,0
Schweden	11,2	7,2	10,3	20,5	12,9
Großbritannien	16,1	9,5	26,9	32,4	12,4
OECD Durchschnitt	18,4	9,0	19,4	33,5	15,1
Quelle/Details:	OECD 2017: 24	OECD 2017: 24	OECD 2017: 24	OECD 2017: 77	OECD 2017: 24

Outcomes I					
	Lebenserwartung (Frauen)	Lebenserwartung (Männer)	Säuglingssterblichkeit je 1000	Krebsaufkommen, 100000 Menschen	Krebssterblichkeit, 100000 Erkrankte
Dänemark	82,7	78,8	3,7	338,1	233,4
Deutschland	83,1	78,3	3,3	283,8	200,9
Schweden	84,1	80,4	2,5	270,0	184,7
Großbritannien	82,8	79,2	3,9	272,9	221,9
OECD Durchschnitt	83,1	77,9	3,9	270,5	203,7
Quelle/Details:	OECD 2017: 51	OECD 2017: 51	OECD 2017: 59	OECD 2017: 64	OECD 2018: 57

Outcomes II					
	Gesunde Jahre im Alter (>65)	Postoperative Sepsis/100000	Geschwindigkeit (Nutzerbewertung)	Erreichbarkeit/Nähe (Nutzerbewertung)	Dauer von (akuten) Klinikaufenthalten
Dänemark	11,5	2269	61,4	75,0	5,5
Deutschland	11,9	1862	72,5	81,6	9,0
Schweden	16,3	1352	67,0	82,4	5,9
Großbritannien	10,3	2453	60,6	76,8	7,0
OECD Durchschnitt	9,4	2117	-	-	7,8
Quelle/Details:	OECD 2017: 201	OECD 2017: 117	Numbeo 2017a	Numbeo 2017b	OECD 2017: 177

Abb. 4.14 Risikofaktoren und Outcomes im Gesundheitssystem

steuerfinanzierten Systemen von Großbritannien, Schweden und Dänemark (Beveridge-Systeme genannt) gibt – außer, dass sie einen geringen Teil ihrer Wirtschaftsleistung für das Gesundheitssystem aufwenden als das über Sozialbeiträge finanzierte deutsche (Bismarck-)System und etwas geringere Ersatzraten aufweisen.

4.4.3 Performanz- und Qualitätsprobleme im Gesundheitssystem

Die Qualität von Gesundheitssystemen zu vergleichen ist ohne Frage ein schwieriges Unterfangen, weil noch mehr als in anderen Bereichen des Sozialstaates unterschiedliche persönliche Maßstäbe, Erwartungshaltungen und Erfahrungen für die Bewertung ausschlaggebend sein können und die Datenlage oft schwierig ist. Auch der Status-quo Bias – also die Neigung, das gut zu finden, was wir kennen, spielt eine Rolle (Albrekt-Larsen 2017). Was in einem Land als Kunstfehler erkannt wird, wird in einem anderen Land unter den Teppich gekehrt; was die einen als unzumutbare Wartezeit ansehen, empfinden andere als Normalität. Zunächst einmal muss man konstatieren, dass in Publikationen der Weltgesundheitsorganisation WHO und der OECD das dänische Gesundheitssystem als ein hochwertiges und effizientes Gesundheitssystem beschrieben wird, auch, wenn in den „Health at a Glance" Berichten der OECD (2017b) die Defizite und Probleme im dänischen Gesundheitssystem klar aufgezeigt werden (z. B. hinsichtlich Krebs). Im Folgenden werde ich Performanz und Probleme im Gesundheitssystem anhand der Wartezeiten für Termine und Behandlungen, Beschwerden von Patienten sowie gesundheitlichen Outcomes beleuchten.

Ein erster zentraler und weitgehend unumstrittener Indikator für das gute Funktionieren eines öffentlichen Gesundheitssystems sind relativ geringe Wartezeiten für Termine, Operationen und Behandlungen. Wie schon erwähnt, waren es die als zu lang wahrgenommen Wartezeiten in den 1990ern, die die Liberale Partei *(Venstre)* dazu veranlassten, nach der Wahl 2001 auf eine Doppelstrategie aus Expansion und Outsourcing an private und ausländische Dienstleister zu setzen. Auch wenn die gravierendsten Engpässe beseitigt sind, kann auch heute noch eine mehrwöchige Wartezeit für einen Besuch beim Allgemeinarzt oder eine Wartezeit für Eingriffe auftreten. Für einzelne Bereiche – wie z. B. Psychiater – gibt es auch weiterhin mehrmonatige Wartezeiten für einen Besuch (DR 2018) und gerade in besonders zeitsensitiven Bereichen wie etwa bei Brustkrebs beziehungsweise der Brustkrebsdiagnose im Verdachtsfall gibt es bei der Einhaltung der gesetzlichen Fristen Probleme durch zu spät erfolgte Untersuchungen (TV2 2017).

4.4 Expansion, Privatisierung und Performanzprobleme …

Am wohl eindrücklichsten sind verbleibende Probleme und die regionalen Unterschiede von den Regionen und Krankenhäusern selbst dokumentiert. Nämlich in Form von im Internet einsehbaren und stetig aktualisierten Wartelisten für verschiedene Tests und Eingriffe. Unter eSundhed.dk (also online-Gesundheit) und mitsygehusvalg.dk (meine Krankenhausauswahl) kann man die Wartezeit bis zu einer Untersuchung und bis zu einer Behandlung nach Krankheit/Problem und Krankenhaus einzeln aufgeschlüsselt finden. Die Daten werden mit der Kundenzufriedenheit und der Anzahl der Patienten zusammen ausgegeben. Die Wartezeiten variieren erheblich. Für eine Mammografie (dänisch: *Røntgenundersøgelse af bryst, mammografi*) zum Beispiel variieren die Zeiten (Stand 24. April 2018) zwischen 0 Wochen bis über 30 Wochen. In Aarhus sind es 36, in Viborg 34. In 6 der 19 Krankenhäuser bekommt man direkt einen Termin. Berücksichtigt man nur die 15 Kliniken mit aktualisierten Zahlen, sind es noch 4 von 15, bei denen man kurzfristig einen Termin erhalten kann. Allerdings weist das System auch auf die bereits angesprochene 30 Tage Garantie hin, die dazu berechtigt, eine private Klinik aufzusuchen, sofern man nicht über 30 Tage auf einen Check warten will oder kann. Lebt man allerdings in der falschen Region und will nicht 30 Tage auf eine Untersuchung des eigenen Verdachts auf Brustkrebs warten, muss man die Kosten privat tragen.

Aber ist das Jammern auf hohem Niveau? Wirklich vergleichbare Daten für Wartezeiten bestehen leider kaum. Soweit Daten für einzelne Eingriffe vorhanden sind, zeigen sie, dass die Wartezeiten in Dänemark nicht ausgeprägter sind als im OECD-Durchschnitt, und in einigen Bereichen sogar unterdurchschnittlich sind (OECD 2017b, S. 96–97). Zu bedenken ist dabei, dass dieses Mittel durch dramatische Ausreißer wie Polen und Estland deutlich nach oben verzerrt ist. Dennoch: Auf eine Hüft- oder Augen-OP wartet man in Dänemark nicht länger als in den meisten anderen Ländern, auch wenn hier die angesprochene regionale Varianz innerhalb Dänemarks bedacht werden muss.

Ein zweiter potenzieller Indikator für die Qualität/Leistungsfähigkeit des Systems ist die Anzahl der Beschwerden von Patienten und Angehörigen über Fehler bei Diagnosen und in der Behandlung. Die Zahl der Beschwerden hat zugenommen, ohne das jedoch klar ist, ob dies mit einer erhöhten Sensibilität für die Problematik oder einer Häufung von fehlerhaften Diagnosen und Prozeduren zu tun hat. Das dänische Patientensystem unterscheidet grundsätzlich zwischen Beschwerden über Fehlverhalten des medizinischen Personals und finanziellen Kompensationsforderungen für Fehler in der Behandlung. Der Patient kann also Kompensationsforderungen bei Fehlern stellen, ohne Beschwerde wegen eines Fehlverhaltens einzureichen. Deswegen fällt die Anzahl der Forderungen nach

Kompensation höher aus als die Zahl der Beschwerden. Auch wird oft versucht, Beschwerden und Differenzen in Gesprächsrunden mit dem medizinischen Personal auszuräumen. Die Zahl der Beschwerden ist von 2009 bis 2014 dennoch von 6,2 auf 8,9 Fälle je 100.000 Patienten gestiegen (sum.dk beziehungsweise Gesundheitsministerium 2017). Die Zahl der Kompensationsforderungen ist zwischen 2011 und 2014 von 12,3 auf 15,4 Fälle je 100.000 Patientenkontakte gestiegen (sum.dk beziehungsweise Gesundheitsministerium 2017).

Drittens können für den Vergleich von Gesundheitssystemen bestimmte *Outcomes* herangezogen werden. Also Parameter, die im engeren oder weiteren Sinne Ergebnisse des Gesundheitssystems sind. Im engeren Sinne sind das Komplikations- und Sterberaten bei bestimmten Eingriffen und Krankheiten. Im weiteren Sinne Erkrankungsraten, da diese auch von potenziell unterschiedlich stark ausgeprägten Risikofaktoren (z. B. gesundheitsschädliches Verhalten und Umwelteinflüsse) abhängen. Auch die durchschnittliche Lebenserwartung bei Geburt und die Anzahl der gesunden Jahre im Alter spiegeln teilweise den medizinischen Fortschritt und die Professionalisierung des Gesundheitssystems in einem Land wieder – auch wenn auch unterschiedliche Verhaltensweisen auch hier relevant sind. Abb. 4.14 stellt einen Versuch dar, relevante Indikatoren zu sammeln.

Ein offensichtliches Problem besteht darin, dass die Ergebnisse je nach gewähltem Indikator recht unterschiedlich ausfallen. Bei einigen der von der WHO und OECD ins Feld geführten Indikatoren gibt es große Datenlücken in Bezug auf unsere Vergleichsländer. Die Auswahl der Indikatoren ist so also quasi nach dem Ausschlussverfahren anhand der aktuellsten Version von „Health at a Glance" (OECD 2017b) erfolgt. Ferner wird, wenn möglich, die allgemeinste Kategorie für Risikofaktoren und Krankheiten gewählt. Problematisch sind die Outcomes vor allem im Bereich Krebshäufigkeit und Krebsmortalität. Natürlich können die Ergebnisse unterhalb dieser aggregierten Ebene variieren. Krebs wird als Indikator besonders berücksichtigt, da entsprechende Statistiken und Berichte in Dänemark medial hohe Wellen geschlagen haben und die Fertigstellung der Großkliniken neben Kostengesichtspunkten auch mit der Hoffnung verbunden ist, sich diesbezüglich zu verbessern. Aber schauen wir uns die Outcomes im Einzelnen an. Um sich selbst ein Bild zu machen, empfiehlt es sich, erst einen Blick auf Abb. 4.14 zu werfen und erst danach meine Ausführungen zu lesen.

- Ein wichtiger Aspekt im Hinblick auf das Gesundheitssystem ist sicherlich das **Verhalten** der Bürger sowie **Umwelteinflüsse** wie Luftverschmutzung. Diese **Risikofaktoren** sind in Abb. 4.14 zusammengefasst. Raucherdichte, Alkoholkonsum, Fettleibigkeit und Bewegungsmangel weisen eine moderate

4.4 Expansion, Privatisierung und Performanzprobleme ...

Varianz zwischen den Vergleichsländern auf. Insofern deutet wenig darauf hin, dass es gravierende Unterschiede im Verhalten der Bevölkerung gibt, die für unterschiedlich gute oder schlechte gesundheitliche Ergebnisse verantwortlich gemacht werden können[8]. Das ist wichtig, weil die einfachste Art der Relativierung von Problemen im Bereich des Gesundheitssystems darin besteht, auf problematische Gewohnheiten der Bevölkerung zu verweisen. Das Klischee von den weniger gesundheitsbewusst lebenden Dänen stimmt nur im Vergleich zu den schwedischen Nachbarn. Im Vergleich zu Deutschland und Großbritannien oder der OECD jedoch scheinen die Dänen insgesamt sogar gesünder zu leben, auch wenn der Alkoholkonsum etwas über internationalen Durchschnittswerten liegt. Auch in puncto Luftqualität weichen die dänischen Werte im positiven Sinne ab. Die Feinstaubwerte sind vergleichsweise niedrig. Insgesamt schneidet Dänemark im Hinblick auf die (von der OECD ausgewählten) Indikatoren für ein erhöhtes gesundheitliches Risiko vergleichsweise gut ab.

- Die **Lebenserwartung** bei Geburt ist in Dänemark mit 82,5 Jahren bei Geburt (für Frauen) laut OECD geringer als in den drei Vergleichsländern und der OECD, obwohl Dänemark gemessen am Bruttosozialprodukt zu den reichsten Ländern der Welt gehört (und dieser Reichtum wie wir aus Kap. 2 wissen auch gleicher verteilt ist als in den Vergleichsländern und der OECD). Für Männer gestaltet sich die negative Abweichung vom OECD-Schnitt ($-0,1$) deutlich geringer. Obwohl Frauen auch in Dänemark deutlich länger leben als Männer, liegt die Lebenserwartung von Frauen in Dänemark klar unter dem OECD-Durchschnitt sowie den drei Vergleichsländern.
- Konzentriert man sich statt auf Lebenserwartung auf die Anzahl der **gesunden Jahre im Alter** (ab 65), so liegt Dänemark mit 11,5 Jahren zwar etwas hinter Deutschland und Spitzenreiter Schweden, aber vor Großbritannien und deutlich über dem OECD-Durchschnitt von nur 9,4.
- Die **Säuglingssterblichkeit** liegt in Dänemark laut OECD (2017b) mit 3,7 (auf 1000 Geburten) etwas über den besonders niedrigen schwedischen (2,5) und niedrigen deutschen Werten (3,3); aber etwas unter den britischen Werten (3,9) und dem Durschnitt in der OECD (3,9).

---

[8]Wer schon einmal an einem Freitag in Dänemark war, wird es ahnen: Wählt man statt der bei der OECD (2017b) herangezogenen Menge (in Litern) an jährlich konsumiertem Alkohol die Häufigkeit von Binge-Drinking (definiert als „heavy episodic drinking" in den letzten 30 Tagen), so überholt Dänemark nicht nur Deutschland. Man könnte sicherlich argumentieren, dass dies ein ebenso relevanter Risikoindikator ist.

- Für viel Diskussionen haben in Dänemark die vergleichsweise niedrigen **Überlebenschancen** im Falle einer Krebsdiagnose gesorgt. Die Zahlen des European Cancer Konsortiums (2017) geben diese für 2015 mit 50,9 % an (für Deutschland 60 %, Schweden 64,7 % und Großbritannien 49 %). Auch die in Abb. 4.14 zusammengefassten Zahlen der OECD in „Health at a Glance" (2017) weisen auf problematische Outcomes hin: Sowohl das **Krebsaufkommen** (also die Häufigkeit der Erkrankung) als auch die **Krebsmortalität** (die Sterblichkeit in Folge einer Krebserkrankung) je 100.000 Menschen sind in Dänemark nicht nur höher als im OECD-Durchschnitt und als in den Vergleichsländern; sondern gehören zu den höchsten in der OECD. Ein möglicher Grund für die zuvor erwähnte negative Abweichung bei der weiblichen Lebenserwartung ist, dass beide Aspekte – Aufkommen und Mortalität – bei Brustkrebs besonders ausgeprägt sind. Der Vollständigkeit halber sei aber hinzugefügt, dass es jüngst Berichte über erste Verbesserungen gibt, die sich aber noch nicht in den aktuellsten vergleichenden Studien der OECD und der WHO wiederfinden. Neben Aspekten der Prävention und Behandlung *könnte* für diese ungewöhnlich niedrige Lebenserwartung *auch* eine Rolle spielen, dass Frauen in Dänemark stärker als in anderen OECD-Ländern zu Risikoverhalten wie Rauchen und Binge-Drinking neigen (OECD 2017b, S. 69, 73). So ist Dänemark mit Island das einzige Land, in dem Frauen laut OECD mehr rauchen als Männer (OECD 2017b, S. 69, 73). Es bleibt aber die Frage, wieso die Krebsmortalität in Dänemark um mehr als 10 % über dem Durchschnitt in der OECD liegt; die Überlebenswahrscheinlichkeit bei einer festgestellten Krebserkrankung also niedriger ausfällt.
- Bei Indikatoren für **Operationskomplikationen,** deren Vermeidung von der OECD auch als Indikator für Qualität und Professionalisierung gewertet wird (OECD 2017b, S. 116), schneidet Dänemark lediglich durchschnittlich (bis leicht unterdurchschnittlich) ab. Ein standardisierter Indikator, für den auch Daten für alle vier Vergleichsländer sowie die OECD vorliegen, ist das Vorkommen einer Sepsis nach Operationen im Bauchbereich (OECD 2017b, S. 117; Abb. 4.14). Schweden und Deutschland weisen leicht unterdurchschnittliche (bessere), Großbritannien hingegen leicht überdurchschnittliche (schlechtere) Werte auf. Dänemark liegt dazwischen.
- Zu einem ähnlichen Ergebnis kommt auch der **Healthcare Access and Quality Index** (Barber et al. 2015), der Mortalitätsraten im Hinblick auf 32 Krankheiten untersucht, die bei Behandlung selten tödlich sind und deren Mortalitätsraten daher auch Rückschlüsse auf die Qualität im Gesundheitswesen zulassen.

Diese umfassende in der medizinischen Fachzeitschrift The Lancet publizierte Studie auf Basis von 195 Ländern ordnet Schweden und Deutschland vor Dänemark und Großbritannien ein; auch wenn letztlich alle vier Länder unter den 30 besten Ländern sind.

- Eine interessante neue Quelle, deren wissenschaftliche Belastbarkeit allerdings in Anbetracht mangelnder Repräsentativität und teils bescheidener Fallzahlen leider stark begrenzt ist, sind Internetumfragen (vor allem da, wo bessere Daten nicht vorliegen). So erhebt die Plattform numbeo.com die **Erreichbarkeit und Nähe** sowie die **Geschwindigkeit** im Gesundheitssystem. Bei beiden Kriterien wird Dänemark – aufgrund der Ausdünnung des Krankenhausnetzes nicht überraschend – wie Großbritannien etwas schlechter bewertet als Deutschland und Schweden.

Geht man die oben aufgelisteten Befunde für die *Outcomes* durch und versucht sie zusammen zu fassen, kommt manchem Leser eventuell das am Anfang dieses Kapitels erwähnte Ergebnis des berühmten Sozialhistorikers Peter Baldwin in den Sinn, der im Gesundheitsbereich die „durchweg schlechtesten Ergebnisse" in Großbritannien und Dänemark ausmachte (2010, S. 58). Ein solches Fazit erscheint mir vor dem Hintergrund der (notwendigerweise unvollständigen) Daten etwas zu zugespitzt. Jedoch sind die Resultate *(Outcomes)* beider Länder im Vergleich mit Schweden und Deutschland und im Vergleich zum OECD-Durchschnitt tatsächlich bestenfalls als durchschnittlich einzustufen – und in einigen für die Bürger respektive Patienten durchaus existenziellen Bereichen sogar eher unterdurchschnittlich[9]. Die oft diskutierten Wartezeiten für Termine und Eingriffe sind hingegen weniger problematisch als dies noch in den 1990ern der Fall war und im internationalen Maßstab nicht außergewöhnlich hoch; auch wenn es nach wie vor starke regionale Variation gibt.

---

[9]Einige Bereiche, in denen das dänische Gesundheitssystem besonders fortschrittlich ist, lassen sich schwer objektiv vergleichen. So ist etwa die (teilautomatisierte) digitale Dokumentation der persönlichen Krankengeschichte und gesundheitsrelevanter Daten besonders weit vorangeschritten. Alle Materialen zum Krankheitsverlauf, Medikamentation und zur Behandlung sind für Bürger und ihre Ärzte in einem Journal online einsehbar. Die Ausnahme bilden bislang die Ergebnisse von bildgebenden Verfahren. Solche Verbesserungen tragen auch mit dazu bei, dass sich die Dänen in Umfragen durchaus zufrieden mit ihrem Gesundheitssystem zeigen. Auch hier gibt es aber die eingangs erwähnte Möglichkeit eines Status-quo Bias – also einer Verzerrung dahin gehend, dass man das, was man kennt, positiver bewertet.

Literatur

Abrahamson, Peter, und Wehner Cecilie. 2008. Current issues of family policy in Denmark. In *Family Policies in the context of Family Change. The Nordic Countries in Comparative Perspective*, Hrsg. Illona Ostner und Christoph Schmitt, 57–74. Wiesbaden: Springer VS.

Albrekt-Larsen, Christian. 2017. Things should be how they are. The status-quo-heuristic of public attitudes to migrants' entitlement to social rights in Germany, the Netherlands and Denmark. Jahrestagung der dänischen Vereinigung für Politikwissenschaft.

Andersen, Karen. 2004. Pension Politics in three small States: Denmark, Sweden and the Netherlands. *Canadian Journal of Sociology* 29 (2): 289–312.

Armingeon, Klaus, Virginia Wenger, Fiona Wiedemeier, Christian Isler, Laura Knöpfel, David Weisstanner, und Sarah Engler. 2017. *Comparative Political Data Set 1960–2015*. Bern: Institut für Politikwissenschaft, Universität Bern.

Baldwin, Peter. 2010. *The narcissism of minor differerences. How America and Europe are alike*. Oxford: Oxford University Press.

Barber et al. (696 Mitautoren). 2017. GBD 2015 Healthcare access and quality collaborators. Healthcare access and quality index based on mortality from causes amenable to personal healthcare in 195 countries and territories, 1990–2015: A novel analysis from the global burden of disease 2015 study. *The Lancet* 15 (390), 231–266.

Blome, Agnes. 2016. Normative beliefs, party competition, and work-family policy reforms in Germany and Italy. *Comparative Politics* 48 (4): 479–496.

Bonoli, Giuliano. 2013. *The origins of active social policy: Labour market and childcare polices in a comparative perspective*. Oxford: Oxford University Press.

De Deken, Jan. 2014. Identifying the skeleton of the social investment state: Defining and measuring patterns of social policy change on the basis of expenditure data. In *Reconciling work and poverty reduction: How successful are european welfare states?* Hrsg. Bea Cantillon und F. Vandenbrouck, 260–285. Oxford: Oxford University Press.

DR. 2017. https://www.dr.dk/nyheder/politik/kv17/stadig-laegehuller-paa-danmarkskortet-der-mangler-158-praktiserende-laeger. Zugegriffen:: 8. Dez. 2017.

DR. 2018. https://www.dr.dk/nyheder/indland/bopaelen-afgoer-ventetid-til-speciallaege. Zugegriffen: 8. März 2018.

Due, Jesper, und Jørgen Steen Madsen. 2007. Et danske Gent systems storhed og fald. In *Arbejdsløshedsforsikringsloven 1907–2007,* Hrsg. Jesper Hartvig Pedersen und Aage Huulgaard. Kopenhagen: Arbejdsdirektoratet.

Esping-Andersen, Gøsta. 1990. *The three worlds of welfare capitalism*. Cambridge: Polity Press.

Flynn, Lindsay. 2017. Childcare markets and maternal employment: A typology. *Journal of European Social Policy* 27 (3): 260–275.

Flyvbjerg, Allan. 2016. Dårlige tænder er en alvorlig sygdom. 26.03.2016, Jyllands Posten. http://jyllands-posten.dk/debat/kronik/ECE8536861/daarlige-taender-er-en-alvorlig-sygdom/. Zugegriffen: 1. Sept. 2017.

Förster, Christian, Josef Schmid, und Nicolas Trick. 2014. *Die nordischen Länder. Politik in Dänemark, Finnland, Norwegen und Schweden*. Wiesbaden: Springer VS.

Garritzmann, Julian, Silja Häusermann, und Bruno Palier. 2017. *Background chapter for WOPSI: World Politics of Social Investment* (nicht publiziert).

Goul-Andersen, Jørgen. 2007. Affluence and welfare state transformations. Social policy change in Denmark, 1993–2007. CCWS Working Paper 2007/55.

Goul-Andersen, Jørgen. 2011. Denmark: Ambiguous modernization of an inclusive unemployment protection system. In *Regulating the risk of unemployment: National adaptations to post-industrial labour markets in Europe*, Hrsg. Jochen Clasen und Daniel Clegg. Oxford: Oxford University Press.

Green-Pedersen, Christoffer. 2002. *The politics of justification. Party competition and welfare-state retrenchment in Denmark and the Netherlands from 1982 to 1998.* Amsterdam: Amsterdam University Press.

Green-Pedersen, Christoffer. 2006. Denmark. A „World Bank" pension system. In *The handbook of West European pension politics*, Hrsg. Ellen M. Immergut, Karen M. Andersen, und Isabelle Schulze. Oxford: Oxford University Press.

Green-Pedersen, Christopher, Flemming Juul Christiansen, Eva-Maria Euchner, Carsten Jensen, und John Turnpenny. 2012. Dismantling by default? The indexation of social benefits in four countries. In *Dismantling public policies: Preferences, strategies, and effects*, Hrsg. Michael Bauer, Andrew Jordan, Christoffer Green-Pedersen, und Adrienne Heritier, 129–155. Oxford: Oxford University Press.

Häusermann, Silja. 2012. The politics of old and new social policies. In *The politics of the new welfare state*, Hrsg. Giuliano Bonoli und David Natali, 111–132. Oxford: Oxford University Press.

Häusermann, Silja. 2018. Es geht um Würde und Anerkennung. Interview in REPUBLIK. 8.3.2018. https://www.republik.ch/2018/03/08/es-geht-um-wuerde-und-anerkennung. Zugegrifffen: 10. März 2018.

Hemerijck, Anton. 2013. *Changing welfare states*. Oxford: Oxford University Press.

Hemerijck, Anton. 2017. *The uses of social investment*. Oxford: Oxford University Press.

Horn, Alexander. 2017. *Government ideology, economic pressure, and risk privatization. How economic worldviews shape social policy choices in times of crisis.* Amsterdam: Amsterdam University Press.

Horn, Alexander und Anthony Kevins. 2018. Problem Pressure and Social Policy Innovation: Lessons from Nineteenth-Century Germany. *Social Science History* 11.6 (First View).

Horn, Alexander, und Kees van Kersbergen. 2019. The politics of social investment in Scandinavia. In *The world politics of social investment, Bd. 2,*, Hrsg. Silja Häusermann, Julian Garritzmann, und Bruno Palier. Oxford: Oxford University Press.

Jahn, Detlef. 2017. Distribution regimes and redistribution effects during retrenchment and crisis: A cui bono analysis of unemployment replacement rates of various income categories in 31 welfare states. *Journal of European Social Policy Online first* 10 (12): 2017.

Jensen, Carsten. 2014. *The right and the welfare state*. Oxford: Oxford University Press.

Jensen, Carsten, und Kees van Kersbergen. 2018. Goldilocks' Frankenstein monster: The rise, political entrenchment and transformation of the scandinavian welfare states. In *The Routledge handbook of Scandinavian politics*, Hrsg. Peter Nedergaard und Anders Wivel, 69–79. London: Routledge.

Jochem, Sven. 2012. *Die politischen Systeme Skandinaviens. Der skandinavische Weg der Demokratie*. Wiesbaden: Springer VS.

Kjellberg, Jakob, Michael Nyhus Andreasen, und Jes Søgaard. 2010. *Private sundhetsforsikringer. Notat udarbejdet for LO*. Dansk Sundhedsinstitut. Februar 2010.

Klitgaard, Michael Baggesen, und Asbjørn Sonne Nørgaard. 2014. Structural stress or deliberate decision. *European Journal of Political Research* 53 (2): 404–421.
Kuitto, Kati. 2016. From social security to social investment? Compensating and social investment welfare policies in a life-course perspective. *European Journal of Social Policy* 26 (5): 442–459.
Missoc. 2017. *Mutual information system on social protection*. Europäische Kommission.
Morgan, Kimberly. 2013. Path shifting of the welfare state. Electoral competition and the expansion of work-family policies in Western Europe. *World Politics* 65 (1): 73–115.
OECD. 2016. OECD Economic Surveys: Denmark. OECD May 2016. www.oecd.org/eco/surveys/economic-survey-denmark.htm. Zugegriffen: 9. Okt. 2017.
OECD. 2017a. Pensions at a glance. http://www.oecd.org/publications/oecd-pensions-at-a-glance-19991363.htm. Zugegriffen: 7. Febr. 2018.
OECD. 2017b. Health at a glance 2017: OECD Indicators, OECD Publishing, Paris. http://dx.doi.org/10.1787/health_glance-2017-en. Zugegriffen: 1. Mär. 2018.
Pierson, Paul. 1994. *Dismantling the welfare state? Reagan, Thatcher, and the politics of retrenchment*. Cambridge: Cambridge University Press.
Schulze. 2011. *Gewerkschaften im Umbau des Sozialstaates*. Wiesbaden: Springer VS.
Scruggs, Lyle, Detlef Jahn, und Kati Kuitto. 2014. *Comparative welfare entitlements dataset 2. Version 2017–09*. University of Connecticut und Universität Greifswald.
Stöger, Harald. 2011. *Rentensysteme und Altersarmut im internationalen Vergleich*. Internationale Politikanalyse: Friedrich Ebert Stiftung.
Stubager, Rune, Jakob Holm, Maja Smidstrup und Katrine Kramb. 2013. *Danske Vælgere 1971-2011. En Oversigt over Uddivklingen i de Danske Vælgeres Adfærd og Holdninger*. Aarhus: Aarhus University.
Sum.dk. 2017. Healthcare in Denmark. An overview. https://www.sum.dk/~/media/Filer%20-%20Publikationer_i_pdf/2016/Healthcare-in-dk-16-dec/Healthcare-english-V16-dec.pdf. Zugegriffen: 1. Okt. 2017.
TV2. 2017. http://nyheder.tv2.dk/samfund/2017-03-29-flere-hundrede-kvinder-ventede-for-laenge-paa-undersoegelser-56-har-faaet-kraeft. Zugegriffen: 9. Jan. 2018.
Van Kersbergen, Kees, und Jonas Kraft. 2017. De-universalization and selective social investment in Scandinavia? In *The Uses of Social Investment*, Hrsg. Anton Hemerijck, 216–226. Oxford: Oxford University Press.
Vis, Barbara. 2009. Governments and unpopular social policy reform: Biting the bullet or steering clear? *European Journal of Political Research* 48 (1):31-57.
World Bank. 2017. World development indicators/World bank education expenditure database.
Zeit. 2016. Umbau dringend nötig. 17.11.2016. http://www.zeit.de/2016/46/krankenhaeuser-ueberfluss-gesundheitssystem-reform. Zugegriffen: 9. Jan. 2018.
Zohlnhöfer, Reimut, Frieder Wolf, und Georg Wenzelburger. 2012. Parteien und die Generosität der Altersrenten in Zeiten permanenter Austerität. *Swiss Political Science Review* 18 (1): 28–53.

Fazit: Egalitär und konsensual, aber kaum mehr universal

5

Die Rekapitulation der vorherigen drei Kapitel zeigt auf, dass sich das Dänische Modell im Wandel befindet und durch stete Anpassung geprägt ist. Trotz Fragmentierung des Parteiensystems vom traditionellen Vierparteiensystem zum Vielparteiensystem und der erschwerten Regierungsbildung infolge des Erfolgs der Dänischen Volkspartei ist die programmatische Polarisierung moderat. Grund dafür ist, dass die Dänische Volkspartei Teil des dänischen Wohlfahrtsstaatskonsenses geworden ist und die Mainstreamparteien sich mit restriktiveren Positionen in der Migrationspolitik ihrerseits auf die Dänische Volkspartei zubewegt haben. Seit den 1990ern wurde wiederholt deutlich, dass die Problemlösungsfähigkeit des politischen Systems weiter hoch ist, auch dank breiter überparteilicher Kompromisse. Der Blick auf die Arbeitsmarkt- und Wirtschaftspolitik sowie die entsprechenden Outcomes zeigt, dass die Kombination aus sehr niedriger Ungleichheit und hoher Wettbewerbsfähigkeit auch weiter gelingt. Das wohl bekannteste Beispiel für eine erfolgreiche Anpassungsleistung des Dänischen Modells ist das Flexicurity Modell, das jedoch zusehends durch die Reprivatisierung von Arbeitsmarktrisiken unterminiert und konterkariert wird. Auch in anderen Bereichen des Wohlfahrtsstaates lassen sich punktuell Deuniversalisierungs- und Privatisierungstendenzen ausmachen – vor allem aus Sicht der Mittelklasse. Andererseits ist Dänemark weiterhin Vorreiter im Hinblick auf soziale Investitionen.

Im Folgenden sollen die Befunde zum Politischen System, der Arbeitsmarkt- und Wirtschaftspolitik und ihren Outcomes sowie dem Wohlfahrtsstaat zusammengefasst werden. Abschließend wird auf Grundlage der Kap. 2 bis 4 angezweifelt, dass Policy-Learning von Dänemark – das Übertragen bestimmter Lösungsansätze und Politiken auf andere Länder – eine realistische Option darstellt.

Ausgangspunkt der Betrachtung des politischen Systems war die Darstellung der historischen Wurzeln der dänischen Konsensdemokratie. Gerade in historischen Krisensituationen gelang es Kompromisse zu finden, anders, als etwa in der Weimarer Republik (Kolb 2002; Jespersen 2011). Auch historische Zufälle spielten eine Rolle. Der endgültige Verlust des Großmachtstatus' und das Schrumpfen zu einem ethnisch homogenen Staat, die späte Industrialisierung aus der kooperativ geprägten Landwirtschaft heraus sowie das Aufkommen der Sozialliberalen, die später oft eine Brückenfunktion zwischen den bürgerlicheren Liberalen und den Sozialdemokraten einnahmen, sind Beispiele für Entwicklungen, die die Herausbildung des Konsensmodells in der Politik, des Arbeitsmarktkorporatismus und des universalen Wohlfahrtsstaates zumindest sehr begünstigten. Besagte historischen Kompromisse, über die damals noch starreren Partei- und Klassengrenzen hinweg, zeigen, dass die Herausbildung des universalen Wohlfahrtsstaates erfolgte, weil die Arbeiterbewegung zwar stark genug war, um soziale Rechte einzufordern und für die Expansion des Wohlfahrtsstaats einzutreten, aber nicht stark genug, um das Bürgertum und die Bauern von Sozialprogrammen auszuschließen (Jensen und van Kersbergen 2018 sprechen daher von „just right" oder „Goldilocks" Bedingungen für die Herausbildung des universalen Wohlfahrtsstaates).

Das Institutionengefüge und die Funktionsweise des negativen Parlamentarismus haben sich in den letzten Dekaden zwar nicht grundlegend verändert, jedoch gibt es wichtige Änderungen. So hat wie in anderen Ländern auch die Einführung von qualifizierten Mehrheitsentscheidungen auf der europäischen Ebene, die im Nachgang des Vertrages von Maastricht immer wichtiger wurden, auch in Dänemark einen Verlust von Souveränität auf der nationalstaatlichen Ebene bedingt (Togeby et al. 2003). Dem stehen aber neue Einflussmöglichkeiten- und Kanäle gegenüber, die dem kleinen Dänemark sonst nicht zur Verfügung stünden. Die Begeisterung bei Parteien und Bürgern für weitere europäische Integration ist gering, was den Dänen einen Ruf als skeptische Europäer eingebracht hat. Die Vorteile der EU werden aber klar anerkannt, gerade wirtschaftlich.

Die deutlichsten Veränderungen finden sich jedoch im Parteiensystem – besonders ab den sogenannten Erdrutschwahlen im Jahr 1973, als sich die Anzahl der Parlamentsparteien verdoppelte. Das traditionelle Vierparteiensystem (aus den Liberalen, Konservativen, Sozialdemokraten und Sozialliberalen) war schon zuvor durch die Kommunistische Partei ergänzt worden. Nun führten die Repräsentationslücken – gerade im rechten Teil des Parteiensystems – zur Herausbildung der Fortschrittspartei, die den Protest gegen das stetige Wachsen von Staat und Steuerlast artikulierte. Zwar spielt die Partei seit 2001 keine Rolle mehr, dennoch prägt sie indirekt bis heute die dänische Politik, da die

5 Fazit: Egalitär und konsensual, aber kaum mehr universal

1995 erfolgte Abspaltung der migrations- und EU-kritischen Dänischen Volkspartei sich von der gemiedenen Paria-Partei zur einflussreichen politischen Kraft gemausert hat. Nach den Regierungswechseln im Jahr 2001 und 2015 tolerierte und unterstützte sie die bürgerlich geführten Minderheitsregierungen – und erreichte im Gegenzug dafür restriktivere Regeln für Einwanderung und Leistungssenkungen, die primär auf Einwanderer abzielten. Zwar hat die Etablierung der Dänischen Volkspartei die stabile Konfrontation und Alternation von blauen und roten Regierungen erschwert, da ihre Positionen zunächst wenig kompatibel waren. Andererseits hat die Betrachtung der aktuellen programmatischen Positionen ergeben, dass gerade die beiden Mainstreamparteien (Liberale und Sozialdemokraten) und die Dänische Volkspartei nicht mehr unvereinbar sind. Das hat zwei Gründe: Zum einen hat sich die Dänische Volkspartei vollends von ihren wohlfahrtsstaatskritischen und teils libertären Wurzeln gelöst und ist nunmehr Teil des breiten dänischen Wohlfahrtsstaatskonsens, auch wenn eine Einschränkung dahin gehend gemacht wird, dass dieser vor allem ethnischen Dänen und besonders Alten und Kranken zugute kommen sollte. Zweitens haben sich die Sozialdemokraten und die Liberalen programmatisch auf die Dänische Volkspartei zubewegt, indem man restriktivere Positionen in der Migrationsdebatte einnahm und verstärkt die Dualisierung (z. B. mittels *Starthjælp*) des Wohlfahrtsstaats unterstützte. Es gibt also nach wie vor – beziehungsweise wieder – einen Wohlfahrtsstaatskonsens, auch wenn die Debatte darüber, wie genau der Wohlfahrtsstaat „migrationsfest" gemacht werden soll, in den Parteien unterschiedlich geführt wird (Arndt 2018). Das Spektrum reicht von der Betonung starker Reziprozität (Rechte gehen mit Pflichten einher) bis zum Ausschluss von Gruppen (nichtwestliche Einwanderer und Flüchtlinge) von den generöseren universalen Leistungen. Das bloße Insistieren darauf, dass jeder durch Arbeit und Steuern seinen Beitrag zum Wohlfahrtsstaat leisten sollte, ist allerdings nicht neu und einer der zentralen Punkte in den Parteiprogrammen in ganz Skandinavien (Horn et al. 2018).

Mit Blick auf die Beteiligung der Bürger und ihre Einstellungen zur dänischen Demokratie ergibt sich ein vergleichsweise positives Bild. Die Dänen sind sehr zufrieden mit ihrer Demokratie, die Wahlbeteiligung ist konstant hoch und der Glaube an die Bedeutung der eigenen Stimme intakt. Insgesamt kann man von einer vitalen und gut funktionierenden Demokratie sprechen, deren prägende Elemente weiterhin der negative Parlamentarismus, (dennoch) recht häufig wechselnde Minderheitenregierungen (meist aus mehreren Parteien), relative programmatische Nähe und Kompromissbereitschaft sind. Sicher wäre es verkürzt, die vorhandene Kompromissfähigkeit und Problemlösungskapazität lediglich am politischen System im engeren Sinne festzumachen. Die Arbeitsmarktreformen ab 1993 wären zum Beispiel kaum ohne die Beteiligung und Kooperation der Tarifpartner (Arbeitgeber und Gewerkschaften) im dänischen Arbeitsmarktkorporatismus erfolgt – zumal nicht unter einer sozialdemokratischen Regierung mit Wiederwahlambitionen.

Das bringt uns zum zweiten großen Themenkomplex, der Arbeitsmarkt- und Wirtschaftspolitik. Zunächst wurde die Entwicklung der wirtschaftlichen und budgetären Rahmenbedingungen seit 1960 beschrieben und diskutiert. In den 1970ern kam es zu einer deutlichen Steigerung der Staatsausgaben. Ende der 1970er entkoppelten sich diese zudem von den Staatseinnahmen. Außerdem wurden Vollbeschäftigung und Arbeitskräftemangel durch Massenarbeitslosigkeit abgelöst. Da dieses Problem nicht mit der nächsten konjunkturellen Erholung wieder verschwand, setzte sich die Erkenntnis durch, dass es sich um ein strukturelles statt um ein rein zyklisches Problem handeln würde. Mit den Arbeitsmarktreformen seit 1993 gelang es, die im OECD-Ländervergleich hohe Arbeitslosigkeit auf ein unterdurchschnittliches Niveau zu senken. Und das, obwohl das Wirtschaftswachstum Dänemarks langfristig stark mit dem OECD-Trend korrespondiert. Der Erfolg der Arbeitsmarktreformen zeigt sich auch im Bereich der Langzeitarbeitslosigkeit, die in Dänemark mittlerweile besonders gering ist. Die Reformen werden oft auf den Terminus Flexicurity heruntergebrochen – auch, wenn die Elemente von Flexicurity eine längere Geschichte in Dänemark haben. Unter Flexicurity versteht man die Kombination aus einem geringen Kündigungsschutz, intensiver staatlicher Qualifikation und Aktivierung von Arbeitslosen mit dem Ziel der schnellen Wiedereingliederung in den Arbeitsmarkt und umfassender finanzielle Absicherung im Falle des Arbeitsplatzverlustes. In den 1990ern wären die Arbeitsmarktreformen, die auch die Senkung der Leistungsbezugsdauer zum Gegenstand hatten, wohl nicht ohne eine Einbeziehung der Tarifpartner – Gewerkschaften und Arbeitgeber – möglich gewesen. Nachdem die institutionellen Privilegien der Tarifpartner, gerade der Gewerkschaften und ihrem Dachverband LO, von der Mitte-Rechts-Regierung ab 2001 reduziert wurden, ist deren sozial- und arbeitsmarktpolitischer Einfluss geschrumpft und dänische Beobachter bewerten ihre Vetomacht nun skeptisch (Klitgaard und Nørgaard 2014; Jensen 2014).

Eine Einschränkung wurde im Hinblick auf Flexicurity deutlich: Umfassende Absicherung ist – aus Sicht der breiten Mittelschicht – durch die Arbeitslosenversicherung nur noch bedingt gegeben, da die maximalen nominalen Auszahlungen nur teilweise an die Lohnentwicklung angepasst wurden. Zumal die Aktivierung von Arbeitslosen immer früher einsetzt. Die Absicherung ergibt sich insofern mittlerweile mehr aus erfolgreicher Vermittlung, denn aus hohem staatlichen Lohnersatz. Der Blick auf die wirtschaftlichen Outcomes hat gezeigt,

5 Fazit: Egalitär und konsensual, aber kaum mehr universal

dass man von einer Kontinuität des kompetitiven Egalitarismus sprechen muss. Der Dezentralisierung von Lohnverhandlungen und der Schwächung der immer noch vergleichsweise mitgliederstarken und mobilisierungsfähigen Gewerkschaften zum Trotz: Dänemark vereint weiter eine sehr geringe Einkommensungleichheit, eine ausgeprägte soziale Mobilität und niedrige Armutsquoten auf der einen Seite, mit hoher wirtschaftlicher Wettbewerbsfähigkeit, Innovation und Prosperität auf der anderen Seite. Es gibt also kaum Anzeichen, dass der immer noch umfassende Wohlfahrtsstaat und der ausgeprägte Egalitarismus wirtschaftlich oder fiskalisch nicht tragbar oder nicht zukunftsfähig wären. Das heißt aber keineswegs, dass nicht immer wieder Anpassungen und Reformen erfolgen.

Dazu passt, dass im Bereich des dänischen Wohlfahrtsstaates im Untersuchungszeitraum große Veränderungen und Anpassungen erfolgten. Etwas zugespitzt kann man sagen, dass das Rundum-sorglos-Paket mit generösen Transfers von der Wiege bis zur Bahre so nicht mehr existiert, und der sozialpolitische Fokus sich stärker auf soziale Investitionen und Aktivierung verschoben hat. Bei den Arbeitsmarktrisiken kam es seit den 1980ern zu einer Senkung der früher vergleichsweise hohen und zeitlich nahezu unbegrenzten Generosität der Arbeitslosenversicherung. Dazu kommt ein höherer und früherer Aktivierungsdruck mit hohen Mobilitätserwartungen, allerdings in der Kombination mit hohem Aufwand für Qualifikation, Wiedereingliederung und erfolgreiche Vermittlung. Auch im Bereich Gesundheit und Krankenversicherung gibt es einen Trend zu Privatisierung und die Bedeutung privater Zusatzversicherungen ist stark gestiegen. Mit der Expansion des primär steuerfinanzierten Systems konnten die hohen Wartezeiten reduziert werden, aber es bleiben dennoch weiterhin Qualitätsprobleme bestehen. Das dreisäulige Rentensystem mit seiner besonders stark ausgebauten und quasi-obligatorischen betrieblichen Altersabsicherung gehört heute zu den nachhaltigsten und auskömmlichsten der OECD; besonders für Geringverdiener, aber auch für die besser situierten Einkommensgruppen. Allerdings zu dem Preis, dass in Dänemark in Folge der beschlossenen Indexierungsregeln das reguläre Renteneintrittsalter Mitte des 21. Jahrhunderts mit über 70 Jahren wohl deutlich höher sein wird als in Deutschland, Großbritannien, Schweden oder im Durchschnitt der OECD Länder.

Wenn es auf dem Gebiet der klassischen Sozialtransfers also auch eine Abwendung von der sehr generösen Absicherung früherer Tage gab, so ist Dänemark im Bereich sozialer Investitionen weiter Vorreiter. Damit sind zum Beispiel Investitionen in Bildung und Kinderbetreuung gemeint. Die – so die Idee von Social Investment – langfristig einen gesellschaftlichen und wirtschaftlichen Ertrag bringen. Zum Beispiel, weil erschwingliche und allgemein zugängliche Kinderbetreuung eine hohe Erwerbsquote von Frauen in Vollzeit ermöglicht.

Oder weil kostenfreie Bildung und die universale Studienfinanzierung (via *SU*) stärker als in anderen Ländern die Lebenschancen von der sozialen Herkunft entkoppeln (siehe Great Gatsby Kurve/Abb. 3.19) und so zu sozialer Mobilität führen. Der Blick auf die politischen Chancen für den Erhalt dieses Sozialinvestitionsstaates deutet nicht darauf hin, dass sich an diesem Pionierstatus bald etwas ändern wird, auch wenn die Dänische Volkspartei bestimmte Instrumente (wie *SU*) stärker an langfristige Residenz knüpfen möchte.

Im Hinblick auf die Frage, inwiefern nun andere Länder von den Erfahrungen und *Policy*-Lösungen in Dänemark lernen können, fällt die Antwort auf Grundlage der drei Kernkapitel ernüchternd aus. Zum einen, weil eine Vielzahl letztlich historisch kontingenter Entwicklungen und Konstellationen für die Herausbildung des Dänischen Modells und seine relative Stabilität mitverantwortlich sind. Man denke nur an die von außen erzwungene Homogenisierung Dänemarks im 19. Jahrhundert, ohne die sich wohl keine so starke nationale Identität herausgebildet hätte; die inkrementelle und späte Industrialisierung aus der kooperativ geprägten Landwirtschaft heraus, die dazu beitrug, dass die Arbeiterfrage und der Klassenkampf nicht so prägend waren wie in Großbritannien oder Deutschland; oder die Spaltung des parteipolitischen Liberalismus 1905, die sich anders als in Deutschland als segensreich erwies, weil sie das Potenzial zur Kooperation erhöhte statt senkte. Schaut man sich zudem das Zustandekommen der überparteilichen Kompromisse in den Bereichen wie Arbeitsmarktpolitik (Flexicurity) und Rente (Dreisäulensystem) an, wird sehr deutlich, dass diese nicht einem Grand Design oder Masterplan entspringen, sondern den Versuch darstellen, unter den gegebenen Umständen ad hoc Probleme wie strukturelle Arbeitslosigkeit oder die zu geringe Generosität der Volkspension zu lösen. In Dänemark, wo die Arbeiterbewegung und ihr politischer Arm oft das schwedische Beispiel imitieren wollten, war die Sozialdemokratie dazu zu schwach. Zu diesen gegebenen Umständen gehört also auch, dass die Gewerkschaften und die Sozialdemokratie oft schlicht auf Entwicklungen reagierten – etwa als die Metaller mit ihrer Entscheidung für eine starke betriebliche Säule die Debatte über die Reform des Rentensystems faktisch vorentschieden. Auch die Strategie von Venstre, ab 2001 die Kapazitätsprobleme in der öffentlichen Gesundheitsvorsorge mittels Öffnung für private Anbieter zu lösen, passt nicht recht zu den tradierten Vorstellungen vom sozialdemokratisch geprägten universalen Wohlfahrtsstaat. Andererseits sind die einmal gefundenen Policy-Lösungen – so hybrid sie auch anmuten mögen (Rente, Arbeitsmarkt, Gesundheit) – zumeist langfristige Lösungen, die sich als tragfähig erweisen. Außerdem entlastet es das politische System, wenn sich verschiedene politische Lager in hybriden Lösungen wie Flexicurity wiederfinden beziehungsweise sehr unpopuläre Entscheidungen wie die Anpassung des Rentenalters langfristig mittels automatischer Indizierung entpolitisiert werden.

Ob das Dänische Modell auch in Zukunft als solches fortbestehen wird, hängt wohl vor allem von dessen politischer und wirtschaftlicher Performanz ab. Beide Aspekte sprechen gegenwärtig für ein Fortbestehen, auch wenn es keinen Mangel an Herausforderungen und offenen Fragen gibt. Zu diesen Fragen gehört, ob sich Flexicurity in Zusammenhang mit der seit 2001 politisch forcierten Schwächung der Gewerkschaften als trojanisches Pferd erweisen könnte – weil es langfristig zu einer Aushöhlung des Konzepts kommt (Flexibilität ohne Sicherheit, Sanktion statt Qualifikation), ob die starke Lohnkompression aufrechterhalten werden kann, und wie Privatisierung, Kürzungen und Dualisierung des Wohlfahrtsstaates die Unterstützung für diesen langfristig beeinflussen wird.

Literatur

Arndt, Christoph. 2018. Der Versuch, den Sozialstaat migrationsfest zu machen. *The European.de*. Erschienen am 6.3.2018.

Horn, Alexander, Anthony Kevins, Carsten Jensen, und Kees van Kerbergen. 2018. *How parties (do not) appeal to social groups in Scandinavia*. Working paper, vorgestellt unter anderem auf der Jahrestagung der dänischen Vereinigung für Politikwissenschaft 2016.

Jensen, Carsten. 2014. *The right and the welfare state*. Oxford: Oxford University Press.

Jensen, Carsten, und Kees van Kersbergen. 2018. Goldilocks' Frankenstein monster: The rise, political entrenchment and transformation of the Scandinavian welfare states. In *The Routledge Handbook of Scandinavian Politics*, Hrsg. Peter Nedergaard und Anders Wivel, 69–79. London: Routledge.

Jespersen, Knud J.V. 2011. *A history of Denmark*, 2. Aufl. Basingstoke: Palgrave.

Klitgaard, Michael Baggesen, und Asbjørn Sonne Nørgaard. 2014. Structural stress or deliberate decision. *European Journal of Political Research* 53 (2): 404–421.

Kolb, Eberhard. 2002. *Die Weimarer Republik. Oldenbourg Grundriss der Geschichte*. München: Oldenbourg.

Togeby, Lise, Jørgen Goul Andersen, Peter Munk Christiansen, Torben Beck Jørgensen, und Signild Vallgårda. 2003. *Magt og demokrati i Danmark. Hovedresultater fra Magtudredningen*. Aarhus: Aarhus Universitetsforlag.

The manufacturer's authorised representative in the EU is Springer Nature Customer Service Centre GmbH, Europaplatz 3, 69115 Heidelberg, Germany. If you have any concerns regarding our products, please contact ProductSafety@springernature.com

Printed and bound by CPI Group (UK) Ltd, Croydon, CR0 4YY

23/03/2026

02076459-0011